ATENÇÃO

Prezados(as) Alunos(as): todas as atividades serão inseridas diretamente no Portifólio referente à disciplina. O objetivo é aumentar a interação do(a) aluno(a) com a plataforma, além de atualizar as atividades. Entrem com sua senha e acompanhe as atividades no sistema. Se preferir, imprimam as atividades e anexem no seu material impresso. Guias de estudo que contenham as atividades são guias de estudo antigos, onde as atividades já foram modificadas. Por favor, observem.

Atenciosamente,

Direção da UNIGRANET

Graduação a Distância
5º SEMESTRE

**Letras
(Português/Literatura)**

LITERATURAS DE
LÍNGUA PORTUGUESA III

UNIGRAN - *Centro Universitário da Grande Dourados*

Rua Balbina de Matos, 2121 - CEP 79.824 - 9000
Jardim Universitário
Dourados - MS
Fone: (67) 3411-4141 / Fax: (67) 3411-4167

Os direitos de publicação desta obra são reservados ao Centro Universitário da Grande Dourados (UNIGRAN), sendo proibida a reprodução total ou parcial de acordo com a Lei 9.160/98.

Os artigos de sites e revistas indicados para a leitura foram registrados como nos originais.

Apresentação da Docente

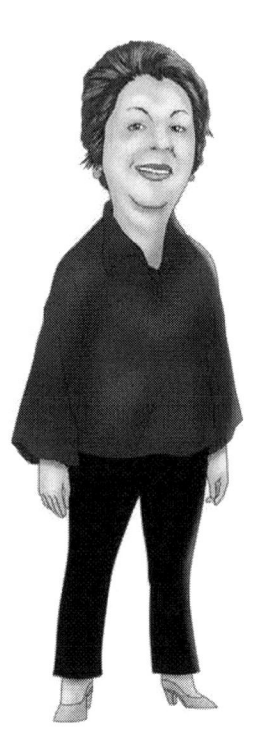

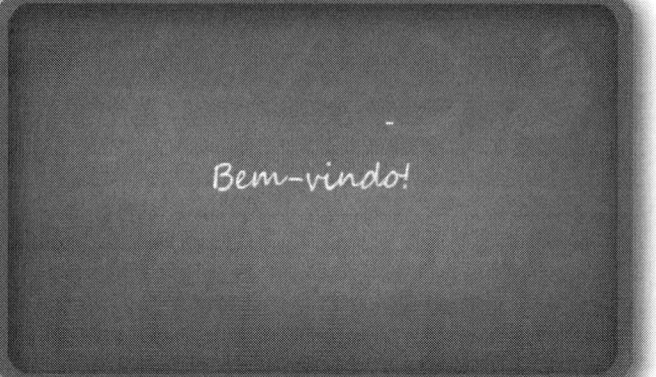

Meu nome é Rute de Souza Josgrilberg. Nasci no Rio de Janeiro, capital, mas moro há mais de dez anos no Mato Grosso do Sul. Sou graduada em Letras (Português-Francês) pela Universidade do Estado do Rio de Janeiro. Fiz especialização em Docência do Ensino Superior e Psicopedagogia, na UFRJ. Concluí especialização em Violência Doméstica, na USP e em Teoria da Literatura, na UFMS (Dourados). Em 2004, concluí o Mestrado em Letras, pela UFMS (Três Lagoas). Sou Professora da UNIGRAN desde 2005. Leciono Linguagem e Argumentação em vários cursos presenciais (Farmácia, Biomedicina, Enfermagem, Publicidade) e na EAD.

JOSGRILBERG, Rute de Souza. Literaturas de Língua Portuguesa III. Dourados: UNIGRAN, 2020.

44 p.: 23 cm.

1. Metalinguagem. 2. Poesia.

Sumário

Conversa inicial *4*

Aula 01
Literatura e leitura *5*

Aula 02
Metalinguagem *13*

Aula 03
A poesia *17*

Aula 04
Drummond: leitura e metalinguagem *23*

Aula 05
Manuel Bandeira *27*

Aula 06
Cecília Meireles *31*

Aula 07
O Primo Basílio Eça de Queiroz *37*

Aula 08
Dom Casmurro Machado de Assis *41*

Referências *44*

Conversa Inicial

Caríssimos(as) acadêmicos(as),

Bem-vindos(as) a mais uma disciplina que compõe o Curso de Letras: Literaturas de Língua Portuguesa III. É um enorme prazer ocupar a posição de mediadora entre vocês e a aquisição de conhecimentos nessa área, utilizando todo o suporte que a UNIGRAN disponibiliza.

A disciplina objetiva proporcionar ao acadêmico a oportunidade de conhecer um pouco da literatura brasileira e da portuguesa, a partir de autores que usam como técnica de escrita a metalinguagem, entre outros recursos. Escolhemos autores que pertenceram ao chamado período realista e ao modernista, procurando contemplar tanto a poesia quanto a prosa.

Nesses caminhos que a Literatura nos proporciona, teremos oito aulas, sendo que na primeira faremos uma breve análise da relação entre leitura e literatura, uma vez que o tema norteador de nossos estudos, nesta disciplina, é Leitura e Metalinguagem. Junto a esses dois elementos, encontra-se num papel de mediação, a Literatura. Em nosso segundo encontro, estudaremos sobre a metalinguagem e sua importância para a Literatura. Já na terceira aula, vamos nos dedicar um pouco ao estudo da poesia. Nossa ideia é que, juntos, possamos despertar a sensibilidade para o poético. Vamos, então, ver algumas questões teóricas sobre a poesia para, depois, estudarmos um pouco sobre Fernando Pessoa, poeta português que, até hoje, é objeto de muitos estudos, pesquisas e teses. Na quarta aula, desfrutaremos de uma experiência incrível ao falar de um grande poeta brasileiro: Carlos Drummond de Andrade, e o nosso foco estará na leitura e na metalinguagem. Em nosso quinto, e não menos importante encontro, estudaremos alguns poemas de Manuel Bandeira, outro grande poeta brasileiro, também a partir do tema da leitura e da metalinguagem. Na sexta aula, falaremos de uma mulher incrível que desperta a sensibilidade em quem lê sua obra, estudaremos sobre Cecília Meireles. Na sétima aula, falaremos um pouco sobre o autor português, Eça de Queiroz, e uma de suas obras mais famosas, O primo Basílio. Em nosso oitavo e último encontro, vamos conhecer um pouco mais sobre a escrita Machadiana e Dom Casmurro.

Esperamos que, até o final da disciplina, vocês possam ampliar a compreensão sobre os autores estudados e sejam capazes de identificar o uso da metalinguagem, além de compreender a sua importância.

Para que você, caro(a) acadêmico(a), obtenha sucesso nessa disciplina, é preciso que estude com afinco o material das aulas, e esteja atento as leituras e atividades complementares indicadas ao final de cada aula.

Esperamos ter contribuído, de forma prazerosa, para a aquisição das informações disponibilizadas nas oito aulas.

Aula 1º

Literatura e leitura

Caros(as) alunos(as),
Nesta primeira aula, começaremos por uma breve análise da relação entre leitura e literatura, uma vez que o tema norteador de nossos estudos, nesta disciplina, é Leitura e Metalinguagem. Junto a esses dois elementos, encontra-se num papel de mediação, a Literatura. Vamos nessa?

Fonte: <sarma.zip.net>. Acesso em: 07 de Jul. 2018.

Bons estudos!

Objetivos de aprendizagem

Ao término desta aula, vocês serão capazes de:

- reconhecer a importância da leitura literária;
- entender que sem a leitura nunca conheceremos a fundo a Literatura;
- compreender o quanto é importante a leitura dos clássicos literários.

Seções de estudo

Vamos nos inspirar? Embriaguemo-nos com as belas e fecundas palavras de Jorge Luis Borges.

De los diversos instrumentos del hombre, el más asombroso es, sin duda, el libro. Los demás son extensiones de su cuerpo. El microscopio, el
telescopio, son extensiones de su vista; el teléfono es extensión de la voz; luego tenemos el arado y la espada,
extensiones de su brazo. Pero el libro es otra cosa: el libro es una extensión de la memoria y de la imaginación.(...)
Se habla de la desaparición del libro; yo creo que es imposible. Se dirá qué diferencia puede haber entre un libro y un periódico o un
disco. La diferencia es que un periódico se lee para el olvido, es algomecánico y por lo tanto frívolo. Un libro se lee para la memoria.(...)
Si leemos un libro antiguo es como si leyéramos todo el tiempo que ha transcurrido desde el día en que fue escrito y nosotros. Por eso conviene mantener el culto del libro. El libro puede estar lleno de erratas, podemos
no estar de acuerdo con las opiniones del autor, pero todavía conserva algo sagrado, algo divino, no con respeto superticioso, pero sí con el deseo de
encontrar felicidad, de encontrar sabiduría.

Fonte: Jorge Luis Borges - in "El Libro" conferência pronunciada na Universidade de Belgrano, 24/05/1978.

1 - Leitura literária

É importante entendermos que não se fala em literatura sem leitura (mesmo quando se trata de textos não verbais, podemos fazer a leitura desse tipo de texto, certo?); por outro, a metalinguagem é um recurso construtor de muitos textos literários.

Ao falarmos sobre leitura, convidamos você para, juntos, fazermos algumas reflexões sobre o ato de ler. Retomemos um trecho de um texto nosso:

> [...] O que significa *ler*? Ora, ler é conseguir juntar o g + a + t + o e formar a palavra *gato*. Mas... atenção! Não é apenas isso. Se assim fosse, um estrangeiro que não conhecesse a língua portuguesa poderia juntar essas letras e, mesmo com algum sotaque, conseguiria pronunciar *gato* sem, no entanto, entender o significado desse conjunto de letras. Ler significa construir sentido. Logo, só podemos dizer que conseguimos ler, nesse caso, se associarmos a sequência g + a + t + o à imagem de um gato. Aí está, prezado(a) aluno(a), uma das mais poderosas ferramentas que você utilizará para realizar as suas pesquisas: a leitura.

O bom leitor **é** aquele que consegue ler em profundidade, ou seja, **é** capaz de perceber além do que está explicitamente escrito. Ler o "não-dito", estabelecer relações entre o texto que está sendo lido e outros textos lidos anteriormente, permitir-se uma pausa para reflexões e questionamentos. São atitudes como essa que compõem o perfil de um leitor maduro (não há nessa palavra nenhuma relação com a idade do leitor). Além desse tipo de leitor, há um segundo grupo composto pelos que dizem que não gostam de ler e pelos que leem, mas não entendem bem o texto lido. O primeiro grupo, o dos leitores maduros, estabelece uma relação prazerosa com a leitura. Já para o segundo grupo, essa relação **é** de obrigação.

Ninguém nasce predeterminado a ser um bom ou mau leitor. Passamos por um complexo processo de formação que envolve, além de aspectos sociais, atitudes de nossas famílias e as da escola frente a leitura. Se, por um lado as dificuldades diante de um texto podem ser sanadas com o conhecimento de técnicas de leitura que, por sinal serão trabalhadas mais adiante, por outro, como lidar com a questão do prazer de ler? O leitor que, na escola lia por causa do boletim, por obrigação, não descobriu o prazer de ler. Diz Rubem Alves, renomado educador, escritor, psicanalista e professor da Unicamp, que a "leitura obrigatória **é** uma coisa tão absurda quanto falar em felicidade obrigatória" (ALVES, 2003, p. 50). Essa descoberta está intimamente ligada ao domínio das técnicas de leitura. Afinal de contas, não podemos gostar do que não conhecemos. **À** medida que começamos a nos relacionar melhor com o texto escrito, o gosto pela leitura vai, pouco a pouco, brotando, crescendo, esparramando-se até que se torne parte de nossa vida, da mesma forma que o são nossos braços e pernas, e não saibamos mais viver sem ela. O mesmo Rubem Alves **é** quem explica que "quem não lê **é** cego. Só vê o que os olhos vêem. Quem lê, ao contrário, tem muitos milhares de olhos: todos os olhos daqueles que escreveram" (p. 62). (JOSGRILBERG, R., 2006, p. 51).

A leitura do texto literário exige conhecimento das técnicas literárias e das de leitura também; exige atualização, porque ler textos literários não é apenas decorar as características de cada obra e repeti-las. É perceber algo novo a cada releitura; é perceber nos novos textos a presença ou ausência do caráter literário; é ler nas entrelinhas, é perceber a ironia; o não- dito, o implícito, o que é apenas sugerido.

Para nos aprofundarmos ainda mais nesse assunto, recorremos ao suporte de Marisa Lajolo (2001), na obra Literatura: leitores e leitura, em que a autora **aponta para as novas formas de textos literários que não** são piores nem melhores do que os chamados clássicos; são apenas diferentes, e critica os profissionais mais tradicionais que não aceitam novas formas:

> A literatura hoje não é mais artesanal nem é produzida por umas poucas indústrias ou escrita por uns poucos escritores que têm o monopólio do mercado e da opinião. Hoje a literatura é produzida por uma indústria tão sofisticada quanto a indústria de alimentos, que oferece molho de tomate para todos os gostos [...]
> A literatura fala de vários mundos: alguns parecidíssimos com o nosso, onde, por exemplo, tem gente que morre de fome nas ruas, e de mundos diferentes, onde vivem espíritos, anjos, energias e demônios. [...]

> Há histórias com palavras e com imagens e histórias só com imagens. Poemas que são imagens e imagens que são poemas, poemas curtinhos empilhando palavras, poemas compridos espaçando palavras, poemas com rima, poemas sem rima ... (LAJOLO, 2001, p. 9-10).

As considerações de Lajolo (2001) nos fazem entender que a leitura literária mudou com o passar dos anos, e devemos estar atentos a isso. É importantíssimo ler os clássicos, mas, também, conhecer o novo. A sociedade moderna trouxe novos horizontes e possibilidades para a leitura literária.

Leia, a seguir, alguns trechos do prólogo da obra de Harold Bloom, **Como e porque ler** (2001, p. 17 - 25).

Prólogo

Por que ler?

[...] É lamentável que na leitura de caráter profissional raramente tenhamos a oportunidade de resgatar o prazer que a referida atividade nos trazia na juventude, quando livros despertavam o entusiasmo de que falava Hazlitt. Hoje em dia, a maneira como lemos depende, em parte, da distância em que nos encontramos das universidades, onde a leitura não é ensinada como algo que proporciona prazer, isto é, segundo os significados mais profundos da estética do prazer. Tanto para um jovem como para uma pessoa mais madura, não é nada cômodo confrontar, de peito aberto, o que há de mais intenso em Shakespeare, e.g., em Rei Lear, entretanto, deixar de ler Rei Lear plenamente (ou seja, sem expectativas ideológicas) é deixar-se enganar cognitiva e esteticamente. A infância passada diante de um aparelho televisor leva à adolescência diante de uma tela de computador, e a universidade recebe alunos que, dificilmente, aceitarão a ideia de que "é preciso / Sair como se chega [...] Quando for a hora"[1] A leitura se desintegra e, juntamente com ela, grande parte do ego se esvai. Porém, de nada adianta lamentar, e o problema não há de ser remediado com promessas e programas. O que é possível ser feito só pode ser implementado por meio de ingerências elitistas, o que, atualmente, é inaceitável, por bons e maus motivos. Ainda existem leitores solitários, jovens e idosos, em toda parte, mesmo nas universidades. Se resta à crítica literária, hoje em dia, alguma função, esta será a de dirigir-se ao leitor solitário, que lê por iniciativa própria, e não segundo interesses que, supostamente, transcendam o ser.

Os valores, na literatura e na vida, têm muito a ver com o idiossincrático, com excessos que geram significados. Não é por acaso que para os historicistas - críticos que acreditam sermos, todos nós, predeterminados pela História Social - os personagens literários não passam de nomes impressos em uma página. Uma vez que nossos pensamentos não nos pertencem, Hamlet não será sequer uma anamnese. Chego, então, ao princípio número um, se quisermos reparar o modo como lemos hoje em dia, princípio esse que tomei emprestado a Johnson: Livrar a mente da presunção (grifo nosso). No sentido aqui empregado, "presunção" implica discurso artificial, cheio de chavões, vocabulário profissional acessível apenas aos iniciados. Tendo às universidades conferido poderes a grupos fechados, e.g., adeptos de abordagens que privilegiam questões de "gênero e sexualidade", ou "multiculturalismo", a advertência de Johnson passa a ser: "Livra a tua mente da presunção acadêmica". Uma cultura universitária em que a valorização de roupas íntimas femininas na Era Vitoriana substitui a valorização de Charles Dickens e Robert Browning pode até parecer algo inusitado, ultrajante, como o ressurgimento de um Nathanael West, mas é tão-somente a norma. Um subproduto desse tipo de "poética cultural" é, precisamente, a impossibilidade de haver um novo Nathanael West, pois como poderia uma cultura acadêmica dessa natureza suster a paródia? Os poemas de ontem foram substituídos pelas meias-calças da cultura. Os neomaterialistas dizem ter recuperado o corpo humano, para uso do historicismo, e afirmam que trabalham em nome do Princípio da Realidade. A vida da mente deve ceder à morte do corpo, mas tal fato não precisa ser celebrado por seitas acadêmicas.

Vimos, então, o que Bloom entende sobre a necessidade da leitura. Mas o autor não para por aí. O segundo princípio para que se resgate o hábito da leitura, segundo ele, baseia-se em "não tentar melhorar o caráter do vizinho, nem da vizinhança, através do que lemos ou de como o fazemos". Ler é um processo de autoaperfeiçoamento e exige tempo. É preciso, então, dedicar-se a esse processo até que a própria ignorância seja expurgada.

O terceiro princípio da leitura é explicado pelo autor, da seguinte forma: "Não devemos recear o fato de nosso crescimento como leitores parecer por demais autocentrado, pois, se nos tornarmos leitores autênticos, os resultados dos nossos esforços nos afirmarão como portadores de luz a outras pessoas". Bloom acredita que os estudos literários devem ser baseados nos cânones. "Cânone", no campo da literatura, significa um conjunto de livros/autores considerados como referência num determinado período, estilo ou cultura. Para Bloom, muitas vezes, as universidades ignoram os cânones. Nesse momento, ele cita Emerson, filósofo norte-americano, aliás, citado com muita frequência nas obras de Bloom.

Emerson dizia que a sociedade não pode prescindir de homens e mulheres cultos e é o povo, e não a universidade o lar do escritor.

Bloom escreve:

> O propósito da educação de nível superior, hoje em dia tão esquecido, consta, para sempre, do discurso de Emerson intitulado "O Intelectual Americano", quando o autor se refere aos apanágios do intelectual: "Resumem-se, todos, à autoconfiança". Recorro, novamente, a Emerson para definir o quarto princípio da leitura: *Para ler bem é preciso ser inventor*, a que, para Emerson, seria "leitura criativa" foi por mim chamado de "leitura equivocada", expressão que levou meus adversários a crer que eu sofresse de dislexia. O fracasso, ou o branco, que tais indivíduos veem quando se deparam com um poema está em seus próprios olhos. Autoconfiança não é dom, mas o Renascimento da mente, o que só ocorre após anos de muita leitura. A estética não possui padrões absolutos. Se a ascendência de Shakespeare, segundo o entendimento de determinada pessoa, é fruto exclusivo do colonialismo, quem vai se incomodar em refutá-la? Passados quatro séculos, Shakespeare é mais corrente do que nunca; suas peças serão encenadas no espaço sideral, e em outros mundos, se tais mundos forem alcançados. Shakespeare não é uma conspiração da cultura ocidental; sua obra encerra todos os princípios da leitura, sendo, portanto, a pedra fundamental deste livro. Borges atribuía tal universalismo à suposta magnanimidade de Shakespeare, mas a referida qualidade constitui uma grande metáfora do diferencial shakespeariano, diferencial esse que, ao final, é sua imensa força cognitiva. Sem perceber, frequentemente, lemos em busca de mentes mais originais do que a nossa.

Sendo a ideologia, especialmente em suas manifestações mais grosseiras, algo que tanto compromete a percepção e a apreciação da ironia, proponho que resgatar a ironia seja o quinto princípio da retomada da leitura. Consideremos, por exemplo, a infinita ironia de Hamlet, cujas palavras quase sempre têm significados diferentes dos literais, tantas vezes sugerindo o oposto do que diz o personagem. Esse princípio, porém, leva-me quase ao desespero, pois ensinar alguém a ser irônico é tão impossível quanto instruí-lo a ser solitário. Contudo, a morte da ironia é a morte da leitura, e do que havia de civilizado em nossa natureza.

Bloom analisa o poema a seguir, tendo como norte de sua reflexão, a ironia. Vejamos:

Pisei de Tábua em Tábua
Com cautela a trilhar
À minha volta Estrelas
Sob os meus Pés o Mar.

Quiçá o próximo passo
O último da sequência –
Daí o Andar precário
Para alguns Experiência.

De modo geral, o caminhar dos homens e das mulheres têm características próprias, mas, a menos que estejamos marchando, cada pessoa caminha à sua maneira. Dickinson, mestra do Sublime precário, dificilmente será compreendida, se lhe ignorarmos a ironia. Ela caminha pela única trilha disponível, "de Tábua em Tábua", mas toda a cautela, ironicamente, aparece justaposta a um espírito de revolta contra as convenções, que a faz se sentir em meio às estrelas, ainda que tenha os pés no mar. O fato de não saber se o próximo passo será "O último da sequência" confere-lhe "o Andar precário", que ela própria não identifica, a não ser pelo fato de que "alguns" chamam-no de Experiência. Dickinson havia lido o ensaio de Emerson intitulado "Experiência", ponto culminante do pensamento do autor, assim como o ensaio "Sobre a Experiência" o fora para Montaigne, mestre de Emerson, e a ironia do poema expressa uma resposta cordata à primeira questão levantada por Emerson no referido ensaio: "Onde estamos? Em meio a um caminho do qual desconhecemos os pontos extremos, e que nos parece não ter início nem fim". Para Dickinson, o extremo é não saber se o próximo passo será o último da sequência. "Se apenas soubéssemos o que estamos fazendo ou, aonde vamos, principalmente quando achamos que bem o sabemos!". O devaneio de Emerson difere do de Dickinson em temperamento, ou conforme ela assinala, em modo de "Andar". Na esfera da experiência, para Emerson, "Tudo flui e reluz", e a genial ironia do ensaísta é bastante diversa da ironia da precariedade expressa pela poeta. No entanto, nenhum dos dois é um ideólogo, e ambos sobrevivem através da força gerada pela rivalidade da ironia que praticam.

No fim da trilha da ironia perdida existe um passo derradeiro, depois do qual o valor literário será irrecuperável. A ironia é apenas uma metáfora, e a ironia de dois períodos literários distintos, raramente, será a mesma. Porém, se não houver um renascimento da visão irônica, algo mais do que aquilo que outrora chamávamos de "literatura de ficção" será perdido. Thomas Mann, o mais irônico dos grandes escritores deste século, já parece perdido. As biografias que surgem são alvos de resenhas que destacam o homoerotismo do autor, como se o único interesse que ele possa despertar é a constatação de ter sido gay, aliás, o que lhe assegura um lugar no currículo dos programas de Letras. É como priorizar no estudo de Shakespeare a sua suposta bissexualidade; o delírio da atual onda contrária ao puritanismo parece não ter limite. A ironia shakespeariana, como seria de se esperar, é a mais abrangente e dialética de toda a Literatura Ocidental; no entanto, essa ironia nem sempre nos promove a mediação das paixões dos personagens, de tão vasta e intensa que é a gama das emoções demonstradas. Shakespeare, portanto, vai sobreviver ao nosso tempo; perderemos a ironia shakespeariana, mas nos agarraremos aos demais aspectos da obra. Já em Thomas Mann todas as emoções, de natureza expositiva ou dramática, são mediadas por um esteticismo irônico; atualmente, na maioria dos cursos de graduação, mesmo nas melhores turmas, é quase impossível analisar *Morte em Veneza ou Unordnung und frühes Leid*. Quando um autor é destruído pela História, sua obra é, devidamente, considerada "datada", mas quando a ideologia historicista impede o acesso do leitor a um determinado autor, no meu entendimento, estamos diante de um fenômeno diferente.

Para ser percebida pelo leitor, a ironia requer certa atenção, além da habilidade de contemplar ideias opostas, conflitantes. Uma vez destituída de ironia, a leitura perde, a um só tempo, o propósito e a capacidade de surpreender. Se buscarmos, na leitura, algo que nos diz respeito, e que pode ser por nós usado para refletir e avaliar, constataremos que esse algo, provavelmente, terá um conteúdo irônico, mesmo que muitos professores de literatura desconheçam o que seja ironia, ou onde a mesma possa ser encontrada. A ironia liberta a mente da presunção dos ideólogos, e faz brilhar a chama do intelecto.

Ao concluir o texto, Bloom (2001) exorta o leitor a procurar algo que lhe diga respeito e que possa servir de base à avaliação, à reflexão. Reitera que se deve ler plenamente, não para acreditar, nem para concordar, tampouco para refutar, mas para buscar empatia com a natureza que escreve e lê. (BLOOM, Harold. *Como e por que ler*. Rio de Janeiro: Objetiva, 2001, p. 17-25).

Caro(a) acadêmico(a), você percebeu como são diversos os motivos que podem nos levar a ler? Reconhecer recursos usados pelos autores pode facilitar essa empreitada, não é mesmo? Por isso, vale a pena informar-se sobre a ironia, tão falada no texto de Bloom.

Passemos, agora, para a seção 2, e nela trataremos de um texto que nenhum estudante do Curso de Letras pode deixar de ler: *Por que ler os clássicos*, de Ítalo Calvino (2000).

2 - Por que ler os clássicos

Fonte: <static.flickr.com>. Acesso em: 07 de Ago. 2018.

Calvino (2000) inicia seu texto com algumas propostas de definição. Vejamos:

1. Os clássicos são aqueles livros dos quais, em geral, se ouve dizer: "Estou relendo..." e nunca "Estou lendo...".

Isso acontece pelo menos com aquelas pessoas que se consideram "grandes leitores"; não vale para a juventude, idade em que o encontro com o mundo e com os clássicos como parte do mundo vale exatamente enquanto primeiro encontro.

Isso confirma que ler pela primeira vez um grande livro na idade madura é um prazer extraordinário: diferente (mas não se pode dizer maior ou menor) se comparado a uma leitura da juventude. A juventude comunica ao ato de ler como a qualquer outra experiência um sabor e uma importância particulares; ao passo que na maturidade apreciam-se (deveriam ser apreciados) muitos detalhes, níveis e significados a mais. Podemos tentar então esta outra fórmula de definição:

2. Dizem-se clássicos aqueles livros que constituem uma riqueza para quem os tenha lido e amado; mas constituem uma riqueza não menor para quem se reserva a sorte de lê-los pela primeira vez nas melhores condições para apreciá-las.

As leituras da juventude podem ser pouco profícuas pela impaciência, distração, inexperiência das instruções para o uso, inexperiência da vida. Podem ser (talvez ao mesmo tempo) formativas no sentido de que dão uma forma às experiências futuras, fornecendo modelos, recipientes, termos de comparação, esquemas de classificação, escalas de valores, paradigmas de beleza: todas, coisas que continuam a valer mesmo que nos recordemos pouco ou nada do livro lido na juventude. Relendo o livro na idade madura, acontece reencontrar aquelas constantes que já fazem parte de nossos mecanismos interiores e cuja origem havíamos esquecido. Existe uma força particular da obra que consegue fazer-se esquecer enquanto tal, mas que deixa sua semente.

Nesse ponto do texto, o autor postula uma importante definição que será o terceiro princípio:

3. Os clássicos são livros que exercem uma influência particular quando se impõem como inesquecíveis e também quando se ocultam nas dobras da memória, mimetizando-se como inconsciente coletivo ou individual.

Por isso, deveria existir um tempo na vida adulta dedicado a revisitar as leituras mais importantes da juventude. Se os livros permaneceram os mesmos (mas também eles mudam, à luz de uma perspectiva histórica diferente), nós com certeza mudamos, e o encontro é um acontecimento totalmente novo.

Portanto, usar o verbo ler ou o verbo reler não tem muita importância. De fato, poderíamos dizer:

4. Toda releitura de um clássico é uma leitura de descoberta como a primeira.

5. Toda primeira leitura de um clássico é na realidade uma releitura.

6. Um clássico é um livro que nunca terminou de dizer aquilo que tinha para dizer.

7. Os clássicos são aqueles livros que chegam até nós trazendo consigo as marcas das leituras que precederam a nossa e atrás de si os traços que deixaram na cultura ou nas culturas que atravessaram (ou mais simplesmente na linguagem ou nos costumes).

Isso vale tanto para os clássicos antigos quanto para os modernos. Se leio a *Odisseia*, leio o texto de Homero, mas não posso esquecer tudo aquilo que as aventuras de Ulisses passaram a significar durante os séculos e não posso deixar de perguntar-me se tais significados estavam implícitos no texto ou se são incrustações, deformações ou dilatações. Lendo Kafka, não posso deixar de comprovar ou de rechaçar a legitimidade do adjetivo *kafkiano*, que costumamos ouvir a cada quinze minutos, aplicado dentro e fora de contexto. Se leio *Pais e filhos, de Turgueniev,* ou *Os posssuídos,* de Dostoievski, não posso deixar de pensar em como essas personagens continuaram a reencarnar-se até nossos dias.

A leitura de um clássico deve oferecer-nos alguma surpresa em relação à imagem que dele tínhamos. Por isso, nunca será demais recomendar a leitura direta dos textos originais, evitando o mais possível bibliografia crítica, comentários, interpretações. A escola e a universidade deveriam servir para fazer entender que nenhum livro que fala de outro livro diz mais sobre o livro em questão; mas fazem de tudo para que se acredite no contrário. Existe uma inversão de valores muito difundida segundo a qual a introdução, o instrumental crítico, a bibliografia são usados como cortina de fumaça para esconder aquilo que o texto tem a dizer e que só pode dizer se o deixarmos falar sem intermediários que pretendam saber mais do que ele. Podemos concluir que:

Portanto, a partir dessa reflexão, chegamos ao oitavo princípio:

8. Um clássico é uma obra que provoca incessantemente uma nuvem de discursos críticos sobre si, mas continuamente as repele para longe.

O clássico não necessariamente nos ensina algo que não sabíamos: às vezes descobrimos nele algo que sempre soubéramos (ou acreditávamos saber) mas desconhecíamos que ele o dissera primeiro (ou que de algum modo se liga a ele de maneira particular). E mesmo esta é uma surpresa que dá muita satisfação, como sempre dá a descoberta de uma origem, de uma relação, de uma pertinência. De tudo isso poderíamos derivar uma definição do tipo:

9. Os clássicos são livros que, quanto mais pensamos conhecer por ouvir dizer, quando são lidos de fato mais se revelam novos, inesperados, inéditos.

Naturalmente isso ocorre quando um clássico "funciona" como tal, isto é, estabelece uma relação pessoal com quem o lê. Se a centelha não se dá, nada feito: os clássicos não são lidos por dever ou por respeito mas só por amor. Exceto na escola: a escola deve fazer com que você conheça bem ou mal um certo número de clássicos dentre os quais (ou em relação aos quais) você poderá depois reconhecer os "seus" clássicos. A escola é obrigada a dar-lhe instrumentos para efetuar uma opção: mas as escolhas que contam são aquelas que ocorrem fora e depois de cada escola.

É só nas leituras desinteressadas que pode acontecer deparar-se com aquele que se torna o "seu" livro. Conheço um excelente historiador da arte, homem de inúmeras leituras e que, dentre todos os livros, concentrou sua preferência mais profunda no *Documentos de Pickwick* e a propósito de tudo cita passagens provocantes do livro de Dickens e associa cada fato da vida com episódios pickwickianos. Pouco a pouco ele próprio, o universo, a verdadeira filosofia tomaram a forma do *Documento de Pickwick* numa identificação absoluta. Por esta via, chegamos a uma ideia de clássico muito elevada e exigente:

10. Chama-se de clássico um livro que se configura como equivalente do universo, à semelhança dos antigos talismãs.

Com esta definição nos aproximamos da ideia de livro total, como sonhava Mallarmé. Mas um clássico pode estabelecer uma relação igualmente forte de oposição, de antítese. Tudo aquilo que Jean-Jacques Rousseau pensa e faz me agrada, mas tudo me inspira um irresistível desejo de contradizê-la, de criticá-la, de brigar com ele. Aí pesa a sua antipatia particular num plano temperamental, mas por isso seria melhor que o deixasse de lado; contudo não posso deixar de incluí-lo entre os meus autores. Direi portanto:

11. O "seu" clássico é aquele que não pode ser-lhe indiferente e que serve para definir a você próprio em relação e talvez em contraste com ele.

Creio não ter necessidade de justificar-me se uso o termo clássico sem fazer distinções de antiguidade, de estilo, de autoridade. (Para a história de todas essas acepções do termo, consulte-se o exaustivo verbete "Clássico" de Franco Fortini na Enciclopédia Einaudi, vol. III). Aquilo que distingue o clássico no discurso que estou fazendo talvez seja só um efeito de ressonância que vale tanto para uma obra antiga quanto para uma moderna mas já com um lugar próprio numa continuidade cultural. Poderíamos dizer:

12. Um clássico é um livro que vem antes de outros clássicos; mas quem leu antes os outros e depois lê aquele, reconhece logo o seu lugar na genealogia.

A esta altura, não posso mais adiar o problema decisivo de como relacionar a leitura dos clássicos com todas as outras leituras que não sejam clássicas. Problema que se articula com perguntas como: "Por que ler os clássicos em vez de concentrar-nos em leituras que nos façam entender mais a fundo o nosso tempo?" e "Onde encontrar o tempo e a comodidade da mente para ler clássicos, esmagados que somos pela avalanche de papel impresso da atualidade?"

É claro que se pode formular a hipótese de uma pessoa feliz que dedique o "tempo-leitura" de seus dias exclusivamente a ler Lucrécio, Luciano, Montaigne, Erasmo, Quevedo, Marlowe, o *Discours de la méthode, Wilhelm Meíster*, Coleridge, Ruskin, Proust e Valéry, com algumas divagações para Murasaki ou para as sagas islandesas. Tudo isso sem ter de fazer resenhas do último livro lançado nem publicações para o concurso de cátedra e nem trabalhos editoriais sob contrato com prazos impossíveis. Essa pessoa bem-aventurada, para manter sua dieta sem nenhuma contaminação, deveria abster-se de ler os jornais, não se deixar tentar nunca pelo último romance nem pela última pesquisa sociológica. Seria preciso verificar quanto um rigor semelhante poderia ser justo e profícuo. O dia de hoje pode ser banal e mortificante, mas é sempre um ponto em que nos situamos para olhar para a frente ou para trás. Para poder ler os clássicos, temos de definir "de onde" eles estão sendo lidos, caso contrário tanto o livro quanto o leitor se perdem numa nuvem atemporal. Assim, o rendimento máximo da leitura dos clássicos advém para aquele que sabe alterná-la com a leitura de atualidades numa sábia dosagem. E isso não presume necessariamente uma equilibrada calma interior: pode ser também o fruto de um nervosismo impaciente, de uma insatisfação trepidante.

Talvez o ideal fosse captar a atualidade como o rumor do lado de fora da janela, que nos adverte dos engarrafamentos do trânsito e das mudanças do tempo, enquanto acompanhamos o discurso dos clássicos, que soa claro e articulado no interior da casa. Mas já é suficiente que a maioria perceba a presença dos clássicos como um reboar distante, fora do espaço invadido pelas atualidades como pela televisão a todo volume. Acrescentemos então:

13. É clássico aquilo que tende a relegar as atualidades à posição de barulho de fundo, mas ao mesmo tempo não pode prescindir desse barulho de fundo.

14. É clássico aquilo que persiste como rumor mesmo onde predomina a atualidade mais incompatível.

Resta o fato de que ler os clássicos parece estar em contradição com nosso ritmo de vida, que não conhece os tempos longos, o respiro do *otium humanista;* e também em contradição com o ecletismo da nossa cultura, que jamais saberia redigir um catálogo do classicismo que nos interessa.

[...] Hoje, uma educação clássica como a do jovem Leopardi é impensável, e sobretudo a biblioteca do conde Monaldo explodiu. Os velhos títulos foram dizimados, mas os novos se multiplicaram, proliferando em todas as literaturas e culturas modernas. Só nos resta inventar para cada um de nós uma biblioteca ideal de nossos clássicos; e diria que ela deveria incluir uma metade de livros que já lemos e que contaram para nós, e outra de livros que pretendemos ler e pressupomos possam vir a contar. Separando uma seção a ser preenchida pelas surpresas, as descobertas ocasionais.

Agora deveria reescrever todo o artigo, deixando bem claro que os clássicos servem para entender quem somos e aonde chegamos e por isso os italianos são indispensáveis justamente para serem confrontados com os estrangeiros, e os estrangeiros são indispensáveis exatamente para serem confrontados com os italianos. [...]

Depois deveria reescrevê-lo [o artigo] ainda uma vez para que não se pense que os clássicos devem ser lidos porque "servem" para qualquer coisa. A única razão que se pode apresentar é que ler os clássicos é melhor do que não ler os clássicos.

E se alguém objetar que não vale a pena tanto esforço, citarei Cioran (não um clássico, pelo menos por enquanto, mas um pensador contemporâneo que só agora começa a ser traduzido na Itália): "Enquanto era preparada a cicuta, Sócrates estava aprendendo uma ária com a flauta. 'Para que lhe servirá?', perguntaram-lhe. 'Para aprender esta ária antes de morrer' ".

Fonte: CALVINO, Ítalo. Por que ler os clássicos. São Paulo: Companhia das Letras, 2000, p. 9-16.

Vejam caros(as) acadêmicos(as), a leitura dos clássicos é imprescindível para conhecermos a fundo os diversos caminhos que a literatura nos proporciona. É por meio dessas leituras que entenderemos o ontem e o hoje, e passaremos a construir um futuro literário. Não se pode entender a literatura de hoje sem compreender como foi formada no passado.

Atentemo-nos ainda para o fato de que, para ensinar literatura, é preciso conhecê-la. Parece uma afirmação óbvia, mas, alguns profissionais da área ainda esquecem, e baseiam-se somente em ler sobre literatura, e não leem, de fato, Literatura. Ou seja, conhecem os clássicos somente de ouvir falar sobre, de ler sobre, mas não os leem. A leitura dos clássicos literários fortalece o nosso conhecimento sobre a área e nos capacita para, com propriedade, entender e falar sobre Literatura.

Retomando a aula

Ao final desta primeira aula, vamos recordar sobre o que aprendemos até aqui.

1 - Leitura literária

Na seção 1, vimos que a leitura literária mudou com o passar dos anos, e devemos estar atentos a isso. Estudamos ainda o texto de Bloom (2001) que fala sobre a leitura literária, sobre a ironia e nos leva a entender que se nos tornarmos leitores autênticos, os resultados dos nossos esforços nos afirmarão como portadores de luz a outras pessoas.

2 - Por que ler os clássicos

Na seção 2, vimos que os clássicos são livros que, quanto mais pensamos conhecer por ouvir dizer, quando são lidos de fato mais se revelam novos, inesperados, inéditos. Entendemos ainda a importância desse tipo de leitura, pois são essas obras que nos levam a conhecer os vários caminhos que a Literatura pode nos proporcionar.

Vale a pena

Vale a pena **ler**,

Vale a pena **acessar**,

Nesse site você irá encontrar uma lista bem elaborada de obras clássicas da Literatura Brasileira. Disponível em: <https://canaldoensino.com.br/blog/50-livros-essenciais-da-literatura-brasileira>. Acesso em: 07 de ago. 2018.

Vale a pena **assistir**,

Minhas anotações

 **Minhas** anotações

Aula 2º

Metalinguagem

> Ler é uma atividade produtora de sentidos, mas ler criticamente é metalinguagem
> Maria Nazareth S. Fonseca

Caros(as) acadêmicos(as),
Em nossa segunda aula, falaremos sobre a metalinguagem e sua importância para a Literatura. Será uma aula muito produtiva!

Fonte: < www.google.com >. Acesso em: 07 de ago. 2018.

Bons estudos!

Objetivos de aprendizagem

Ao término desta aula, vocês serão capazes de:

- compreender o conceito de metalinguagem;
- reconhecer exemplos de metalinguagem;
- perceber o quanto a metalinguagem está presente na literatura.

Seções de estudo

1 - Metalinguagem - conceito
2 - Metalinguagem - exemplos

1 - Metalinguagem - conceito

Como conceituar "metalinguagem" você já sabe, não é mesmo? Em Estudos de Textos I, você aprendeu sobre as funções da linguagem definidas por Roman Jakobson e, certamente, se lembra que, quando usamos um código para explicar aquele mesmo código, estamos fazendo uso da metalinguagem, ou seja, estamos privilegiando a função metalinguística da linguagem. Por exemplo: para sabermos o significado de uma palavra que compõe a língua portuguesa, recorremos a outras palavras pertinentes a esse mesmo código, a fim de explicá-lo. Usamos o código (língua portuguesa) para explicar o próprio código. É por isso que dizem que o dicionário é o melhor exemplo de metalinguagem.

A metalinguagem pode estar presente em textos verbais e não verbais, como tiras, charges e outros. Exemplo:

Fonte: < http://www.humorcomciencia.com >. Acesso em: 15 de jul. 2018.

Repare que o personagem faz uma tira dentro da própria tira e ainda explica que isso é metalinguagem.

Na tira a seguir há um comentário, cujo assunto é a própria tira, isto é, o incidente com a tinta nanquim. O comentário sobre a tira, na própria tira, chama-se metalinguagem.

O dicionário *on-line*, Priberam, disponível no site: < http://www.priberam.pt/dlpo/ definir_resultados.aspx >, dá a seguinte definição para "metalinguagem" - s. f., linguagem utilizada para abordar outra linguagem; qualquer discurso utilizado para analisar uma língua ou uma obra literária. É a segunda parte dessa definição a que mais nos interessa, isto é, a que diz respeito ao uso, de forma mais complexa, da metalinguagem no texto literário. Quando um escritor produz um texto em que reflete sobre o seu fazer poético, ele está fazendo uso da metalinguagem.

Dessa forma, o texto predominantemente metalinguístico é "aquele que se pergunta sobre si mesmo e nesse questionamento constrói-se contemplando ativamente sua construção, numa tentativa de conhecimento do seu ser [...] uma dessacralização do mito da criação" (CHALHUB, 1998, p. 42 - 43).

A "dessacralização do mito da criação" significa, então, que não se cria a partir do nada. Para que um autor crie um texto literário, uma das formas é "focalizar o próprio fazer literário, enquanto tema de suas obras". Disponível em: < http://www.abralic.org.br/anais/arquivos/2017_1522188954.pdf>. Acesso em: 15 de jul. 2018.

2 - Metalinguagem - exemplos

Leia, a seguir, o poema de Manuel Bandeira, "Desencanto":

Eu faço versos como quem chora
De desalento... de desencanto...
Fecha o meu livro, se por agora
Não tens motivo nenhum de pranto.

Meu verso é sangue. Volúpia ardente...
Tristeza esparsa... remorso vão...
Dói-me nas veias. Amargo e quente,
Cai, gota a gota, do coração.
E nestes versos de angústia rouca
Assim dos lábios a vida corre,
Deixando um acre sabor na boca.
Eu faço versos como quem morre.
(BANDEIRA, 1990, p. 119).

No poema de Manuel Bandeira podemos observar que o autor fala sobre como produz seus versos. Discorre sobre sua maneira de escrever, sendo assim, faz uso da metalinguagem.

Walty e Cury (1999) explicam que:

> O poeta, no ato mesmo de fazer o poema, expõe seu conceito de poesia, explicitando sua função catártica, ou seja, aquela de meio de vazão dos sentimentos, de alívio mesmo de sofrimentos. Fundem-se, em seus versos, a idéia de poema e vida e, paradoxalmente, a de representação da morte. Registre-se que, no caso desse texto, o poeta não se distingue do eu- lírico, pois ele se declara o autor. Essa característica que dá ao verso um toque pessimista pode ser considerada uma marca da poesia de Manoel Bandeira. Por outro lado, o eu lírico/autor busca no poema transcrito a adesão do leitor visando a compreensão do código, aqui visto no sentido mais específico de concepção do poema. É como se o poeta quisesse fazer um pacto com seu leitor, dando-lhe uma chave do que entende por poesia naquele momento (WALTY; CURY, 1999, p. 16-17).

Você notou que enquanto o eu-lírico explica em que condições faz seus versos e como são esses versos, vai, ao mesmo tempo, tecendo o seu poema, certo? Explica o fazer poético, fazendo um poema.

Há um tipo específico de metalinguagem, isto é, a intertextualidade. Julia Kristeva, é a autora que estabeleceu uma das primeiras noções de intertextualidade. Ela explica que "todo texto se constrói como mosaico de citações, todo texto é absorção e transformação de um outro texto. Em lugar da noção de intersubjetividade, instala-se a de *intertextualidade*" (KRISTEVA, 1974, p. 64). Percebemos, então, que a relação estabelecida entre textos, ou seja, o "diálogo" entre textos, chama-se intertextualidade e é um tipo de metalinguagem, conforme explica Chalhub (2005, p. 54): " a intertextualidade é uma forma de metalinguagem, onde se toma como referência uma linguagem anterior".

Fica claro, então, que a metalinguagem não acontece, apenas, quando se constrói um poema ou quando um texto fala dele mesmo. Veja, por exemplo, o "diálogo" construído entre o poema "Café noturno" e a tela de mesmo nome de autoria de Van Gogh:

> Alucinação de mesas
> que se comportam como fantasmas reunidos
> solitários
> glaciais.
> (ANDRADE, 1996, p. 33).

Fonte: < http:// www.auladearte.com.br/historia_da_arte/images/ van_gogh039.jpg >. Acesso em: 07 de Jul. 2018.

Munch: O mesmo ocorre com "O grito", de Drummond, a partir da famosa tela de Edward.

Fonte: < forumfilosofia. wordpress.com >. Acesso em: 07 de jul. 2018.

A natureza grita, apavorante.
Doem os ouvidos, dói o quadro (ANDRADE, 1996, p. 30).

Trata-se, aqui, de um tipo especial de metalinguagem, uma vez que os códigos usados nas duas obras **não são os mesmos: em uma, é usado o código verbal e, na outra, o pictórico, conforme** explicam Walty e Cury (1999): "note-se que o escritor itabirano escreve seu poema enquanto lê o quadro: sua escrita é, simultaneamente, leitura intersemiótica uma vez que se trata de um poema voltado para um outro código, no caso o pictórico" (WALTY E CURY, 1999, p.18).

Observe a famosa tela de Velásquez, **As meninas:**

Fonte: <flordofrangipani.blogspot.com>. Acesso em: 07 de Jul. 2018.

Podemos dizer que o processo criador dessa tela está calcado na metalinguagem, isto é, estamos diante de uma tela que revela detalhes do próprio fazer dessa tela.

Outro autor que fez uso da metalinguagem foi Fernando Pessoa. Vejamos:

> Autopsicografia
> O poeta é um fingidor.
> Finge tão completamente
> Que chega a fingir que é dor
> A dor que deveras sente.
>
> E os que leem o que escreve,
> Na dor lida sentem bem,
> Não as duas que ele teve,
> Mas só a que eles não têm.
>
> E assim nas calhas de roda
> Gira, a entreter a razão,
> Esse comboio de corda
> Que se chama coração.

Fonte: < https://www.recantodasletras.com.br/teorialiteraria/4204126 >. Acesso em: 24 de Jan. 2018.

O recurso de metalinguagem foi muito utilizado no modernismo, seja em Portugal, seja no Brasil ou em outros países. Podemos observar que Pessoa fala sobre como o poeta constrói seus versos, isto é, a partir do fingimento poético.

Retomando a aula

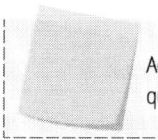
Ao final desta primeira aula, vamos recordar sobre o que aprendemos até aqui.

1 - Metalinguagem - conceito

Na seção 1, vimos o conceito de metalinguagem e entendemos que quando um escritor produz um texto em que reflete sobre o seu fazer poético, ele está fazendo uso da metalinguagem.

2 - Metalinguagem - exemplos

Na seção 2, vimos que a intertextualidade é um tipo de metalinguagem; vimos, ainda, exemplos de metalinguagem nas obras de Manuel Bandeira, Drummond e Fernando Pessoa.

Vale a pena

Vale a pena ler,

Vale a pena acessar,

Nesse site você encontrará uma tese de doutorado sobre metalinguagem na obra de Bakhtin. É muito interessante.
Disponível em: <http://www.teses.usp.br/teses/disponiveis/8/8139/tde-17092002-120415/pt-br.php>. Acesso em: 07 de Jul. 2018.

Vale a pena assistir,

Minhas anotações

Aula 3º

A poesia

Caros(as) acadêmicos(as),

Em nossa terceira aula, vamos nos dedicar um pouco ao estudo da poesia. Nossa ideia é que, juntos, possamos despertar a sensibilidade para o poético. Vamos, então, ver algumas questões teóricas sobre a poesia para, depois, estudarmos um pouco sobre Fernando Pessoa, poeta português que, até hoje, é objeto de muitos estudos, pesquisas e teses. Será uma ótima experiência!

Bons estudos!

Objetivos de aprendizagem

Ao término desta aula, vocês serão capazes de:

- reconhecer a importância da poesia;
- refletir sobre a poesia de Fernando Pessoa;
- conhecer os heterônimos de Fernando Pessoa.

Seções de estudo

1 – Poesia
2 – Fernando Pessoa e a metalinguagem

1 - Poesia

Até o momento, tratamos mais de textos em prosa. Vamos, então, nos dedicar um pouco ao estudo da poesia. Muitas vezes, ouvimos de nossos acadêmicos que o estudo da poesia é mais difícil. Não se trata disso! O que ocorre é que nos dedicamos mais à prática da leitura de textos em prosa; consequentemente, acabamos por ter mais intimidade nessa modalidade e, assim, temos mais facilidade. É preciso, pois, despertarmos a nossa sensibilidade para o poético, para que possamos, adiante, fazer o mesmo em relação aos nossos alunos. É tudo uma questão de dedicação e de estudo.

A poesia, segundo Candido (2006), nas sociedades primitivas, reflete o dia a dia da sociedade onde foi produzida. O poeta é como se fosse um intérprete de alguma situação que envolve uma coletividade. Boas (1938, p. 594-595) lembra um verso de um poema de uma tribo esquimó que diz o seguinte: "Nossos maridos vêm chegando, eu vou comer!" e explica: "pode parecer de todo prosaico para quem não conheça as privações da vida esquimó; mas talvez estes versos insignificantes deem vazão à alegria de ver os homens voltando imunes dos perigos da caça, mais à perspectiva de uma alegre noitada, com todos reunidos para comer e pairar" (pairar significa, aqui, aproximar-se, estar junto à família). Vê-se, então, que a atividade da caça, tornou-se tema de poesia, uma vez que tem importante significado para um determinado grupo e, principalmente, o emociona.

Candido (2006) explica que as poesias pastorais, inicialmente, também estavam relacionadas a uma atividade econômica que garantia a sobrevivência dos gregos, ou seja, a criação de cabras e o cotidiano dos pastores. Mais tarde, a poesia pastoral deixou de reportar-se apenas ao cotidiano e "carregou-se de valores mitológicos e simbólicos (como a nostalgia da Idade de Ouro), para chegar finalmente a ser um requinte artificial de sociedades urbanas, baseadas em economia totalmente diversa, como as do Ocidente europeu durante o Renascimento e depois dele" (p. 35).

Ainda sob a visão de Candido (2006) é importante mencionar a influência do cristianismo nas artes, incluindo-se a arte literária. Paralelamente ao surgimento das rosáceas, dos vitrais, das esculturas, das imagens de santos e de demônios, de alegorias bíblicas, Dante Alighieri escreve "A Divina Comédia" baseada em princípios religiosos.

Um dos pilares da poesia era, então, o ritmo. As rimas eram imprescindíveis. Contavam com um público ouvinte (até porque as mulheres não liam!). Mas,

> no momento em que a escrita triunfa como meio de comunicação, opanorama se transforma. A poesia deixa de depender exclusivamente da audição, concentra-se em valores intelectuais e pode, inclusive, dirigir-se de preferência à vista, como os poemas em forma de objetos ou figuras, e, modernamente, os "caligramas" de Apollinaire. A poesia pura do nosso tempo esqueceu o auditor e visa principalmente a um leitor atento e reflexivo, capaz de viver no silêncio e na meditação o sentido do seu canto mudo (CANDIDO, 2006, p. 37).

Assim sendo, vamos, a partir da obra de Hugo Friedrich, **A estrutura da lírica moderna**, enumerar as principais características da poesia moderna, uma vez que Pessoa apresenta tais características, e sobre ele, falaremos na seção seguinte.

- **"POETAR É O TRABALHO DE UM MECÂNICO DE PRECISÃO".** Significa que escrever um poema é um trabalho que exige dedicação, estudo, pesquisa. A escolha de cada palavra é, de fato, um trabalho de precisão. Não depende de "inspiração", mas de muita dedicação. Sabemos que alguns poemas levaram anos para serem concluídos.

Fonte: < bardo.castelodotempo.com/.../poemas- camoes.png >. Acesso em: 07 de Jul. 2018.

- "A interpretação de uma poesia moderna vê-se obrigada a demorar-se muito mais no estudo de sua técnica de expressão que em seus conteúdos, motivos e temas" (p.150- 151). Em outras palavras, forma e conteúdo se complementam. Para compreender melhor o sentido, é necessário perceber os recursos que foram utilizados pelo poeta.
- Privilegia-se o modo de expressão em detrimento do conteúdo de expressão.
- A discordância entre signo e significado é uma constante. Ex.: o artigo definido com sentido de indefinição.
- Sempre em busca de uma nova linguagem. Propõe-se a romper com o habitual, tornar-se um choque para o leitor.
- Fragmentarismo. Hermetismo. Retalhos de conversação.
- "A lírica moderna impõe à linguagem a tarefa paradoxal de expressar e, ao mesmo tempo, encobrir um significado. A obscuridade converteu-se em princípio estético dominante". (p.178)
- Evitam a pontuação; valorizam as ambiguidades e o não-dito; poemas curtos.
- Temas recorrentes: isolamento, angústia, solidão, desencontro.
- Poesia alógica – nasce da semiconsciência e do inconsciente. Alucinação. Sonho. Absurdo.
- Desvalorização do mundo real.
- Humor. Ironia.

Fonte: FRIEDRICH, Hugo. Estrutura da lírica moderna: da metade do século XIX a meados do século XX. Tradução de Marisa Curioni e Dora Silva. Título original: Die Strultur des Modernen Lyric. São Paulo: Duas Cidades, 1991.

2 - Fernando Pessoa e a metalinguagem

Antes de tudo é preciso termos em mente qual o papel dos **heterônimos** de Pessoa (Alberto Caeiro, Álvaro de Campos e Ricardo Reis). A palavra "heterônimo" significa vários nomes. No caso de Pessoa, é mais do que isso. Trata-se da criação de vários personagens, os quais têm personalidade e vida próprias. Muito já se disse sobre eles: de explicações baseadas em uma possível loucura a outras de cunho espírita, as especulações são várias. A nós interessa a riqueza de cada "personagem". Cada uma construída de forma independente, com uma história e um perfil absolutamente particular. Podemos entender, ainda, como uma pluralidade de vozes por intermédio das quais o eu-lírico pessoano se expressa.

Fonte: <teorias-ao-vento.blogspot.com>. Acesso em: 07 de jul. 2018.

Qual seria, então, a relação entre o fato de existirem várias vozes emitidas por Pessoa e o conceito de metalinguagem, tema norteador de nossos estudos, nesta disciplina? A resposta está no fato de o poeta usar o código poético para falar do próprio fazer poético, ou, até mesmo, sobre o fazer poético dos outros poetas (dos heterônimos). Leia o poema a seguir, de Fernando Pessoa, **ortônimo** (ele mesmo):

> **Não sei quantas almas tenho**
> *Não sei quantas almas tenho.*
> *Cada momento mudei.*
> *Continuamente me estranho.*
>
> *Nunca me vi nem acabei.*
> *De tanto ser, só tenho alma.*
> *Quem tem alma não tem calma.*
> *Quem vê é só o que vê,*
> *Quem sente não é quem é,*
>
> *Atento ao que sou e vejo,*
> *Torno-me eles e não eu.*
> *Cada meu sonho ou desejo*
> *É do que nasce e não meu.*
> *Sou minha própria paisagem;*
> *Assisto à minha passagem,*
> *Diverso, móbil e só,*
> *Não sei sentir-me onde estou.*
>
> *Por isso, alheio, vou lendo Como páginas, meu ser.*
> *O que segue não prevendo, O que passou a esquecer.*
> *Noto à margem do que li O que julguei que senti.*
> *Releio e digo: "Fui eu?"*
> *Deus sabe, porque o escreveu.*

Podemos observar que, desde o título, existe a ideia de pluralidade. No poema, o eu-lírico admite a possibilidade de um "eu-plural" (não sei quantas almas tenho), em constante mutação e surpresa diante do não reconhecimento (Cada momento mudei. Continuamente me estranho). Entre **ver e sentir vai** mostrando sua dificuldade de delinear a própria identidade (torno-me eles e não eu). Vê-se, apenas, como observador de si mesmo (Sou minha própria paisagem; assisto à minha passagem) - que, ao mesmo tempo, é plural – ele e mais três! (Diverso). A leitura que faz de sua vida (mistura do ver e do sentir) traduz uma atitude passiva (por isso, alheio, vou lendo), de observador de si mesmo e de seus "eus", ou seja, se vê de forma fragmentada.

Alberto Caeiro é um dos mais famosos heterônimos de Pessoa, que assim explica sobre esse outro poeta, fruto da criação pessoana:

> Nasceu em Lisboa mas viveu quase toda a sua vida no campo"; "morreram-lhe cedo o pai e a mãe" e, por isso "vivia com uma tia velha, tia-avó"; "não teve mais educação que quase nenhuma, só a instrução primária". E acrescenta, invejando-lhe seguramente a sorte de não ter sido obrigado, como ele, à escravatura de um ganhã-pão: "Deixou-se ficar em casa, vivendo de uns pequenos rendimentos". Adiante, comenta: "Pus em Caeiro todo o meu poder de despersonalização dramática. Fonte: <http://globaleditora.com.br/catalogos/livro/?id=3840>. Acesso em: 07 de Jul. 2018.

Ainda sobre a biografia de Caeiro, sabe-se que era "louro sem cor, olhos azuis; morreram-lhe cedo o pai e a mãe, e deixou-se ficar em casa, vivendo de uns pequenos rendimentos. Vivia com uma tia velha, tia-avó. Morreu de tuberculose em 1915".

Fonte: < https://www.mundovestibular.com.br/articles/617/1/POEMAS-COMPLETOS—Alberto-Caeiro-Heteronimo-de-Fernando-Pessoa-Resumo/Paacutegina1.html >. Acesso em: 07 de jul. 2018.

A obra de Caeiro é dividida em três partes: O Guardador de Rebanhos, O Pastor Amoroso e Poemas Inconjuntos. O Guardador de Rebanhos, uma das mais importantes obras do modernismo português é composto por mais de 30 poemas e, segundo a biografia de Pessoa, esses poemas foram compostos em um só dia! Os poemas de Caeiro são caracterizados pela simplicidade, sabedoria e objetividade, tanto que, entre os heterônimos, é considerado como "mestre".

Caeiro é um admirador da natureza, adotando, portanto, uma postura antimaterialista. Sua objetividade o faz ser contrário a qualquer tipo de pensamento relacionado à metafísica ou ao misticismo.

Vejam que interessante: Ricardo Reis, outro heterônimo de Pessoa, foi quem fez o prefácio da obra completa de Caeiro, Poemas completos.

Acesse a ferramenta "links". Não deixe de assistir à lindíssima declamação do poema a seguir, com a atriz Laura Cardoso e outros atores portugueses. É lindo demais!!!!!

Da Minha Aldeia

Da minha aldeia veio quanto da terra se pode ver no Universo...
Por isso a minha aldeia é tão grande como outra terra qualquer
Porque eu sou do tamanho do que vejo
E não, do tamanho da minha altura...
Nas cidades a vida é mais pequena
Que aqui na minha casa no cimo deste outeiro.
Na cidade as grandes casas fecham a vista à chave,
Escondem o horizonte, empurram o nosso olhar para longe de todo o céu,
Tornam-nos pequenos porque nos tiram o que os nossos olhos nos podem dar,
E tornam-nos pobres porque a nossa única riqueza é ver.

Percebam, nesse poema, como o ver é fundamental para Caeiro. A visão dele alcança o Universo e daí a sua grandeza, pois ele é do tamanho daquilo que sua vista alcança. A oposição entre a cidade e o campo marca-se pelo contraste entre a grandeza e amplidão deste e a limitação daquela onde "casas se fecham a vista", limitam a visão, roubando a maior riqueza que o Homem tem que é ver. Repare que o verbo "ver" ganha uma super dimensão, visto que seu significado vai além do plano físico.

A importância do olhar, para Caeiro, se repete no poema a seguir. Acesse a ferramenta material de aula e links e assista ao vídeo de apresentação desse poema.

O Meu Olhar

O meu olhar é nítido como um girassol.
Tenho o costume de andar pelas estradas
Olhando para a direita e para a esquerda,
E de, vez em quando olhando para trás...
E o que vejo a cada momento
É aquilo que nunca antes eu tinha visto,
E eu sei dar por isso muito bem...
Sei ter o pasmo essencial
Que tem uma criança se, ao nascer,
Reparasse que nascera deveras...
Sinto-me nascido a cada momento
Para a eterna novidade do Mundo...
Creio no mundo como num malmequer,
Porque o vejo. Mas não penso nele
Porque pensar é não compreender ...
O Mundo não se fez para pensarmos nele
(Pensar é estar doente dos olhos)
Mas para olharmos para ele e estarmos de acordo...
Eu não tenho filosofia: tenho sentidos...
Se falo na Natureza não é porque saiba o que ela é,
mas porque a amo, e amo-a por isso,
Porque quem ama nunca sabe o que ama
Nem sabe por que ama, nem o que é amar ...
Amar é a eterna inocência,
E a única inocência não pensar...

Sabemos que as palavras usadas pelos escritores passam por um processo de escolha, de seleção. Dessa forma, é interessante analisar a escolha da palavra **girassol**. Por que essa e não outro tipo de flor? O girassol, assim como o olhar do eu-lírico, busca a luz do sol para que torne nítidas as coisas que vê. Olhar e sentir o que vê é mais importante do que pensar. Essa ideia é reforçada pela metáfora construída: "pensar é estar doente dos olhos".

Vamos conhecer um pouco de outro heterônimo de Pessoa: **Ricardo Reis.**

Assim como os demais heterônimos, Ricardo Reis tem uma biografia e características próprias de estilo e de personalidade. Ele "existiu", de fato! Vejamos:

> Foi criado quando Fernando Pessoa escreveu os "Poemas de Índole Pagã". Em sua biografia consta que nasceu em Porto, Portugal, no dia 19 de setembro de 1887. Estudou em colégio de jesuítas e formou-se em medicina. Foi profundo admirador da cultura clássica, tendo estudado latim, grego e mitologia.

Fonte: < https://www.ebiografia.com/ricardo_reis/ >. Acesso em: 14 mar. 2018.

Ricardo Reis foi admirador e estudioso da cultura clássica da Antiguidade, por isso produziu textos bem formais. O uso de odes é uma de suas características, assim como o de hipérbatos (inversão da ordem direta das frases). Inspirou-se em Horácio e postulava o "carpe diem". Seguiu, também, a filosofia epicurista (de Epicuro), isto é, a prática do bem produz prazer e eleva o espírito. Ainda sobre a filosofia seguida por esse poeta, temos o "Estoicismo", isto é, a aceitação dos acontecimentos e rejeição de emoções e sentimentos exacerbados. Assim sendo, seus textos se baseiam na clareza e equilíbrio das ideias, pregam as boas formas de viver, o prazer, a serenidade.

Vejam que interessante: consta na biografia de Ricardo Reis que ele era monarquista e, por não concordar com a Proclamação da República em Portugal, veio a exilar-se no Brasil! Isso em 1919.

Fernando Pessoa fundou, em 1924, uma revista, chamada Athena. O nome é sugestivo do gosto pela cultura clássica, não é mesmo? Ali publicou as várias odes de autoria de Ricardo Reis. Publicou, ainda, na Revista Presença, de Coimbra, importante meio de divulgação de poemas que introduziram a estética modernista em Portugal.

Diferentemente de Caeiro, não sabemos sobre a morte de Ricardo Reis, a não ser por um estudo feito por José Saramago, famoso escritor português, autor da obra "O ano da morte de Ricardo Reis". Nessa obra, foi dado como 1936 o ano de falecimento de Reis, que é um dos mais famosos heterônimos de Pessoa.

A fim de complementar as informações, é importante lermos o texto de Cid Seixas *"A poesia como metalinguagem"*. Disponível em: <http://www.jornaldepoesia.jor.br/cseixas05c.html>.

Após a leitura do texto de Cid Seixas, podemos compreender um pouco a vastidão que gira em torno da poesia de Pessoa, que, mesmo após tantos anos ainda é permeada de magia, filosofia e mistério. Com seus heterônimos, Fernando Pessoa foi capaz de, entre outras coisas, trabalhar com a metalinguagem.

 **Retomando a** aula

Ao final desta primeira aula, vamos recordar sobre o que aprendemos até aqui.

1 – Poesia

Na seção 1 vimos, a partir da obra de Hugo Friedrich, a estrutura da lírica moderna, e dentre várias, podemos citar: valorização das ambiguidades e o não-dito; poemas curtos; temas recorrentes, poesia alógica; desvalorização do mundo real; humor e ironia.

2 – Fernando Pessoa e a metalinguagem

Na seção 2, após a leitura do texto de Seixas, compreendemos a riqueza da obra de Pessoa e seus heterônimos.

 **Vale a** pena

Vale a pena **ler**

Vale a pena **assistir**

Um documentário sobre a biografia de Fernando Pessoa. Disponível em: <https://www.youtube.com/watch?v=Fh0qqJp4hj0> e na ferramenta "links".

 **Minhas** anotações

Minhas anotações

Aula 4º

Drummond: leitura e metalinguagem

Caros(as) acadêmicos(as),
Chegamos à nossa quarta aula, e desfrutaremos de uma experiência incrível ao falar de um grande poeta brasileiro: Carlos Drummond de Andrade. Nosso foco será a leitura e a metalinguagem.

Fonte: < https://www.google.com.br/search?q=Drummond&source=lnms&tbm=isch&sa=X&ved=0ahUKEwi0gKX0hYvZAhVRwVkKHfc1A9IQ_AUICigB&biw=1366&bih=647#imgdii=_z03FNDXRp5fYM:&imgrc=as4zideN9eR6LM >. Acesso em: 07 de ago. 2018.

Bons estudos!

Objetivos de aprendizagem

Ao término desta aula, vocês serão capazes de:

- inferir sobre a metalinguagem na poesia de Drummond;
- compreender qual o papel da metalinguagem na construção da poesia drummondiana;
- refletir sobre a importância do trabalho com a linguagem.

Seções de estudo

1 - A metalinguagem como recurso
2 - Exemplos de metalinguagem na poesia de Drummond

1 - A metalinguagem como recurso

Nesta aula, o nosso foco de atenção é a metalinguagem como parte dos recursos frequentemente usados por Drummond.

Comecemos nossa análise lendo um poema:

Procura da poesia
Não faças versos sobre acontecimentos.
Não há criação nem morte perante a poesia.
Diante dela, a vida é um sol estático,
não aquece nem ilumina.
As afinidades, os aniversários, os incidentes pessoais não contam.
Não faças poesia com o corpo,
esse excelente, completo e confortável corpo, tão infenso à efusão lírica.

Tua gota de bile, tua careta de gozo ou de dor no escuro são indiferentes.
Nem me reveles teus sentimentos,
que se prevalecem do equívoco e tentam a longa viagem.
O que pensas e sentes, isso ainda não é poesia.
que se prevalecem do equívoco e tentam a longa viagem.

Não cantes tua cidade, deixa-a em paz.
O canto não é o movimento das máquinas nem o segredo das casas.
Não é música ouvida de passagem, rumor do mar nas ruas junto à linha de espuma.

O canto não é a natureza
nem os homens em sociedade.
Para ele, chuva e noite, fadiga e esperança nada significam.
A poesia (não tires poesia das coisas)
elide sujeito e objeto.

Não dramatizes, não invoques,
não indagues. Não percas tempo em mentir.
Não te aborreças.
Teu iate de marfim, teu sapato de diamante,
vossas mazurcas e abusões, vossos esqueletos de família
desaparecem na curva do tempo, é algo imprestável.

Não recomponhas
tua sepultada e merencória infância.
Não osciles entre o espelho e a
memória em dissipação.
Que se dissipou, não era poesia.
Que se partiu, cristal não era.
Penetra surdamente no reino das palavras.
Lá estão os poemas que esperam ser escritos.
Estão paralisados, mas não há desespero,
há calma e frescura na superfície intata.
Ei-los sós e mudos, em estado de dicionário.
Convive com teus poemas, antes de escrevê-los.
Tem paciência se obscuros. Calma, se te provocam.
Espera que cada um se realize e consume
com seu poder de palavra
e seu poder de silêncio.
Não forces o poema a desprender-se do limbo.
Não colhas no chão o poema que se perdeu.
Não adules o poema. Aceita-o
como ele aceitará sua forma definitiva e concentrada
no espaço.

Chega mais perto e contempla as palavras.
Cada uma
tem mil faces secretas sob a face neutra
e te pergunta, sem interesse pela resposta,
pobre ou terrível, que lhe deres:
Trouxeste a chave?

Repara:
ermas de melodia e conceito
elas se refugiaram na noite, as palavras.
Ainda úmidas e impregnadas de sono,
rolam num rio difícil e se transformam em desprezo.

No poema, Drummond dá vários conselhos sobre o que não escrever em uma boa poesia. Como exemplo, destacamos - "Não faça versos sobre acontecimentos. As afinidades, os aniversários, os incidentes pessoais não contam" – Para Drummond, os temas de caráter pessoal não são valorizados pelo eu-lírio. Há uma diferença bem marcada entre os sentimentos do poeta (da pessoa física) e os do eu-lírico: tua gota de bile, tua careta de gozo ou de dor no escuro são indiferentes. Nem me reveles teus sentimentos – esses sentimentos da pessoa não importam, o que importa são os sentimentos do eu-lírico.

Depois de ter orientado sobre o que não deve fazer parte do texto poético, percebe-se o movimento inverso, isto é, a orientação sobre o que deve ser feito. Note-se que, tanto na primeira parte como na segunda, os verbos estão no imperativo. É no reino das palavras que estão todos os poemas que foram e que ainda serão escritos. Não há palavras próprias para a poesia. Qualquer palavra pode ser usada. É preciso reflexão e trabalho com as palavras antes de escrever um poema - convive com teus poemas, antes de escrevê-los / tem paciência se obscuros. Calma, se te provocam.

O poema nos fala, ainda, sobre a aceitação do poeta diante daquilo que escreve (em geral, não gostamos daquilo que escrevemos e sabemos que sempre há o que aperfeiçoar num texto, não é verdade?) - Não forces o poema a desprender-se do limbo/ Não colhas no chão o poema que se perdeu (para que um texto seja escrito, quantas tentativas jogamos fora?).

Não adules o poema. Aceita-o/como ele aceitará sua forma definitiva e concentrada no espaço.

Ainda sobre o fazer poético, o poeta explica sobre a pluralidade de sentidos que uma palavra pode adquirir, dependendo da forma como é organizada num texto poético. Cada palavra, a partir de seu significado básico (a face neutra), pode esconder mil significados (mil faces secretas). O importante é o estado de contemplação diante delas para que se revelem esses sentidos.

Depois dessa breve leitura (não é a única possibilidade e ainda haveria muito a ser dito!), você deve ter percebido melhor a atitude metalinguística do poeta: enquanto vai refletindo sobre como fazer um poema, vai, ao mesmo tempo, compondo um poema. Em outras palavras: a composição desse poema se dá pela reflexão de como se deve fazer um poema.

2 - Exemplos de metalinguagem na poesia de Drummond

Nesta segunda seção, veremos mais um exemplo de metalinguagem na poesia de Drummond. Veremos como esse poeta incrível trabalhou a linguagem.

Poema-orelha
Esta é a orelha do livro
por onde o poeta escuta
se dele falam mal
ou se o amam.

Uma orelha ou uma boca
sequiosa de palavras?
São oito livros velhos
e mais um livro novo
de um poeta inda mais velho
que a vida que viveu
e contudo o provoca
a viver sempre e nunca.
Oito livros que o tempo
empurrou para longe
de mim

mais um livro sem tempo
em que o poeta se contempla
e se diz boa-tarde
(ensaio de boa-noite,
variante de bom-dia,

que tudo é o vasto dia
em seus compartimentos
nem sempre respiráveis
e todos habitados enfim.)

Não me leias se buscas
flamante novidade
ou sopro de Camões.

Aquilo que revelo
e o mais que segue oculto
em vítreos alçapões
são notícias humanas,
simples estar-no-mundo,
e brincos de palavra,
um não-estar-estando,
mas de tal jeito urdidos
o jogo e a confissão
que nem distingo eu mesmo
o vivido e o inventado.
Tudo vivido? Nada.
Nada vivido? Tudo.
A orelha pouco explica
de cuidados terrenos;
e a poesia mais rica
é um sinal de menos

Drummond foi muito criativo ao escrever esse poema, pois faz um jogo de palavras com a palavra orelha, utilizando, também, a chamada orelha do livro, parte da capa que é dobrada e onde se encontram os comentários sobre a obra. Trata-se de um poema que utiliza a metalinguagem não apenas ao revelar recursos usados pelo poeta para escrever, mas, também, porque, por meio desse poema, fala de sua condição de poeta e de outras obras que escreveu.

Presente em Claro enigma, o poema a seguir, "Oficina irritada", é outro poema de Drummond em que a metalinguagem foi o principal recurso usado pelo poeta. Trata-se de um poema reflexivo, isto é, o autor faz uma reflexão sobre o próprio ato de escrever o soneto e, "simultaneamente, revela a experiência de negatividade, como mal-estar e inadequação do sujeito lírico diante do mundo que o cerca". Fonte: VASCONCELLOS. Disponível em: < http://livros01.livrosgratis.com.br/cp087646.pdf >. Acesso em: 18 de jul. 2018.

Eu quero compor um soneto duro
como poeta algum ousara escrever.
Eu quero pintar um soneto escuro,
seco, abafado, difícil de ler.

Quero que meu soneto, no futuro,
não desperte em ninguém nenhum prazer.
E que, no seu maligno ar imaturo,
ao mesmo tempo saiba ser, não ser.

Esse meu verbo antipático e impuro
há de pungir, há de fazer sofrer
tendão de Vênus sob o pedicuro.

Ninguém o lembrará: tiro no muro,
cão mijando no caos, enquanto Arcturo,
claro enigma se deixa surpreender.

Você percebe como, para Drummond, a poesia é resultado de muita reflexão, de um árduo trabalho de escolha das palavras? Para criar, é preciso muito trabalho, pesquisas e leituras e não apenas inspiração, como muitos acreditam.

 **Retomando** aula

Ao final desta primeira aula, vamos recordar sobre o que aprendemos até aqui.

1 - A metalinguagem como recurso

Na primeira seção, vimos como Carlos Drummond de Andrade utilizou a metalinguagem para enriquecer sua obra.

2 - Exemplos de metalinguagem na poesia de Drummond

Já na segunda seção, vimos mais dois exemplos de metalinguagem na poesia de Drummond. Por meio desse recurso, em um poema o autor fez um "jogo" com a palavra orelha e, no outro, faz uma reflexão sobre o ato de escrever um poema.

 **Vale a** pena

Vale a pena ler,

Vale a pena acessar,

Você sabia que Carlos Drummond tem um site próprio e que dispõe de informações preciosas sobre vida e obra do autor? É imperdível! Disponível em: <http://www.carlosdrummond.com.br/>. Acesso em: 07 de Jul. 2018.

Vale a pena assistir,

Entrevista com o poeta Carlos Drummond de Andrade (1902-1987) no especial de TV que homenageou os 80 anos do autor brasileiro em 1982. Drummond fala da infância em Itabira-MG, da família e de poesia.

Disponível em: <https://www.youtube.com/watch?v=huc9EFfY4Ag>. Acesso em: 07 de Jul. 2018.

Minhas anotações

Aula 5º

Manuel Bandeira

Caros(as) acadêmicos(as),
Nesta aula estudaremos, a partir do tema da leitura e da metalinguagem, alguns poemas de Manuel Bandeira, outro grande poeta brasileiro.

Manuel Bandeira, por Portinari (1931) Fonte: < www.overmundo.com.br >. Acesso em: 07 de Jul. 2018.

Bons estudos!

Objetivos de aprendizagem

Ao término desta aula, vocês serão capazes de:

- reconhecer a metapoesia de Manuel Bandeira;
- atestar a riqueza que a metalinguagem confere à poesia;
- comprovar o quanto a poesia de Bandeira é rica e heterogênea.

Seções de estudo

1 – Manuel Bandeira e a Metalinguagem
2 – Manuel Bandeira e a homenagem a Drummond

1 - Manuel Bandeira e a Metalinguagem

Manuel Bandeira também fez uso da metalinguagem para compor várias de suas poesias e apresenta, em sua escrita, um estilo sóbrio, simples e direto. Conseguiu retratar o cotidiano por meio de composições poéticas rígidas, sonetos em rimas ricas e métrica perfeita.

Vejamos um exemplo:

Poética
Estou farto do lirismo comedido
Do lirismo bem comportado
Do lirismo funcionário público com livro de ponto expediente
 protocolo e manifestações de apreço ao Sr. Diretor.
Estou farto do lirismo que para e vai averiguar no dicionário o
 cunho vernáculo de um vocábulo.
 Abaixo os puristas

Todas as palavras sobretudo os barbarismos universais
Todas as construções sobretudo as sintaxes de exceção
Todos os ritmos sobretudo os inumeráveis

Estou farto do lirismo namorador
Político
Raquítico
Sifilítico
De todo lirismo que capitula ao que quer que seja fora de si mesmo
De resto não é lirismo
Será contabilidade tabela de co-senos secretário do amante exemplar com cem modelos de cartas e as diferentes maneiras de agradar às mulheres, etc.

Quero antes o lirismo dos loucos
O lirismo dos bêbados
O lirismo difícil e pungente dos bêbedos
O lirismo dos clowns de Shakespeare

- Não quero mais saber do lirismo que não é libertação.

Quando lemos o poema, com atenção, percebemos que o tema principal é o fazer poesia. Desde o título, Bandeira já trabalha com a metalinguagem – poética – pois, resumidamente, a poética é o estudo da criação poética. Também destacamos que esse é um poema que foi escrito na época em que o modernismo estava em voga no Brasil e exalta o rompimento com as formas tradicionais (românticas e parnasianas) – estou farto do lirismo comedido e bem comportado como mandam as regras. Como numa atitude revolucionária, "grita": "abaixo os puristas" e enumera, na segunda estrofe, o que seriam as novas regras para a composição dos poemas modernos. São utilizados versos livres e brancos, símbolos da libertação em relação às regras impostas pelos poetas mais tradicionais.

Leia o poema a seguir, intitulado "Os sapos". Foi escrito por Bandeira em 1918 e foi declamado por Ronald de Carvalho, em 1922, na Semana e Arte Moderna.

Os Sapos
Manuel Bandeira, 1918

Enfunando os papos,
Saem da penumbra,
Aos pulos, os sapos.
A luz os deslumbra.

Em ronco que aterra,
Berra o sapo-boi:
- "Meu pai foi à guerra!"
- "Não foi!" - "Foi!" - "Não foi!".

O sapo-tanoeiro,
Parnasiano aguado,
Diz: - "Meu cancioneiro
É bem martelado.

Vede como primo
Em comer os hiatos!
Que arte! E nunca rimo
Os termos cognatos.

O meu verso é bom
Frumento sem joio.
Faço rimas com
Consoantes de apoio.

Vai por cinquenta anos
Que lhes dei a norma:
Reduzi sem danos
A fôrmas a forma.

Clame a saparia
Em críticas céticas:
Não há mais poesia,
Mas há artes poéticas..."

Urra o sapo-boi:
- "Meu pai foi rei!" - "Foi!"
- "Não foi!" - "Foi!" - "Não foi!".

Brada em um assomo
O sapo-tanoeiro:
- A grande arte é como
Lavor de joalheiro.

Ou bem de estatuário.
Tudo quanto é belo,
Tudo quanto é vário,
Canta no martelo".

Outros, sapos-pipas
(Um mal em si cabe),
Falam pelas tripas,
- "Sei!" - "Não sabe!" - "Sabe!".

Longe dessa grita,
Lá onde mais densa
A noite infinita
Veste a sombra imensa;

Lá, fugido ao mundo,
Sem glória, sem fé,
No perau profundo
E solitário, é

Que soluças tu,
Transido de frio,
Sapo-cururu
Da beira do rio...

Ronald foi imensamente vaiado, uma vez que o poema é uma crítica ao Parnasianismo, movimento em alta na época e que prezava a métrica regular, isto é, versos com o mesmo número de sílabas métricas e entendiam que as rimas eram imprescindíveis, ao contrário do movimento modernista que pregava o uso de versos livres (sem métrica) e brancos (sem rima). Repare, ainda, no vocabulário usado. Essa era uma das características do Parnasianismo: vocabulário rebuscado. A metalinguagem foi utilizada por Bandeira, na medida em que fala sobre características parnasianas (Vede como primo /Em comer os hiatos!) e critica os parnasianos, chamando-os de "aguados". O sapo parnasiano diz: - "Meu cancioneiro /É bem martelado, isto é, bem ritmado. Em outras palavras: para fazer seus versos, fala sobre o fazer poético parnasiano; isso é metalinguagem!

2 - Manuel Bandeira e a homenagem a Drummond

Nesta segunda seção de estudo, você encontrará a seguir um poema feito em homenagem a Drummond; aliás, isso era uma prática constante de Bandeira: homenagear, por meio de versos, aqueles que lhe eram caros. Há nesse poema um tom metalinguístico, uma vez que Bandeira menciona obras poéticas feitas por Drummond e o faz à medida que faz, ele mesmo, um poema.

Carlos Drummond de Andrade

Louvo o Padre, louvo o Filho,
O Espírito Santo louvo.
Isto feito, louvo aquele
Que ora chega aos sessent'anos
E no meio de seus pares
Prima pela qualidade:
O poeta lúcido e límpido
Que é Carlos Drummond de Andrade.

Prima em *Alguma Poesia*,
Prima no *Brejo das Almas*
Prima em *Rosa do Povo*,
No *Sentimento do Mundo*.
(Lírico ou participante,
Sempre é poeta de verdade
Esse homem lépido e limpo
(Que é Carlos Drummond de Andrade).

Como é o fazendeiro do ar,
O obscuro enigma dos astros
Intui, capta em claro enigma.
Claro, alto e raro. De resto
Ponteia em viola de bolso
Inteiramente à vontade
O poeta diverso e múltiplo
Que é Carlos Drummond de Andrade.

Louvo o Padre, o Filho, o Espírito
Santo, e após outra Trindade
Louvo: o homem, o poeta, o amigo
Que é Carlos Drummond de Andrade.

Fonte: < www.pd-literatura.com.br >. Acesso em: 07 de ago. 2018.

(BANDEIRA, 2001, p. 18)

No poema, o tom metalinguístico está no "louvor" que Bandeira proclama, remetendo a como é feita a exaltação por meio da linguagem.

Antes de encerrar esta aula, não podemos deixar de citar a heterogeneidade da obra de Manuel Bandeira que também se revela em seus chamados "metapoemas", isto é, em poemas que falam de poemas e/ou do fazer poético.

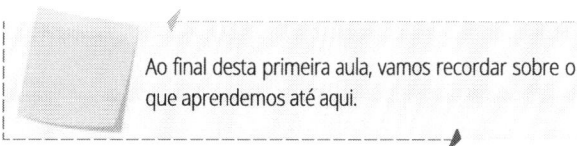

1 – Manuel Bandeira e a Metalinguagem

Na seção 1 estudamos - Poética – um conhecido poema de Manuel Bandeira que usa a metalinguagem. Vimos ainda que foi no fecundo movimento modernista que Bandeira brilhou.

2 – Manuel Bandeira e a homenagem a Drummond

Na seção 2, vimos o exemplo de um poema escrito por Bandeira para homenagear Drummond e a riqueza da escrita por meio de um tom metalinguístico.

Vale a pena

Vale a pena **ler**,

Vale a pena **acessar**,

Nesse site você encontrará um artigo sobre Manuel Bandeira e a metapoesia.

Você não se arrependerá de ler! Disponível em: <http://professor.pucgoias.edu.br/SiteDocente/admin/arquivosUpload/5628/material/artigo.manuel%20bandeira.PDF>. Acesso em: 07 de Jul. 2018.

Vale a pena **assistir**,

A professora Cleonice Berardinelli fala sobre a obra de Manuel Bandeira. Disponível em: <https://www.youtube.com/watch?v=KlutFmMz_wM>. Acesso em: 07 de Jul. 2018.

Minhas anotações

Cecília Meireles

Caros(as) acadêmicos(as),
Nesta sexta aula, falaremos de uma mulher incrível que desperta a sensibilidade em quem lê sua obra. Falaremos de Cecília Meireles. Vamos juntos? Garanto que não vai se arrepender!

Bons estudos!

Objetivos de aprendizagem

Ao término desta aula, vocês serão capazes de:

- entender a importância da obra de Cecília Meireles para a poesia brasileira;
- refletir sobre metalinguagem presente na poesia de Cecília Meireles;
- identificar as características presentes na obra da autora.

Seções de estudo

1 – A biografia
2 – A obra de Cecília de Meireles

1 - A biografia

Cecília era carioca. Nasceu no Rio de Janeiro no dia 7 de novembro de 1901 e faleceu no dia 10 de novembro de 1964. Viveu, portanto, o período da ditadura e sofreu "na pele" suas consequências. Perdeu sua mãe ainda criança e foi criada pela avó materna. Em função dessa e de outras perdas sofridas, seu texto

é, frequentemente, marcado pela ideia de transitoriedade e de efemeridade. Formou-se professora e dedicou vários anos de sua vida ao magistério. Ao longo de sua vida, sempre esteve preocupada com a educação de crianças. Enquanto atuava na educação, também desenvolveu uma intensa atividade literária e jornalística, e colaborou com quase todas as revistas e jornais cariocas da época.

Os primeiros versos foram escritos aos nove anos e o primeiro livro, *Espectros* (17 sonetos parnasianos sobre personagens históricos), aos dezesseis anos. Em 1917, Cecília Meireles ingressa na Escola Normal, estuda línguas e música. Entre 1930 e 1933 foi jornalista do "Diário de Notícias" e, desde essa época, lutava por uma nova Educação, conforme podemos ler no trecho a seguir:

> Quem ficou para trás na nova história de Cecília Meireles não foi apenas a jornalista engajada que, entre 1930 e 1933, assinou sua página diária sobre educação – na qual chegou a acusar o então ministro da educação, Francisco Campos, de medalhão e o então presidente, Getúlio Vargas, de Sr. Ditador. Foram mais de mil artigos escritos num período turbulento de nossa história política: o início da década de 1930, quando Getú- lio assumiu a liderança no país. Nesse período, Cecília lutava contra a inclusão do ensino religioso e defendia as liberdades, como por exemplo a criação de escolas mistas em que ambos os sexos pudessem dividir o mesmo espaço. É bom lembrar que isso ocorreu entre 1930 e 1933, quando a mulher sequer exercia o direito de voto, uma vez que as urnas passaram a contar com o voto feminino apenas em 34 (CULT n.51, p. 51).

São essas as principais obras de Cecília Meireles:
- 1938 – *VIAGEM*
- 1942 – *VAGA MÚSICA*
- 1945 – MAR ABSOLUTO
- 1949 – RETRATO NATURAL
- 1952 – DOZE NOTURNOS DA HOLANDA
- 1953 – ROMANCEIRO DA INCONFIDÊNCIA (busca alucinada pelo ouro).
- Escreveu 30 obras, sendo que 10 foram publicadas postumamente.

O ano de 1938 foi importante para Cecília: ganhou o prêmio da Academia Brasileira de Letras, com a obra Viagem. Já na obra Romanceiro da inconfidência, encontramos um tipo de poesia bem diferente do das outras obras. Aqui não há questões metafísicas, mas questões sociais e políticas. Em Mar absoluto, tudo é reduzido a figuras marinhas e mostra sua revolta contra a guerra. Junto com Drummond e Murilo Mendes foram os escritores que mais demonstraram esse sentimento.

Anticatólica assumida, sem que deixasse de ser cristã, sofre as consequências dessa postura no concurso para o Instituto de Educação, quando obteve a mesma nota que outro candidato (8,5), mas foi preterida por ser contra o catolicismo.

Cecília Meireles era profunda conhecedora do sânscrito e do hindu. Admiradora de Rbindranath Tagore (1861-1941), ganhador do Prêmio Nobel de Literatura de 1913, ela confessa ser influenciada por ele e julga plagiá-lo. Traduziu obras de Tagore para o português (Puravi, livro de poemas, *e* O carteiro do rei, teatro) e é autora de diversos estudos sobre ele, como A pintura de Tagore. As teorias educacionais de Tagore são muito semelhantes às defendidas por Cecília, tanto que se pode questionar se o autor indiano não teria influenciado Fernando Azevedo e seus parceiros no Manifesto da Escola Nova.

2 - A obra de Cecília de Meireles

As principais características da obra de Cecília Meireles são:
- Plasticidade (visual).
- Apelo ao sensorial (sinestesias).
- Poesia social.
- Musicalidade.
- Misticismo.
- Fuga.
- Melancolia.
- Termos do cotidiano.
- Versos curtos, ritmo ligeiro.
- Influência simbolista.

Vejamos um exemplo:

CANÇÃOZINHA - poema escrito na Índia Àquele lado do tempo
Onde abre a rosa da aurora,
Chegaremos de mãos dadas,
Cantando canções de roda
Com palavras encantadas.
Para além de hoje e de outrora,
Veremos os Reis ocultos
Senhores da Vida toda,
Em cuja etérea cidade

Fomos lágrima e saudade
Por seus nomes e seus vultos
....
Chegaremos de mãos dadas,
Tagore, ao divino mundo
Em que o amor eterno mora
E onde a alma é o sonho profundo
Da rosa dentro da aurora.

É importante destacar algumas características que estão presentes no poema cançãozinha que permeiam várias obras de Cecília, dentre elas podemos citar a melancolia - "Para além de hoje e de outrora, Veremos os Reis ocultos Senhores da Vida toda, Em cuja etérea cidade Fomos lágrima e saudade", e os versos curtos e ritmo ligeiro - "Em que o amor eterno mora/E onde a alma é o sonho profundo/ Da rosa dentro da aurora".

No poema "Motivo", parte da obra Viagem **(1982, p.14), iremos refletir sobre a metalinguagem presente na obra de Cecília Meireles:**

MOTIVO
Eu canto porque o instante existe
e a minha vida está completa.
Não sou alegre nem sou triste:
sou poeta.

Irmão das coisas fugidias, não
sinto gozo nem tormento.
Atravesso noites e dias no vento.

Se desmorono ou se edifico,
se permaneço ou me desfaço,
— não sei, não sei. Não sei se fico
ou passo.

Sei que canto. E a canção é tudo.
Tem sangue eterno a asa ritmada.
E um dia sei que estarei mudo:
— mais nada.

Nesse poema a escritora reflete sobre o que a motivaria a escrever. Daí o título "Motivo". Ela mesma conclui que o motivo não importa muito, o que importa é que escreve e que escrita, isto é a canção é tudo. Repare que, na primeira estrofe, o eu-lírico deixa clara a diferença entre o ser, pessoa, e o ser, poeta – o poeta é o profissional que não se deixa levar, apenas, pelas alegrias e tristezas da pessoa. Nas estrofes seguintes, podemos perceber o privilégio da situação de poeta, uma vez que sobre o "ser pessoa" há muitas dúvidas (note a repetição de "não sei" – se desmorono, se edifico, se fico, se passo). A única certeza é a condição de poeta – sei que canto, e a canção é tudo, apenas ameaçada pela possibilidade da morte que traz a impossibilidade da fala, da escrita.

O ritmo é algo muito importante na obra de Cecília Meireles. O segundo verso da última estrofe denuncia isso. E mais - você notou que ela não usa a palavra poema? Ela prefere, em diversos poemas, a palavra canção que, por sua vez, liga-se, diretamente, à ideia de ritmo.

É importante notar o uso da primeira pessoa do singular em quase todos os poemas de Cecília Meireles. Isso acaba por confundir o eu-lírico e o poeta, sobretudo quando conhecemos um pouco sobre a vida da autora. Muitas vezes entendemos que os versos falam dela mesma.

Leia, com atenção, o poema a seguir. Não vamos falar sobre metalinguagem, mas sobre plasticidade, uma das características muito presente nas poesias da autora.

CENÁRIO
Eis a estrada, eis a ponte, eis a montanha
Sobre a qual se recorta a igreja branca

Eis o cavalo pela verde encosta.
Eis a soleira, o pátio, e a mesma porta.

E a direção do olhar. E o espaço antigo
Para a forma do gesto e do vestido.

E o lugar da esperança. E a fonte. E a sombra.
E a voz que já não fala, e se prolonga.

E eis a névoa que chega, envolve as ruas,
Move a ilusão de tempos e figuras.

- A névoa que se adensa e vai formando
Nublados reinos de saudade e pranto.

Fonte: (MEIRELES, 1989, p. 92. Em itálico, no original).

Assim como em uma tela o artista transmite sentidos, ideias, sensações ao espectador, utilizando-se de formas e cores, na poesia, o poeta passa tudo isso ao leitor, também usando formas e cores, só que por meio de palavras, fazendo com que o leitor visualize cenas. Por isso, o poema acima é um bom exemplo de plasticidade: chama-se "Cenário" porque o leitor visualiza várias cenas, compostas por estradas, ponte, montanha, fonte, névoa.

Rebello (2011) faz um estudo interessante sobre esse poema e pontua o seguinte:

> [...] Os primeiros versos identificam o agrupamento de elementos que, dispostos em certa ordem, levam o leitor a visualizar um cenário que está sendo montado a partir da recolha de coisas diversas, tais como a estrada, a ponte, a montanha, a igreja branca e assim, sucessivamente. A dualidade de versos acentua a exploração do paralelismo linguístico, quer seja no aspecto sintático como no semântico, acentuando o labor programático de Cecília Meireles na composição de seus textos. Num apelo nitidamente visual, a autora monta o seu cenário a partir de uma linguagem quase que totalmente substantivada, abolindo construções verbais e adjetivações. O poema é feito de enumerações de elementos geográficos e topográficos que, aos poucos, desenham ao leitor a paisagem de Vila Rica, cuja espacialidade vai sendo recuperada com a "re-visitação" do sujeito lírico e a aproximação gradativa do leitor.
> [...]
> O poema se constrói por meio de uma espécie de progressão: o cenário vai se apresentando

a partir de uma visão panorâmica (versos 1-3) até se fechar em lugares que o eu poético fixa como representativos (versos 4-7). Da mesma forma, colocam-se em disposição paralela outros elementos constitutivos do texto: o concreto e o abstrato (estrada, porta, pátio, igreja X esperança, ilusão, saudade); da visão maior, panorâmica, para a visão fechada, centrada na emoção (estrada, ponte, montanha X saudade e pranto); da clareza da matéria concreta à nebulosidade (cavalo, porta, igreja X névoa que se adensa).

[...]

Não é no cenário, entretanto, que o eu lírico se detém. A partir do 5º verso, "a direção do olhar" nos leva não mais a uma contemplação, mas a uma espécie de recordação ativa, um percurso inusitado pelo passado. Esse "retorno" não se dá mais ao nível dos objetos, mas no nível das emoções. O olhar se desvia, num movimento de fora para dentro; o espaço antigo movimenta-se, ganha vida em "gesto" e "vestido". O vocábulo "vestido" acentua o roçar próximo do passado, tão próximo que chega a provocar uma sensação táctil, corporal. A partir desse verso, o olhar se cobre de sombras, a névoa que chega esgarça o tecido do tempo. Impedida de olhar com clareza, o eu lírico tenta ouvir "a voz que já não fala, e se prolonga". É sob a nebulosidade do tempo distante que figuras e acontecimentos vão falar ao poeta. A névoa interrompe o arrebatamento do contemplador, deixa tênues as possibilidades de se associar passado e presente histórico. Tais características iluminam ainda mais a dualidade do poema: a primeira parte apresenta caráter estático e a segunda tem caráter dinâmico. Os sete primeiros versos apresentam apenas um verbo (recorta), a partir do 8º verso todo o texto se movimenta em verbos de ação: prolonga, chega, envolve, move, adensa. Uma única quebra na exatidão da forma provoca estranhamento: um travessão que abre a última estrofe. A sinalização não deixa de ser um tanto ambígua, pois o leitor precisa definir se o traço introduz uma fala ou uma explicação, ou ambas as coisas. Poder-se-ia supor que nestes últimos versos há uma demarcação mais expressiva da voz autoral, a emoção refreada dos primeiros versos perde aqui espaço para um lirismo que se derrama em "nublados reinos de saudade e pranto".
Fonte: <http://www.ufjf.br/darandina/files/2011/12/Artigo_Entre_Cenarios.pdf Acesso em 7 ago18>. Acesso em: 07 de Jul. 2018.

Perceberam quantos recursos os poetas usam em suas poesias? Quando falamos em "analisar" um poema, estamos nos referindo a perceber esses recursos e a observar como o poema foi construído. Os acadêmicos de Letras precisam habituar-se a perceber esses detalhes!

Finalizamos aqui nossa aula sobre Cecília Meireles, convidando vocês a pesquisarem mais sobre essa autora e suas composições.

Retomando a aula

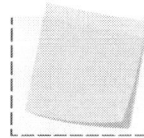

Ao final desta primeira aula, vamos recordar sobre o que aprendemos até aqui.

1 – A biografia

Na seção 1, estudamos a biografia de Cecília Meireles e entendemos que a melancolia presente em seus poemas permeava toda a sua existência.

2 – A obra de Cecília de Meireles

Na seção 2, vimos as características da obra dessa escritora genial, dentre elas o uso de versos curtos, melancolia e musicalidade, dentre outras. Vimos ainda como Cecília usou a metalinguagem em sua obra.

Vale a pena

Vale a pena ler,

Vale a pena acessar,

Vale a pena ouvir e encantar-se com a declamação dos poemas de Cecília Meireles. Disponível em: <https://www.youtube.com/watch?v=Sl9BATgjC6s>. Acesso em: 07 de Jul. 2018.

Vale a pena assistir

Documentário sobre vida e obra de Cecília Meireles. Disponível em: <https://www.youtube.com/watch?v=QKYnGDtlm1s>. Acesso em: 07 de Jul. 2018.

Minhas anotações

Minhas anotações

Aula 7º

O Primo Basílio Eça de Queiroz

Nesta sétima aula, vamos estudar um pouco sobre o autor português, Eça de Queiroz, e uma de suas obras mais famosas, O primo Basílio. Para aprofundarem-se ainda mais no tema, pesquisem sobre a biografia do autor e sobre o realismo em Portugal.

Bons estudos!

Objetivos de aprendizagem

Ao término desta aula, vocês serão capazes de:

- perceber a importância da obra O primo Basílio;
- reafirmar a contribuição de Eça de Queiroz para a Literatura;
- entender como a metalinguagem está presente em o Primo Basílio.

Seções de estudo

1 – Primo Basílio – a obra
2 - O Eça e Machado – críticas de Ultramar

1 - Primo Basílio – a obra

A obra, **O primo Basílio,** pertence ao Realismo português. Esse período teve início, em 1865, quando jovens estudantes da Universidade de Coimbra pregavam a adoção de uma nova estética e a abolição dos velhos conceitos românticos. A essas discussões polêmicas, lideradas por Antero de Quental, deu-se o nome de "Questão Coimbrã", a qual marca o início do realismo em Portugal.

Fonte: <www.arqnet.pt>. Acesso em: 07 de ago. 2018.

Vocês já devem ter lido o livro **O primo Basílio**, não é mesmo? E estou certa de que vocês leram toda a obra e não apenas os resumos encontrados na Internet... afinal, vocês escolheram fazer o curso de Letras. Não ler as obras clássicas é o mesmo que um médico que, ao atender um paciente com dor no estômago, lembra-se que nada leu sobre esse órgão, ou leu apenas resumos sobre o tema.

Além disso, serão leitores profissionais e sabemos que **o que** acontece, isto é, a história, é menos importante para nós do que **como** o texto foi escrito e quais as técnicas e recursos o autor utilizou. No resumo, não podemos perceber nada disso, pois o autor do resumo não é o mesmo autor da obra e não usou os mesmos recursos usados pelo autor do clássico.

Mas, vamos em frente porque, evidentemente, esse não será o caso de vocês!

O primo Basílio é uma obra que permite ao leitor conhecer os diversos aspectos da sociedade portuguesa: desde hábitos do dia a dia, tipos de roupas usadas na época, até os valores morais pregados nas famílias burguesas. Percebe-se, nitidamente, a crítica social feita, por exemplo, à condição das empregadas domésticas, como no caso de Juliana. Outro tipo de denúncia diz respeito à hipocrisia da sociedade em relação a valores como fidelidade, status social, amizade entre outros.

A obra foi escrita em terceira pessoa e conta com um narrador onisciente. O enredo desenrola-se em Lisboa, na segunda metade do século XIX. Um dos recursos usados pelo autor é a metalinguagem. Repare que Ernestinho escreve uma peça de teatro cujo tema é o adultério. À medida que "o autor da peça" vai escrevendo, a trama de **O primo Basílio** vai, também, se desenrolando. É como se fosse uma história dentro de outra história. Os outros personagens de Eça opinam sobre o final da peça, o que poderia coincidir, também, com o final do romance: Ernestinho pensa na morte da traidora, porém o empresário dele entende que o marido deve perdoar a traição; D. Felicidade concorda com o empresário, enquanto Jorge afirma que se a mulher traiu o marido, deve morrer e acrescenta que exige que o autor da peça assim o faça!

O entrelaçamento dos dois textos fica mais evidente quando Ernestinho conta a Luísa que decidiu pelo perdão da mulher. O texto é ambíguo e permite a interpretação de que é Luísa quem está sendo perdoada:

- Ah! Esquecia-me de dizer-lhe, sabe que lhe perdoei? Luísa abriu muito os olhos.
- À condessa, à heroína! Exclamou Ernestinho.

Note-se que a grande personagem dessa obra, ao contrário do que muitos pensam, não é Luísa, mas Juliana. É ela quem dá o tom à narrativa e a conduz. É em consequência de suas atitudes que a trama cresce.

Sobre Luísa, cabe lembrar que representa o contraste entre a personagem romântica que lê **A Dama das Camélias** e a personagem realista. Essa situação já havia sido apontada, na França, por Flaubert, em **Madame Bovary**, obra que causou grande polêmica e chocou a sociedade.

Desse modo, vemos que O primo Basílio é uma obra que trata de questões que sempre permearam e ainda permeiam a sociedade, sendo assim, atemporal. Revela um trabalho com a metalinguagem e um rico trabalho com a linguagem, retratando, com detalhes, as situações vividas na época.

2 - O Eça e Machado – críticas de Ultramar

A seguir, é importante ler parte da matéria publicada na Revista Cult, n.48 de setembro de 2000. Nesse breve estudo, veremos que Machado de Assis faz uma crítica à obra de Eça de Queiroz, e o autor deste estudo crítico, Paulo Frachetti (2000), por sua vez, faz a crítica da crítica de Machado sobre O primo Basílio, numa atitude metalinguística. A crítica literária é infinita. O artigo completo está em material de aula/arquivo e deve ser lido.

O Eça e Machado: Críticas de ultramar

O primo Basílio foi talvez o maior sucesso de público de Eça de Queirós. Quando foi lançado, em 1878, três mil exemplares se esgotaram rapidamente, o que levou os editores a procederem a uma segunda edição ainda no mesmo ano. Foi o êxito de O primo Basílio que gerou interesse pelo outro romance de Eça, O crime do padre Amaro, que tinha sido publicado pela primeira vez em livro em 1876, com uma tiragem de apenas 800 exemplares. Na esteira de O primo, O crime foi relançado em 1880, com várias alterações, e só então encontrou maior receptividade.

A crítica, entretanto, não compartilhou, de modo geral, o entusiasmo do público, sendo a tônica das acolhidas negativas a imoralidade da trama e do texto. Tanto em Portugal quanto no Brasil, a nova linguagem romanesca era qualificada indistintamente com um dos dois adjetivos que, por algum tempo, foram equivalentes: realista e imoral. E de tal forma Eça de Queirós ficou identificado como representante do realismo, que Henrique Correia Moreira, diretor do periódico católico O Cruzeiro, escrevia, para desaconselhar um poema que julgava marcado pelo estilo da escola, que era sórdido como uma página de Eça de Queirós.

Entre todas as reações críticas negativas, há uma que merece especial atenção. Trata-se de um texto publicado em duas partes em O Cruzeiro, em abril de 1878, e assinado por um certo Eleazar. Sob esse sugestivo pseudônimo bíblico (Eleazar foi o mártir judeu que preferiu a morte à ingestão de alimentos impuros) estava um escritor que em alguns anos seria o maior romancista da literatura brasileira, mas que na época era apenas o autor de uns tantos contos notáveis e o escritor que publicava em folhetins, no mesmo jornal, um romance romântico intitulado Iaiá Garcia: Machado de Assis.

Esse texto de Machado até hoje orienta a apreciação crítica de O primo Basílio no Brasil, sendo citado praticamente toda vez que se analisa o romance de Eça. Vale a pena, portanto, descrever as linhas gerais de sua articulação, para tentar entender por que essas formulações de 1878 foram, na historiografia brasileira, tomadas como verdades evidentes, definitivas e de ordem exclusivamente estética.

O artigo de Machado se organiza de modo a apontar os defeitos de O primo Basílio a partir de dois ângulos principais. Por um lado, vê nessa obra a realização de uma tendência literária que não merece a sua aprovação: o realismo de Zola. Ou, como diríamos hoje, o Naturalismo. Por outro lado, considera que o livro tem defeitos de concepção e de realização, seja no modo de construir as personagens, seja na forma de compor a trama, seja ainda na maneira de conduzir a narração.

No desenvolvimento do artigo, Frachetti (2000) explica que Machado entende que o sucesso da obra de Eça é apenas uma questão de moda, visto que outras obras naturalistas faziam sucesso na França e que esse tipo de obra (naturalista) revelava um gosto grosseiro. Para Machado de Assis não há, portanto, razões internas que justifiquem o sucesso incontornável do romance.

Seu raciocínio se aplica, primeiramente, à forma de constituição do enredo e das personagens, já que, para Machado, Luísa é uma personagem de caráter negativo e insinua que houve plágio e falta de originalidade também na obra "O crime do padre Amaro". Diante das afirmações de Machado, Eça revisou "O crime do padre Amaro" e alterou passagens apontadas por Machado. A crítica parece ter surtido algum efeito.

É importante entender, caros(as) acadêmicos(as), que nas considerações feitas por Machado de Assis, há uma forma muito específica de conceber o decoro literário e, talvez, até de forma moralista. O romance naturalista é condenado, e o alerta de Machado é com relação à grande capacidade sedutora e corruptora da obra, julgada como excessivamente erotizada.

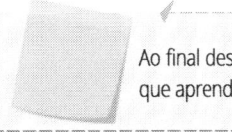

Retomando a aula

Ao final desta primeira aula, vamos recordar sobre o que aprendemos até aqui.

1 – Primo Basílio – a obra

Na primeira seção, vimos que O primo Basílio é uma obra que trata de questões atemporais, tornando-se assim, um clássico da literatura. A obra revela um trabalho com a metalinguagem retratando, com detalhes, as situações vividas na época.

2 - O Eça e Machado – críticas de Ultramar

Na seção 2, estudamos a crítica da obra de Eça de Queiroz feita por Machado de Assis, e a crítica sobre a crítica do professor Paulo Franchett, revelando-nos que a crítica literária é infinita.

Vale a pena

Vale a pena ler

Vale a pena acessar

Conheça um pouco mais da obra de Eça de Queiroz assistindo à entrevista de Francisco Maciel Silveira, poeta, ficcionista, dramaturgo, ensaísta e crítico literário, professor Titular de Literatura Portuguesa na Universidade de São Paulo, fala sobre o livro A Cidade e as Serras, de Eça de Queiroz, publicado em 1901, depois da morte do escritor. Disponível em: <https://www.youtube.com/watch?v=TgaxgM7bsrw>. Acesso em: 07 de Jul. 2018.

Vale a pena **assistir**

Minhas anotações

Aula 8º

Dom Casmurro Machado de Assis

Caros(as) acadêmicos(as),
Chegamos a nossa oitava e última aula. Aqui você poderá conhecer um pouco mais sobre Dom Casmurro e Machado de Assis. Foi um enorme prazer trabalhar com vocês!

Bons estudos!

Objetivos de aprendizagem

Ao término desta aula, vocês serão capazes de:

- refletir sobre a técnica de escrita machadiana;
- reconhecer o uso da metalinguagem na obra de Machado;
- explicar sobre o uso da metalinguagem em clássicos literários brasileiros.

Seções de estudo

1 - Machado de Assis e sua obra mais famosa
2 - Artigo crítico sobre Dom casmurro

1 - Machado de Assis e sua obra mais famosa

O panorama brasileiro, por volta de 1860, é marcado por uma sociedade liderada por uma camada da população que enriqueceu (burguesia) e que tem novas necessidades: "[...] o público para o qual se volta o intelectual, seja este poeta, romancista, orador, mudou. Aqui mesmo uma burguesia de base industrial e comercial substitui afinal a aristocracia metropolitana do açúcar e do café" (STEGAGNO-PICCHIO, 2004,

Fonte: <www.ufmg.br>. Acesso em: 07 de ago. 2018. p. 251).

Para os realistas, a realidade deve ser o ponto de partida de todos os textos literários.

A observação e a descrição fiel da realidade são essenciais, por isso os romances são longos, pois são extensas as passagens descritivas que objetivam mais do que mostrar, em detalhes, ao leitor, convencê-lo de que aquilo que lê é verdade.

O uso de metáforas é um dos pontos fortes da técnica machadiana. Leia, na ferramenta "Arquivo", o capítulo intitulado Ressaca, da obra "Metáfora: o espelho de Machado de Assis", de Dirce Cortes Riedel (1974, p. 89-94).

Nesse contexto histórico e literário, Machado de Assis compõe a segunda fase de suas obras, que revela um autor ágil, dono de uma escrita ímpar que retrata com precisão e riqueza de detalhes das classes medianas e altas da sociedade brasileira do final do século XIX e início do século XX. Machado de Assis não costuma seguir uma narrativa linear. Suas histórias são contadas à medida que os personagens lembram os fatos. Além da metáfora, um dos pontos fortes da técnica machadiana, o autor também usa a digressão, isto é, desvia do tema central para trazer recordações e reflexões sobre o assunto.

Machado de Assis escreveu inúmeras obras importantes que se tornaram clássicos da literatura brasileira, e, dentre elas, talvez, a mais conhecida seja Dom Casmurro, a famosa história que envolve Capitu e Bentinho. Um romance realista de capítulos curtos, com títulos transparentes e precisos.

O ápice da obra é a ambiguidade criada por Machado de Assis, talvez isso a fez tão famosa. Também destacamos que a metalinguagem é outro aspecto fundamental da construção de **Dom Casmurro, vista principalmente, nos dois primeiros capítulos.** A essas alturas, estou certa de que vocês já são capazes de identificar os aspectos metalinguísticos da obra, não é mesmo? Então, faça um exercício: leia os primeiros capítulos de Dom Casmurro e encontre o uso da metalinguagem.

Conforme o autor se interroga e se busca nos seus processos de escrita, vai tecendo seu texto, construindo-o - percebam que aí está a chave da metalinguagem, por alguns autores chamada pela expressão francesa de *"mise-en-abîme"*, ou seja, um texto dentro de outro texto ou uma imagem dentro de outra imagem, um filme dentro de outro filme e assim sucessivamente.

Entre os vários exemplos de metalinguagem, veem-se, no capítulo LV (lembrando que a numeração do capítulo pode mudar de acordo com a edição do livro, por isso é tão importante que você leia e conheça a obra), as reflexões feitas por Bentinho ao tentar compor um soneto. É o texto de Bentinho (ou sua tentativa!) compondo a própria narrativa, a história de Bentinho.

2 - Artigo crítico sobre Dom casmurro

Nesta segunda seção de estudo, estudaremos o artigo do crítico João Alexandre Barbosa, publicado na revista Cult de setembro de 1998 (p. 26-28), intitulado de - *Um capítulo de Machado de Assis*.

O texto de Barbosa (1998) é recheado de exemplos trazidos da obra Machadiana, o que nos leva a vivenciar a experiência de Bentinho enquanto escritor dentro do livro Dom Casmurro, e revela certo tom poético do personagem de Machado.

No capítulo LV, Bentinho está no Seminário e, numa noite de insônia, procura compor um soneto. Tem o primeiro e o último verso, mas não consegue compor os versos do meio. O primeiro soneto, provavelmente, remete a Capitu: Oh! Flor do céu! Oh! flor **cândida e pura! (A flor, provavelmente era Capitu).**

Já o último verso, parece que foi pensado para encerrar com chave de ouro. Vejamos as observações de Barbosa (1998) que faz considerações sobre o verso final (Perde-se a vida, ganha-se a batalha!) e afirma que, com este último verso, modifica- se a intenção do primeiro:

> A ideia agora, à vista do último verso, pareceu-me melhor não ser Capitu; seria a justiça. Era mais próprio dizer que, na pugna pela justiça, perder-se-ia acaso a vida, mas a batalha ficava ganha. Também me ocorreu aceitar a batalha, no sentido natural, e fazer dela a luta pela pátria, por exemplo; nesse caso a flor do céu seria a liberdade. Esta acepção, porém, sendo o poeta um seminarista, podia não caber tanto como a primeira, e gastei alguns minutos em escolher uma ou outra. Achei melhor a justiça, mas afinal aceitei definitivamente uma ideia nova, a caridade (BARBOSA, 1998, p. 26).

Barbosa (1998, p. 27) acrescenta que

> ao surgir o último verso, aquele que deveria

ser a chave de ouro do soneto, quebra-se a linha central da inspiração inicial e ocorre um desvio fundamental, passando-se da expressão das tristezas para uma afirmação de valores mais abstratos, tais a justiça, a liberdade ou a caridade.

O próprio Bentinho aponta a diferença, sendo que, a languidez de um, contrasta com o ritmo forte do outro, deixando um vácuo entre eles "e nem mesmo a inversão de sentido a que submete o segundo, *Ganha-se a vida, perde-se a batalha!*, é capaz de realizar o milagre da retomada da inspiração inicial" (BARBOSA, 1998, p.27). E Barbosa continua:

> Mas este fosso tem uma razão mais recôndita: é que, ao passar da expressão de sentimentos, tal como está no primeiro verso, para a afirmação de ideias, como está no segundo, embora seja conservado vagamente o ritmo decassilábico, a consciência de Bentinho funciona como interrupção do encantamento que dera origem ao primeiro verso, acrescendo-se a isto o fato de que ele próprio expressa o descompasso entre ritmo e ideia.
> Para me dar um banho de inspiração, evoquei alguns sonetos célebres, e notei que os mais deles eram facílimos; os versos saíam uns dos outros, com a ideia em si, tão naturalmente, que se não acabava de crer se ela é que os fizera, se eles é que a suscitavam (BARBOSA, 1998, p. 27).

O seminarista registra um descompasso fatal em suas elucubrações e revela um banho de inspiração transmitido pela leitura de outros poemas: "Para me dar um banho de inspiração, evoquei alguns sonetos célebres, e notei que os mais deles eram facílimos; os versos saíam uns dos outros, com a ideia em si, tão naturalmente, que se não acabava de crer se ela é que os fizera, se eles é que a suscitavam". Fonte: <https://sanderlei.com.br/PT/Silveira/Livro/Machado-de-Assis/Dom-Casmurro-055>. Acesso em: 08 ago. 2018.

O trecho cima revela o contato de Bentinho com os clássicos e, no seguinte, verifica-se o apelo à natureza:

> Não tinha janela; se tivesse, é possível que fosse pedir uma ideia à noite. E quem sabe se os vaga-lumes, luzindo cá embaixo, não seriam para mim como rimas das estrelas, e esta viva metáfora não me daria os versos esquivos, com os seus consoantes e sentidos próprios? Fonte: < https://sanderlei.com.br/PT/Silveira/Livro/Machado-de-Assis/Dom-Casmurro-055 >. Acesso em: 08 de ago. 2018.

Barbosa (1998) em sua explanação acrescenta que

> por ser assim uma reflexão posterior acerca da criação poética, que existe por entre trechos de uma memória de formação, de que todo o *Dom Casmurro* é expressão, o capítulo machadiano fisga as tensões existentes não apenas no próprio ato de criação poética, mas nas relações entre poéticas conflitantes que, no entanto, conviviam nos momentos daquela formação, isto é, por um lado, os traços românticos da adolescência de Bentinho, e, por outro, a presença de elementos realistas traduzidos pela escrita do narrador casmurro (BARBOSA, 1998, p. 27).

Portanto, caros(as) acadêmicos(as), podemos inferir que a consciência crítica do narrador é o que dá consistência às tensões de convivência entre as diferenças com relação ao próprio processo de criação poética, "o que explica, por outro lado, que o capítulo que encerra a anedota do soneto seja a continuação daquele em que propõe uma reflexão sobre o hábito, ou "sarna de escrever", segundo suas palavras, e que, naquele momento, é referido ao próprio narrador *casmurro*" (BARBOSA, 1998, p. 28).

Barbosa (1998) encerra seu texto afirmando que:

> É notável como Machado de Assis, de modo coerente, faz o seu *Dom Casmurro* expressar uma concepção da poesia que, não se sabendo resolver por entre o romantismo de sua formação e o realismo-parnasianismo de sua maturidade, ecoa os desastres de suas interpretações pessoais que culminam na ambiguidade narrativa de seus amores com Capitu (BARBOSA, 1998, p. 28).

Enxergamos, por meio do estudo do artigo de Barbosa (1998) mais um dos aspectos da genialidade de Machado de Assis.

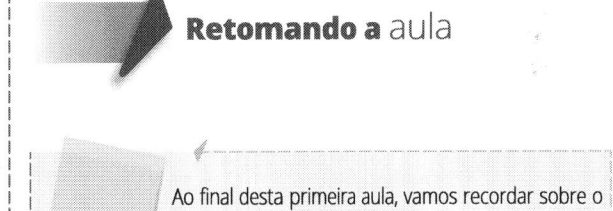

Retomando a aula

Ao final desta primeira aula, vamos recordar sobre o que aprendemos até aqui.

1 - Machado de Assis e sua obra mais famosa

Na primeira seção, vimos o panorama histórico da segunda fase da escrita de Machado de Assis e um pouco sobre a técnica de escrita machadiana. Estudamos ainda sobre o uso da metalinguagem na obra mais famosa do autor – Dom Casmurro

2 - Artigo crítico sobre Dom casmurro

Já na segunda seção, estudamos um artigo esclarecedor sobre Dom Casmurro, e podemos entender a genialidade de Machado ao escrever esse clássico da Literatura Brasileira que soube, como ninguém, trabalhar a ambiguidade e gerar um enigma que perdura até a atualidade – Capitu traiu ou não Bentinho?

Vale a pena

Vale a pena ler,

Vale a pena acessar,

Um artigo sobre a realidade e o realismo em Machado de Assis. Disponível em: <https://www.cesjf.br/revistas/cesrevista/edicoes/2010/15_LETRAS_machado.pdf>. Acesso em: 07 de Jul. 2018.

Vale a pena assistir,

Referências

ANDRADE, C.D. *Farewell.* Rio de Janeiro: Record, 1996

BANDEIRA, M. *Antologia Poética* - Manuel Bandeira. Rio de Janeiro: Nova Fronteira, 2001, p. 183.

BLOOM, Harold. *Como e por que ler.* Rio de Janeiro: Objetiva, 2001.

BOAS, Literature, Music and dance, in Franz Boas (org.), General Anthropohgy Heath & Company, Nova York, 1938, p. 594-595.

CALVINO, Italo. *Por que ler os clássicos.* São Paulo: Companhia das Letras, 2000.

CHALHUB, S. A *Metalinguagem.* São Paulo: Ática, 2005.

FRIEDRICH, Hugo. *Estrutura da lírica moderna:* da metade do século XIX a meados do século XX. Tradução de Marisa Curioni e Dora Silva. Título original: Die Strultur des Modernen Lyric. São Paulo: Duas Cidades, 1991.

JOSGRILBERG, Rute. *Subsídios metodológicos para o Ensino Médio noturno (EJA).* Secretaria do Estado de Educação do MS, 2005/2006.

KOSHIYAMA, J. *O lirismo em si mesmo:* leitura de "Poética" de Manuel Bandeira. In: BOSI, A (org.) Leitura de poesia. São Paulo: Ática, 2001.

KRISTEVA, Júlia. *Introdução à Semanálise.* Trad. FERRAZ, L. H. F. ed. 2. São Paulo: Perspectiva, 2005.

LAJOLO, Marisa. *Literatura:* leitores e leitura. São Paulo: Moderna, 2001. MEIRELES, Cecília. Viagem. Rio de janeiro: Nova Fronteira, 1982.

REBELLO, Ivana Ferrante. *Entre Cenários:* Cecília Meireles, Cláudio Manuel, Bandeira e Claude Monet IN: Darandina Revisteletrônica– Programa de Pós-Graduação em Letras/ UFJF – volume 4 – número 2 Minas Gerais: UFJF, 2011. Disponível em: <http://www.ufjf.br/darandina/files/2011/12/Artigo_Entre_Cenarios.pdf Acesso em 7ago18>. Acesso em: 07 de Jul. 2018.

RIEDEL, Dirce Côrtes. *Metáfora:* o espelho de Machado de Assis. São Paulo: Francisco Alves, 1974.

STEGAGNO-PICCHIO, Luciana. *História da Literatura Brasileira.* 2 ed.rev. atualiz. Rio de Janeiro: Nova Aguilar, 2004.

WALTY, I.; CURY, M.Z. *Textos sobre textos:* um estudo da metalinguagem. Belo Horizonte: Dimensão, 1999.

Minhas anotações

Graduação a Distância

Letras
5º Semestre

LÍNGUA PORTUGUESA IV

LÍNGUA PORTUGUESA IV

Nohad Mouhanna Fernandes

FERNANDES, Nohad Mouhanna. **Língua Portuguesa IV.** Nohad Mouhanna. Dourados: UNIGRAN, 2020.

106 p.: 23 cm.

1. Sintaxe. 2. Período simples. 3. Enunciado

Apresentação da Docente

Nohad Mouhanna Fernandes, paranaense, é formada em curso de magistério e graduada em Letras – Português e Inglês com as respectivas Literaturas (plena) pela Faculdade Estadual de Ciências e Letras de Campo Mourão - FECILCAM, onde recebeu o prêmio de Honra ao Mérito pelo primeiro lugar no desempenho dos acadêmicos do curso de Letras. É Mestre em Lingüística Aplicada ao Ensino e Aprendizagem de Língua Materna pela Universidade Estadual de Maringá - PR – UEM, tendo concluído o curso de Mestrado em 1999. Na área educacional, atuou, inicialmente, como professora dos ensinos fundamental e médio nas disciplinas de Língua Portuguesa e Língua Inglesa, tendo exercido, também, cargo de Diretora de Escola Municipal. Lecionou as disciplinas de Língua Portuguesa e Lingüística nos cursos de graduação da FECILCAM. Desde 1999, é professora titular de cursos de graduação da UNIGRAN – Letras, Direito, Psicologia, Turismo, entre outros-, ministrando as disciplinas de Língua Portuguesa, Linguagem e Argumentação, Linguagem e Comunicação, Tópicos Especiais de Lingüística. É docente, também, da disciplina Linguagem e Argumentação, no ensino a distância. É autora de vários artigos científicos publicados em revistas especializadas, com estudos voltados para o ensino e aprendizagem da Língua Portuguesa. Participa de simpósios e congressos nacionais e internacionais, ministra cursos de atualização e aperfeiçoamento de professores da educação básica e orienta pesquisas na área de linguagens.

Sumário

Introdução *09*

Aula 01
Sintaxe: noções gerais *11*

Aula 02
Enunciação, enunciado, frase, oração e período *21*

Aula 03
O que significa fazer análise sintática? *31*

Aula 04
Os sintagmas da oração *39*

Aula 05
Sintaxe do período simples - estudos dos termos da oração *47*

Aula 06
Predicação verbal *63*

Aula 07
Termos ligados ao verbo I *79*

Aula 08
Termos ligados ao verbo II *91*

Referências Bibliográficas *103*

Introdução

Caro acadêmico,

Seja bem-vindo às aulas da disciplina **Língua Portuguesa IV**! É um prazer tê-lo conosco em nossos encontros significativos com a linguagem em funcionamento.

Esta disciplina, ministrada na modalidade a distância, totaliza uma carga horária de 80 horas e é organizada em oito aulas que versam sobre informações teoricamente atualizadas sobre a sintaxe do período simples da língua portuguesa. Conforme você verá, o estudo da sintaxe é um útil instrumento para manusearmos as múltiplas possibilidades de que dispomos para combinar os elementos lingüísticos na construção de nossos textos.

A teoria que embasa os conteúdos dessas aulas, bem como as atividades propostas em cada seção, visualiza a linguagem como forma de atuação social e reflete uma abordagem pedagógica que leva em conta a *língua viva,* conectada às situações concretas de produção da linguagem e, portanto, ao uso e funcionamento da linguagem. Em outros termos, nossos encontros com você, estudante de Letras, tratam de um conjunto de saberes significativos sobre as unidades lingüísticas do eixo sintagmático em função da construção do sentido dos enunciados. Privilegiam o seu desenvolvimento qualitativo no processo de produção de conhecimento dos componentes morfossintáticos da língua, de forma a contribuir com o desenvolvimento de sua competência comunicativa mais ampla, a qual refletirá no exercício pedagógico de sua futura profissão.

Desejamos propiciar e provocar oportunidades de estudo e de reflexão sobre a funcionalidade dos elementos lingüísticos, sobre o reconhecimento da gramática como subsídio para a leitura e a produção de textos. A discussão, leitura e análise dos componentes morfossintáticos da língua portuguesa possivelmente o levarão a perceber a relevância da aprendizagem da disciplina, tanto para capacitá-lo a construir parte dos conhecimentos necessários ao alcance da competência comunicativa desejada no desempenho profissional, como para a sua participação como cidadão nas mais diversas situações sociais de interlocução.

A eficácia dos resultados advirá da sua disposição interior para aprender, do seu empenho, do seu envolvimento, do seu interesse e do cumprimento das propostas e atividades constantes ao longo e ao final de cada aula. Os resultados maiores, aqueles que marcarão a linha divisória entre o *antes* e o *a partir de agora*; aqueles que caracterizarão a formação de um profissional à altura das exigências socioculturais, éticas e mercadológicas advirão do quanto você usar o seu tempo em leituras, pesquisas e estudo dos textos.

  Desejamos-lhe sucesso em seus estudos! Conte conosco no aperfeiçoamento de seus conhecimentos!

Prof.ª M.Sc. Nohad Mouhanna Fernandes

Aula 01

SINTAXE: NOÇÕES GERAIS

Caro(a) aluno(a),

Para introduzir o assunto sobre a Sintaxe da língua portuguesa e para que você perceba a importância dela na construção e interpretação de textos, convidamo-lo a ler o seguinte texto:

POR ESCRITO GALINHA UMA
conosco O que é Rapidamente passa surpreendente. tomamos hurra! posse do inofensivo mundo, Era aparentemente lançado americanos um foguete pelos no Cabo Por razões Canaveral. desconhecidas da órbita e provavelmente se desviou algo invisível ao roçar voltou à terra. paf!, De repente, entramos em nossas cristas e rapidamente golpeou processo de mutação. Estamos para a literatura, aprendendo a tabuada nos tornamos de multiplicar, superdotadas, história, um desastre até agora, química têm sido um pouco menos, esportes mas não importa: das será galinhas!! o cosmos (Trecho de um texto de Júlio Cortázar) *In*: MIRANDA, Simão de. – **Escrever é divertido**: atividades lúdicas de criação literária. Campinas, SP: Papirus, 1999, p. 41.

E então? Está difícil? Não conseguiu estabelecer sentido ao texto?

Aqui vão duas pistas para você tentar entender o texto novamente:

1) as palavras iniciadas por maiúsculas são sugestões para inícios de frases;

2) o posicionamento das vírgulas e dos pontos deve ser mantido após cada palavra do texto.

E agora? Obteve algum resultado positivo ou ainda está encontrando dificuldades?

Não desista, tente mais uma vez antes de verificar o texto original que lhe será apresentado abaixo.

Pausa para indagação: como falante nativo da língua portuguesa, você poderia explicar o porquê de o texto acima não possibilitar ao leitor uma interpretação satisfatória? Poderia explicar o porquê da dificuldade na leitura do texto?

Claro que sim, não é? A razão é simples. Vamos a ela.

No texto acima, temos dificuldades de leitura porque **as palavras estão alinhadas ao acaso**, elas não estão relacionadas, não estão organizadas numa seqüência lógica para formarem frases coesas. As palavras que aí se juntam não constituem frases e, em conseqüência disso, o texto não possui uma unidade de sentido, ou seja, não possui coerência, o que pode ser verificado a partir do título, que contém as palavras embaralhadas *POR ESCRITO GALINHA UMA*.

Qualquer falante do português é capaz de dizer que uma seqüência como *conosco O que é Rapidamente passa surpreendente* não está em conformidade com o sistema gramatical da língua portuguesa, isto é, não constitui uma frase de nossa língua.

Vejamos, então, uma alternativa para a reorganização da história, sugerida por Simão Miranda (1999, p. 41):

ESCRITO POR UMA GALINHA

O que passa conosco é surpreendente. Rapidamente tomamos posse do mundo, hurra! Era aparentemente um inofensivo foguete lançado pelos americanos no Cabo Canaveral. Por razões desconhecidas se desviou da órbita e provavelmente ao roçar algo invisível voltou à terra. De repente, paf!, golpeou nossas cristas e rapidamente entramos em processo de mutação. Estamos aprendendo a tabuada de multiplicar, nos tornamos superdotadas para a literatura, história, química um pouco menos, esportes têm sido um desastre até agora, mas não importa: o cosmos será das galinhas!!

Ah! Agora sim! Por meio da organização dos elementos lingüísticos agrupados segundo certos princípios, conseguimos atribuir sentido ao texto e isso nos permite chegar a algumas conclusões, as quais serão delineadas a seguir.

Uma **frase** não é uma simples sucessão de palavras e, do mesmo modo, um **texto** não é uma simples seqüência de frases; ao contrário, é um conjunto articulado de frases que se relacionam, que são organizadas numa seqüência lógica para serem coesas. De acordo com Elisa Guimarães (1992, p. 14), a palavra texto "designa um enunciado qualquer, oral ou escrito, longo ou breve (...). Concretiza-se, pois, numa cadeia sintagmática de extensão muito variável, podendo circunscrever-se tanto a um enunciado único ou a uma lexia quanto a um segmento de grandes proporções." A autora explica, nesse sentido, que uma frase e até mesmo uma palavra-frase situada em contexto específico é considerada texto, como, por exemplo: "Fogo!", "Silêncio!"

E o que a **sintaxe** tem a ver com a construção e a interpretação de textos? Ora, mediante a organização que se fez do texto acima, você já deve ter chegado a uma resposta. Comecemos pela definição de sintaxe.

De acordo com o Dicionário *Michaelis* (1998), a palavra **sintaxe** ((*x* soa como *ss*), do grego *syntaxis* (prefixo grego ***syn*** (que corresponde ao nosso prefixo ***com*** e indica simultaneidade, junção) + o substantivo ***táxys*** (ordem, ordenação)), é a parte da gramática que ensina a dispor as palavras para formar as orações, as orações para formar os períodos e parágrafos, e estes para formar o discurso.

Nas palavras de Inez Sautchuk (2004, p.35), "a sintaxe é a parte da gramática que se preocupa com os padrões estruturais, com as relações recíprocas dos termos nas frases e das frases entre si, enfim, de todas as relações que ocorrerem entre as unidades lingüísticas no eixo sintagmático (aquela linha horizontal imaginária)."

Nesse sentido, a sintaxe, definida como "o estudo das relações que as palavras estabelecem entre si nas orações e das relações que as orações da língua estabelecem entre si nos períodos" é parte integrante dos discursos. Ela se insere de forma efetiva no processo de comunicação, revelando-se como "um útil instrumento para manusearmos mais satisfatoriamente as múltiplas possibilidades de que dispomos para combinar palavras e orações" para construir os sentidos de nossos textos (Infante, 1996, p. 341).

Fica claro, então, que ao empregar os signos que formam a nossa língua para a produção de nossos discursos, devemos obedecer a certas regras de organização, que a própria língua nos oferece, de modo a fazer com que o discurso faça sentido. Conforme foi exemplificado no texto que abre essa seção, a seqüência *"Por escrito galinha uma"* contraria uma regra de organização da língua portuguesa, não é permitida, o que faz com que a rejeitemos como sendo uma frase da língua portuguesa, assim como o enunciado da tira a seguir.

Imagem extraída de ABAURRE, M. L. , PONTARA, M. N. , FADEL. T. **Português Língua e Literatura.** São Paulo: Moderna, 2000. p. 160.

Perceba, pois, que o conhecimento de uma língua engloba não apenas a identificação de seus signos, mas também o uso adequado de suas regras e leis combinatórias. Desse modo, é fácil concluir que são as leis sintáticas que elegem determinadas construções como sendo aceitas ou não em uma determinada língua.

> As leis sintáticas de uma língua funcionam como uma espécie de guardião da inteligibilidade da superfície lingüística de um texto, pois são o elemento gerador e disciplinador das unidades lingüísticas que compõem as frases desse texto. É a *sintaxe*, sem dúvida, o princípio construtivo e mantenedor da identidade da língua e, como tal, tem sua importância alçada a de assegurar a própria capacidade comunicativa dos textos. (Sautchuk, 2004, p.36)

Entendido o que até aqui foi apresentado, é útil esclarecer que o encadeamento dos enunciados de nossa língua não ocorre apenas pela obediência às regras sintáticas. Existem outros componentes da gramática, além dos *sintáticos*, que devem ser observados em conjunto a fim de se definir a boa ou má formação de uma frase, a saber: *a fonologia, a morfologia* e *a semântica da língua*.

Nesse momento de seus estudos, não é nossa intenção aprofundar os estudos de todos esses componentes da gramática, já que a disciplina Língua Portuguesa IV tem como núcleo de reflexão apenas a Sintaxe da Língua Portuguesa. Acreditamos que você já operou com conceitos e mecanismos desses outros componentes, ou seja, tem noções básicas a respeito deles. Mesmo assim, para que você possa perceber a necessidade de articularmos esses quatro componentes na construção de seqüências que constituem frases corretas da língua, convidamo-lo a ler dois tópicos do segundo capítulo do livro de Mário Perini, **Gramática descritiva do Português** (2003), intitulado *Princípios do estudo de gramática*. Leia-os com atenção!

COMPONENTES DE UMA DESCRIÇÃO GRAMATICAL

Níveis de análise
Fonologia, morfologia, sintaxe, semântica
Numa tentativa de equacionar a imensa complexidade da estrutura das línguas, os

lingüistas estabeleceram diversos "níveis de análise", definidos pelos vários pontos de vista sob os quais se pode encarar os fenômenos gramaticais. Por exemplo, ao estudar uma frase como

(33) Ana desprezou Ricardo.

pode-se assumir o ponto de vista do estudo da pronúncia. Nesse caso, serão estudadas regras de pronúncia como a que nos obriga a pronunciar o primeiro **a** de *A*na como uma vogal nasal, por ser tônica e estar logo antes de uma consoante nasal (o **n**); ou a que nos obriga a pronunciar a vogal final de Ricardo como um **u**, e não um **o** etc. A esse estudo das regras de pronúncia de uma língua se dá o nome de **fonologia.**

Mas a mesma frase pode ser estudada de outros pontos de vista: por exemplo, descrevendo a constituição interna das palavras. Desse ponto de vista, podemos observar que a palavra *desprezou* é formada de mais de um elemento: a seqüência *desprez-* mais a seqüência *–ou*. A primeira aparece também em outras formas relacionadas, como *desprezo* (tanto o substantivo como a forma verbal), *desprezível, desprezamos, desprezado* etc.; mais a seqüência *–ou*, que ocorre em outras formas verbais, como *amou, desmanchou* etc. Existem também regras que governam a associação dessas partes de palavras (denominadas **morfemas**), e que impedem a formação de palavras como * *desprezi, *Ricardou* ou **Ricardível*. O estudo dos morfemas e de suas associações se denomina **morfologia.**

Voltando à frase (33), podemos ainda definir outro ponto de vista, que leva em conta as maneiras como se associam as palavras para formar frases. Assim, podemos observar que existe uma regra pela qual a terminação de *desprezou* de certo modo depende do elemento que se coloca no lugar de *Ana*; tanto é assim que, se em lugar de *Ana*, colocarmos *nós, desprezou* terá de se transformar em *desprezamos*. Podemos, além disso, notar que na frase (33) o elemento que governa a forma de *desprezou* ocorre em primeiro lugar na frase, e que modificações no último elemento da frase *(Ricardo)* não afetam a forma de *desprezou*. Uma terceira observação é que existe um pequeno número de palavras que se podem ocorrer no lugar de *Ana*, e outras, em número igual, que só podem ocorrer no lugar de *Ricardo: eu, nós* etc. só ocorrem no lugar de *Ana,* e *me, nos* só no lugar de *Ricardo*. Todas essas observações têm a ver com a estruturação interna da frase, e constituem um estudo denominado **sintaxe.**

Finalmente, podemos levar em conta o significado transmitido por (33). Por exemplo, podemos observar que *Ana* provavelmente designa uma mulher, e *Ricardo* um homem; que a pessoa desprezada é *Ricardo,* e não *Ana*; que o fato de Ana desprezar Ricardo aconteceu no passado, e assim por diante. Traços de significado como esses são, em parte, o resultado da aplicação de certas regras, que integram a **semântica.**

Chamamos a essas disciplinas que se ocupam dos diferentes aspectos das expressões lingüísticas os **componentes** da gramática. Assim, a gramática de uma língua inclui os seguintes componentes: a **fonologia,** a **morfologia,** a **sintaxe** e a **semântica** dessa língua.

É importante notar que esses quatro componentes não esgotam tudo o que se pode estudar a respeito de uma língua. Não tratam, por exemplo, da história das formas linguísticas, nem do uso das mesmas em diferentes situações sociais, nem do uso feito pelos falantes de seu conhecimento geral do mundo para ajudar a compreender as frases, nem de muitos outros aspectos importantes. A fonologia, a morfologia, a sintaxe e a semântica (mais o léxico (...)) constituem o estudo da estrutura interna de uma língua – aquilo que a distingue das outras línguas do mundo, e que não decorre diretamente de condições da vida social ou do conhecimento de mundo.
(...)

Como se articulam os componentes

Os componentes da gramática se articulam para, conjuntamente, definir quais são as seqüências que constituem frases corretas da língua e quais as que não constituem. Assim, a frase

(33) Ana desprezou Ricardo.

está construída em conformidade com todas as regras do português, e por isso é uma frase gramaticalmente bem formada; o resultado é que os falantes a aceitam como uma frase legítima do português.

Agora vejamos a seqüência

(34) *Ana desprezeu Ricardo.

Essa seqüência não é uma frase bem formada porque, ao construí-la, desobedecemos a uma regra morfológica, a que estipula que *desprezar* não pode ter a forma *desprezeu* (ou seja, é um verbo da 1ª conjugação, e não da 2ª). Correspondentemente, os falantes a rejeitam.

Na seqüência

(35) * Ricardo comprou um livro amarelas.

foi desobedecida uma regra sintática que exige concordância de gênero e número entre um substantivo (aqui, *livro)* e o adjetivo que o acompanha (*amarelas)*. Novamente, o resultado é que a frase é rejeitada.

Finalmente, podemos ter uma frase inaceitável por motivos semânticos, como

(36) * Esse pastel desprezou Ricardo.

A frase é mal formada, mas isso não vem propriamente de sua estruturação morfológica ou sintática; ela simplesmente transmite um conteúdo implausível, estranho, já que pastéis não "desprezam" ninguém. A frase (36) só poderia ser utilizada em algum contexto particular, como em uma fábula, por exemplo.

Conforme se vê, é como se uma frase, para ser bem formada (e portanto aceitável), tivesse que passar por um crivo múltiplo, uma espécie de seção de controle de qualidade. Só serão bem formadas as frases que passarem com sucesso por todos os testes – isto é, as que forem construídas sem desobediência a regras fonológicas, morfológicas, sintáticas e semânticas. Em outras palavras, são bem formadas as frases construídas de acordo com a gramática da língua.

Aqui é preciso fazer uma observação importante: não se entenda (...) que os gramáticos têm a prerrogativa de autorizar ou desautorizar formas e construções da língua. A língua tem uma vida e um funcionamento próprios, que não dependem em absoluto dos desejos, crenças ou determinações dos gramáticos ou lingüistas. Quando dizemos que uma frase precisa estar de acordo com a gramática da língua para ser bem formada, queremos dizer que cada falante nativo tem em sua cabeça, como que programado, um conjunto de instruções para construir as formas de sua língua. Essas instruções foram adquiridas na infância e, na verdade, de certa forma foram deduzidas pelo próprio falante; trata-se de uma parte do conhecimento do mundo que cada pessoa carrega em si. (...)

(PERINI, Mário A. Princípios do estudo de gramática. In: **Gramática descritiva do Português**. 4 ed. São Paulo: Ática, 2003, p.49-53)

E então? Percebeu a necessidade de articularmos esses quatro componentes na elaboração de nossos discursos? Por isso se pode dizer que a gramática é parte integrante da construção dos textos.

Pois bem, até aqui tomamos as primeiras providências para introduzir a sintaxe como questão central de nossos estudos, ou seja, deixamos claro em que consiste esse aspecto da língua. Para que possamos analisar o componente sintático de nossa língua devemos aliá-lo ao componente semântico, pois, de acordo com a situação discursiva em que o falante está inserido e dependendo de suas intenções, ele fará suas escolhas lingüísticas para o nível de estruturação de suas frases.

Podemos, agora, demonstrar a utilidade da sintaxe e a poderosa economia proporcionada pelas regras de combinação.

Utilidade da sintaxe e economia proporcionada pelas regras de combinação

Você já sabe que um repertório de signos é necessário para constituir a linguagem humana, porém, já dissemos que não é suficiente para garantir o funcionamento do sistema de comunicação. Para entender a utilidade da sintaxe e a poderosa economia proporcionada pelas regras de combinação, disponibilizamos a você as reflexões que Francisco Platão Savioli (2002) faz sobre essa questão.

De acordo com esse autor, por meio das regras combinatórias, conseguimos representar qualquer quantidade com apenas dez algarismos (0, 1, 2, 3, 4, 5, 6, 7, 8, 9) e isso revela a utilidade da sintaxe. Outro exemplo demonstrado pelo autor em que podemos facilmente observar a utilidade da sintaxe, refere-se a uma situação em que uma pessoa está em um país estrangeiro. Essa pessoa conhece várias palavras da língua do país e até tem a seu dispor um dicionário de palavras. No entanto, caso ela não conheça as regras de combinação das palavras desta língua estrangeira, ou seja, se não conhece a sintaxe dessa língua, certamente terá muitas dificuldades em se comunicar com os nativos daquele lugar.

Você já sabe o porquê de isso ocorrer, não é mesmo? Porque é preciso articular, combinar dois ou mais signos para criar significados mais amplos. Essas regras de combinação permite-nos organizar e compreender infinitas mensagens. Com um estoque não muito grande de palavras, conseguimos produzir enunciados que nunca foram ditos antes. Por isso nos manuais de lingüística você encontra a informação de que a linguagem humana é *articulada* - ao contrário da linguagem dos animais, que é *inarticulada*, não possui sintaxe-, e esse fato é gerador de uma enorme economia. Francisco da Silva Borba (1998, p. 12) diz que "a possibilidade de articulação é instrumento de criatividade lingüística na medida em que permite às unidades, uma vez independentes, se recomporem em novas combinatórias, o que não deixa também de constituir *economia*, já que cada unidade pode ser reaproveitada num grande número de combinações."

Encerramos esta seção concluindo que nossa língua possui **sintaxe** e, assim, conseguimos, por meio dos signos que a compõem, produzir, enviar e compreender uma infinidade de mensagens.

REFERÊNCIAS BIBLIOGRÁFICAS

BORBA, Francisco da Silva. **Introdução aos estudos lingüísticos**. 12 ed. Campinas, SP: Pontes, 1998.

GUIMARÃES, Elisa. **A articulação do texto.** 2 ed. São Paulo: Ática, 1992.

INFANTE, Ulisses. **Curso de Gramática aplicada aos textos**. 5 ed. São Paulo: Scipione, 1996.

MICHAELIS: moderno dicionário da língua portuguesa. São Paulo: Companhia Melhoramentos, 1998.

MIRANDA, Simão de. **Escrever é divertido**: atividades lúdicas de criação literária. Campinas, SP: Papirus, 1999.

PERINI, Mário A. Princípios do estudo de gramática. In: **Gramática descritiva do Português**. 4 ed. São Paulo: Ática, 2003.

SAUTCHUK, Inês. **Prática de morfossintaxe:** como e por que aprender análise (morfo)sintática. Barueri, SP: Manole, 2004.

SAVIOLI, Francisco Platão. **Gramática e texto** – Português – livro-texto. São Paulo: Anglo, 2002.

ATIVIDADES

As atividades referentes a esta aula estão disponibilizadas na ferramenta "Atividades". Após respondê-las, enviem-nas por meio do Portfolio- ferramenta do ambiente de aprendizagem UNIGRAN Virtual. Em caso de dúvidas, utilize as ferramentas apropriadas para se comunicar com o professor.

Aula 02

ENUNCIAÇÃO, ENUNCIADO, FRASE, ORAÇÃO E PERÍODO

Nesta aula, vamos estudar detidamente alguns conceitos introdutórios referentes à estrutura sintática do enunciado ou, como preferem alguns autores, à estrutura sintática das frases que são utilizadas com o fim de estabelecer interações verbais com os nossos interlocutores.

ENUNCIAÇÃO E ENUNCIADO

No decorrer de nossas aulas, você deverá observar que utilizamos termos como *enunciação* e *enunciado* para fazermos referência a alguns conceitos relacionados aos estudos da sintaxe. Sendo assim, é útil descrevermos esses termos.

De antemão, faz-se importante entender o que significa enunciação. Mikhail Bakhtin (1997, p. 112) define enunciação como "um produto da interação de dois indivíduos socialmente organizados", ainda que o interlocutor real seja um "representante médio do grupo social ao qual pertence o locutor". Depreendemos dessas palavras que o ato verbal (escrito ou falado) é de natureza interlocutiva, já que, como explica Dominique Maingueneau (2004, p. 54):

(...) toda enunciação, mesmo produzida sem a presença de um destinatário, é, de fato, marcada por uma *interatividade* constitutiva (fala-se também de *dialogismo)*, é uma troca, explícita ou implícita, com outros enunciadores, virtuais ou reais, e supõe sempre a presença de uma outra instância de enunciação à qual se dirige o enunciador e com relação à qual constrói seu próprio discurso.

Este ato, denominado **enunciação**, constitui a chave da atividade discursiva, sem a qual, nas palavras de José Carlos de Azeredo (2006, p. 23) "não há discurso nem tampouco texto."

Bakhtin diz, na obra *Estética da criação verbal* (2003, p. 283), que "aprender a falar significa aprender a construir enunciados (por que falamos por enunciados e não por orações isoladas)". O autor opõe oração a enunciado explicando que a oração é "uma unidade da língua" e, como tal, possui natureza gramatical. Para ele, a oração não possui contato direto com a realidade, com a situação extraverbal, ela é neutra em relação ao conteúdo ideológico e, assim como as palavras, possui apenas *significado*. Já o enunciado é "uma unidade de comunicação discursiva" construído com as unidades da língua, ou seja, com palavras, combinações de palavras e orações. Sendo a realização enunciativa da oração, o enunciado, ao contrário da oração, não é neutro, ele possui *sentido* e seu conteúdo veicula determinadas posições do falante em consonância com as esferas comunicativas em que se realiza. Bakhtin explica que a oração é desprovida de endereçamento, ou seja, ela é abstrata, impessoal, não pertence a alguém e não é direcionada a alguém. Isso porque os recursos lingüísticos que a formam "só atingem um direcionamento real no todo de um enunciado concreto". A expressão da posição do falante ou a entonação expressiva não se apresenta em orações e sim em enunciados realizados em uma situação concreta de comunicação discursiva. Somente no conjunto do enunciado, no contato entre a significação lingüística e a realidade concreta, as palavras adquirem expressividade; fora do enunciado concreto as palavras e também as orações são neutras, não possuem entonação expressiva.

http://grafar.blogspot.com/2008/04/artur-o-arteiro-rafael.html

É por essa razão que Bakhtin (1997, p. 124) esclarece que "a comunicação verbal não poderá jamais ser compreendida e explicada fora desse vínculo com a situação concreta". O autor insiste na afirmação de que "a situação social mais imediata e o meio social mais amplo determinam completamente a estrutura da enunciação." (p. 113). Em outras palavras, o sentido de uma forma lingüística é determinado no contexto de enunciações precisas.

Partindo desse pressuposto, o autor esclarece que se pode compreender o significado linguístico de uma oração isolada, como, por exemplo, *"o sol saiu"*. No entanto, não se pode prever uma atitude responsiva do interlocutor perante essa oração, pois, sem o devido reconhecimento da intenção do falante e da situação extraverbal, não é possível suscitar a ela uma resposta. Por outro lado, se essa mesma oração figurar em um determinado contexto, ela assumirá a totalidade de seu sentido nesse contexto particular, já que aí sim se pode dizer que ela "dirige-se a alguém, é suscitada por alguma coisa, tem algum objetivo, ou seja, é um elo real na cadeia da comunicação discursiva em determinado campo da atividade humana ou da vida." (2003, p. 288)

Na visão do autor (1997, p.95), "na realidade, não são palavras o que pronunciamos ou escutamos, mas verdades ou mentiras, coisas boas ou más, importantes ou triviais, agradáveis ou desagradáveis, etc. A palavra está sempre carregada de um conteúdo ou de um sentido ideológico ou vivencial."

Imagem extraída de CEREJA, W. R. e MAGALHÃES, T. C. Gramática reflexiva: texto, semântica e interação. **2 ed. São Paulo: Atual, 2005, p.38**

Dando seqüência a esse raciocínio, ressalta-se, ainda uma vez, que, no campo de estudos da apreensão do sentido "real" dos enunciados, não se pode perder de vista a conscientização "da existência, em cada texto, de diversos níveis de significação. Isto é, (...) além da significação explícita, existe toda uma gama de significações implícitas, muito mais sutis, diretamente ligadas à intencionalidade do emissor" (KOCH, 1996, p. 160). Isso implica dizer que as interações verbais não ocorrem fora de um contexto sócio-histórico-ideológico e, sendo assim, a interpretação de enunciados exige do interlocutor não apenas uma interpretação semântica, mas uma análise do contexto, ou seja, exige dele um procedimento pragmático (Maingueneau, 2004, p.29).

Tipos de enunciados

Conforme se verificou acima, os sentidos dos enunciados só podem ser integralmente interpretados ou captados se levarmos em consideração o contexto em que são empregados. Temos exemplos bastante claros de enunciados que exploram a ironia e cujos sentidos reais são o inverso do que eles aparentemente dizem. Vejamos alguns exemplos: "- Grande amigo! , usada quando se acaba de descobrir que alguém tido como amigo foi capaz de algum ato desleal." (Infante, 2000, p. 342); "Que educação! , usada quando se vê alguém invadindo, com seu carro, a faixa de pedestres." (Pasquale e Ulisses, 1999, p. 341).

Sendo assim, dentre os fatores que nos permitem depreender o sentido efetivo do enunciado a *entoação* é um elemento importantíssimo da língua falada que evoca a modalidade de intenção comunicativa do falante naquele contexto particular de interação. Por meio da entoação, do modo como falamos, podemos provocar diferentes efeitos de sentido. Pensemos: numa frase simples como "É ele.", podemos indicar constatação, dúvida, surpresa, indignação, decepção, etc. Na língua escrita, os sinais de pontuação podem agir como definidores do sentido das frases: "- É ele."; "É ele?"; "É ele!"; "É ele..."; etc." (Infante, 2000, p. 342)

Feitas essas importantes considerações sobre enunciado, podemos, agora, apresentar os tipos de enunciado mais previsíveis de serem proferidos pelos falantes. Evanildo Bechara (2003, p. 407) explica que "quanto à significação fundamental do enunciado, temos cinco tipos ou classes essenciais deles: *declarativo* ou *enunciativo, interrogativo, imperativo-exortativo, vocativo e exclamativo.*" Assim, segundo o autor, dependendo da entoação ou contorno melódico dado ao enunciado, o falante pode pretender transmitir ao seu interlocutor:

a) ou para lhe expor, afirmando ou negando, certos fatos (*Pedro estuda. Pedro não estuda.*);

b) ou para lhe indagar sobre algo (*Pedro estuda? Pedro não estuda? Quem chegou?*);

c) ou para apelar-lhe, em geral, atuando sobre ele (*Dê-me o livro. Não me dê o livro. Volte cedo.*);

d) ou para chamar-lhe a atenção (*Ó Pedro.*);

e) ou para traduzir-lhe os próprios pontos de vista ou sentimentos (*Que prazer! Como está frio!*).

Vale lembrar que, segundo Bechara, o primeiro tipo de enunciado corresponde à função informativa/referencial da linguagem; o segundo, o terceiro e o quarto correspondem à função conativa/apelativa; o último tipo à função expressiva/emotiva da linguagem.

Língua Portuguesa IV - *Nohad Mouhanna Fernandes* - **UNIGRAN**

FRASE, ORAÇÃO E PERÍODO

Passemos, agora, a investigar como a nomenclatura gramatical brasileira conceitua os enunciados a partir da estrutura ou do arcabouço lingüístico que os compõem.

De maneira geral, podemos dizer que os conceitos de frase, oração e período apresentados pelos estudiosos da teoria gramatical são bastante próximos. Sendo assim,

os autores são unânimes em conceituar **frase,** por exemplo, como sendo a palavra ou qualquer combinação de palavras que expressa uma idéia ou um conceito terminado por uma pausa indicadora de que a seqüência chegou ao fim. Os conceitos que abaixo serão apresentados foram extraídos, respectivamente, de Ulisses Infante (2000), de Inês Sautchuk (2004) e de Evanildo Bechara (2003)

Segundo Ulisses Infante (2000, p. 56-57):

A **frase** se define pelo seu propósito comunicativo, ou seja, pela sua capacidade de, num intercâmbio lingüístico, ser capaz de transmitir um conteúdo satisfatório para a situação em que é utilizada. Na língua falada, a frase apresenta uma entoação que indica nitidamente seu início e seu fim; na língua escrita, esses limites são indicados pelas iniciais maiúsculas e pelo uso de ponto (final, de exclamação ou interrogação) ou reticências.

O conceito de frase é, portanto, bastante abrangente, incluindo desde estruturas lingüísticas muito simples, como

- Ai!

que, numa dada situação, é perfeitamente suficiente para transmitir um conteúdo claro, até estruturas complexas como:

Diante das inúmeras provas apresentadas pelos acusadores, parece-nos incontestável que o réu efetivamente se envolveu em diversas atitudes ilícitas e que sua condenação passa a ser um imperativo da Justiça.

ADENDO

(Adão Iturrusgarai, *Folha de S. Paulo*, 21/4/2003.)

Imagem extraída de CEREJA, W. R. e MAGALHÃES, T. C. Gramática reflexiva: texto, semântica e interação. **2 ed.** *São Paulo: Atual, 2005, p.363.*

FIQUE POR DENTRO: frases como ***"–Ai!", "–Fogo!", "-Muito obrigado!"*** -

que se caracterizam pela falta de verbo, são chamadas *frases nominais*. Ainda que seja fato comprovado que os nossos enunciados sejam constituídos por predicação, na literatura, frequentemente encontramos até mesmo textos inteiros construídos sem predicação:

Sangue coalhado, congelado, frio
Espalmado nas veias...
Pesadelo sinistro de algum rio
De sinistras sereias.
(Cruz e Sousa. *Faróis*)

Não se esqueça de que o sentido de uma frase só é plenamente captado se atentarmos para o contexto em que é empregada, ou seja, para a situação de seu uso efetivo.

As frases de maior complexidade normalmente se organizam a partir de um ou mais verbos (ou locuções verbais). À frase ou ao membro de uma frase que se organiza ao redor de um verbo ou locução verbal damos o nome de **oração**. A frase organizada em orações constitui o **período**, que pode ser **simples** (quando formado de uma só oração) ou **composto** (quando formado de duas ou mais orações). Observe:

Vive-se um momento social delicado. — **período simples,** formado por uma única oração (organizada a partir da forma verbal destacada)

Estamos atravessando um momento social tão delicado *que* **temos de** constantemente **refletir** sobre nossa conduta. — **período composto**, formado por duas orações (organizadas a partir das locuções verbais destacadas e conectadas que conjunção *que)*.

O objeto de estudo da Sintaxe são os períodos simples e os períodos compostos.
(INFANTE, Ulisses. **Textos: leituras e escritas.** Vol.3 São Paulo: Scipione, 2000, p.56-57)

Vejamos, abaixo, a distinção entre *frase* e *oração* dada por Inês Sautchuk (2004):

"A frase é considerada qualquer unidade linguística de comunicação que, do ponto de vista da oralidade, caracteriza-se por uma entoação própria da situação em que se realiza. Pode constituir-se numa única palavra ou até numa interjeição (Olá!/Que calor!/ Quem?) ou em enunciados mais complexos, como *Hoje vai chover/Você viu o meu gatinho?*. Ainda que em qualquer nível de análise das unidades linguísticas de comunicação, a força das leis sintáticas deva ser sempre exercida, é apenas quando a frase contiver linguisticamente em si todos os dados para a comunicação, sem necessidade da mímica ou da situação para completá-los, que poderá ser tomada como *oração*. Logo, consideremos ORAÇÃO uma frase que se presta a uma análise sintática de seus constituintes, e deve exibir, de maneira clara ou oculta, um núcleo verbal. Dessa forma, a oração reúne, na maioria das vezes, duas unidades significativas, a que chamamos *sujeito* e *predicado:*

Os alunos atentos estudam as lições todos os dias antes do jantar.
Os alunos atentos estudam as lições todos os dias.
Os alunos atentos estudam as lições.
Os alunos atentos estudam.
Estudam.

Reduzindo-se paulatinamente os termos constituintes dos enunciados anteriores, percebe-se que o único indispensável é o verbo, justamente aquele que se considera o núcleo da oração. Já as frases têm um comportamento comunicativo mais amplo e independente da existência ou não desse núcleo verbal: a frase é capaz, diferentemente da oração, de sobreviver em função mais, ou tão-só, dos elementos de situação ou extralingüísticos. Observe:

- Olá! = *frase*
- Tudo bem? = *frase*
- Tudo. = *frase*
- Você vai ao baile? = *frase e oração*
- Não. = *frase*
- Eu vou / porque sou um ótimo bailarino. = *frase e duas orações.*

Dessa situação de encontro e conversa entre duas pessoas, que nos serve de exemplo, veja como apenas as frases que também constituem orações podem ser retiradas do contexto e ainda assim prestarem-se a uma análise sintática de seus constituintes (podem "sobreviver", independente da situação). Percebe-se, então, que toda oração pode ser frase, mas nem toda frase pode ser uma oração." SAUTCHUK, Inês. **Prática de morfossintaxe: como e por que aprender análise (morfo)sintática.** Barueri, SP: Manole, 2004, p. 37-38.

Quem bate na mulher machuca a família inteira.

centropopulardamulher.blogspot.com/2008_03_01...

      Do exposto acima, você percebeu que um enunciado pode aparecer sob forma de oração ou frase. Segundo Evanildo Bechara (2003, p. 407), é no tipo de enunciado chamado *oração* que se alicerça a gramática, já que "pela sua estrutura, representa o objeto mais propício à analise gramatical, por melhor revelar as relações que seus componentes mantêm entre si, sem apelar fundamentalmente para o entorno (situação e outros elementos extralingüísticos) em que se acha inserido." Portanto, a unidade sintática chamada oração constituirá o nosso núcleo de atenção nas próximas aulas.

      Para encerrar o conteúdo dessa aula, leia o texto abaixo que versa sobre a importância do domínio desse conteúdo para a leitura e produção de textos.

> **Frases, Coesão & Produção de textos.**
>
> Conceitos básicos como frase, oração e período podem ser bastante úteis para a interpretação e produção de textos. Como um texto é um conjunto articulado de frases, isso significa que entre essas frases há algo mais do que uma simples seqüência – há um constante jogo de referências mútuas que as tornam coesas. É importante perceber, no entanto, que o sucesso desse trabalho de construção depende também da qualidade individual de cada uma das frases que, organizadas, constroem o texto.
>
> Sabendo que a frase é uma unidade de sentido que se pode organizar em orações, você pode controlar criticamente seu trabalho de leitor e redator. Se estiver encontrando dificuldades ao ler um texto, tente observar a construção de suas frases: cada uma delas é uma unidade de sentido? A organização da frase em períodos foi feita satisfatoriamente, ou seja, há verbos a partir dos quais se ordenam os demais elementos? Essas mesmas perguntas devem ser constantemente feitas quando você é quem redige.

> Leia as recomendações do *Manual de redação e estilo* de *O Globo* e perceba como os profissionais do texto adotam esse procedimento para controlar a qualidade do trabalho.
>
> A frase deve ser curta. Não telegráfica, mas permitindo ao leitor assimilar uma idéia ou um fato de cada vez. (...) Construir uma frase é trabalho de pedreiro: cada tijolo apóia o que lhe é posto em cima e nenhum deve atrapalhar a harmonia do conjunto. Quando se trabalha direito, faz-se um muro; quando não há noção de equilíbrio e continuidade, fica-se com uma pilha de tijolos.
>
> (INFANTE, Ulisses. *Textos: leituras e escritas.* Vol.3 São Paulo: Scipione, 2000, p. 60)

REFERÊNCIAS BIBLIOGRÁFICAS

AZEREDO, José Carlos de. O texto: suas formas e seus usos. In: PAULIUKONIS, M. A. L., SANTOS, W. dos (Orgs.). **Estratégias de leitura:** texto e ensino. Rio de Janeiro: Lucerna, 2006.

BAKHTIN, Mikhail (Volochinov). **Marxismo e filosofia da linguagem**. 8 ed. São Paulo: Hucitec, 1997.

"""" **Estética da Criação Verbal**. 4ª ed. Trad. Paulo Bezerra. São Paulo: Martins Fontes, 2003.

BECHARA, Evanildo. **Moderna gramática portuguesa.** 37 ed. Rio de Janeiro: Lucerna, 2003.

CIPRO NETO, Pasquale e INFANTE, Ulisses. **Gramática da língua portuguesa.** São Paulo: Scipione, 1999.

INFANTE, Ulisses. **Textos: leituras e escritas.** Vol.3 São Paulo: Scipione, 2000.

KOCH, Ingedore G. Villaça. **Argumentação e linguagem.** 4 ed. São Paulo: Cortez, 1996.

MAINGUENEAU, Dominique. **Análise de textos de comunicação**. Tradução Cecília P. de Souza e Silva, Décio Rocha. 3 ed. São Paulo: Cortez, 2004.

SAUTCHUK, Inês. **Prática de morfossintaxe:** como e por que aprender análise (morfo)sintática. Barueri, SP: Manole, 2004.

ATIVIDADES

As atividades referentes a esta aula estão disponibilizadas na ferramenta "Atividades". Após respondê-las, enviem-nas por meio do Portfolio- ferramenta do ambiente de aprendizagem UNIGRAN Virtual. Em caso de dúvidas, utilize as ferramentas apropriadas para se comunicar com o professor.

Aula 03

O QUE SIGNIFICA FAZER ANÁLISE SINTÁTICA?

Prezado aluno,

Nesta aula, nosso objetivo é fazer com que você entenda mais profundamente em que consiste a análise sintática. Para essa compreensão, selecionamos três textos bastante didáticos que deverão ser lidos atentamente. Por meio deles, você será capaz de constatar que o conhecimento das estruturas sintáticas de nossa língua permite-nos usar a língua de forma mais eficiente. Isso porque, para escrever ou ler um texto, faz-se necessário que saibamos estabelecer e reconhecer as relações e as funções que as palavras mantêm entre si nas frases. É nesse sentido que os estudos gramaticais relacionados à sintaxe contribuem para o desenvolvimento de nossa competência comunicativa como usuários da língua. A gramática é usada para produzir textos.

TEXTO 1

> HENRIQUES, Cláudio Cezar. **Sintaxe:** estudos descritivos da frase para o texto. Rio de Janeiro: Elsevier, 2008. p 15-16.

Estrutura da Oração

O estudo da análise sintática é um dos pontos fundamentais na formação de quem se pretende um usuário competente de sua língua. Duas das habilidades principais de uma pessoa culta repousam nas atividades de ler e de escrever, ações que podem caracterizar não só nossas carreiras profissionais, mas também nossa vida como cidadãos.

Ler ou escrever um texto é muito mais do que apenas compreender ou organizar palavras em frases e parágrafos. É algo que envolve um amplo mecanismo a partir do qual o pensamento e as pretensões comunicativas do autor se apresentam para reflexão e avaliação do leitor. Como se constroem esses textos? Com palavras, sintagmas, termos e orações – elementos que mantêm entre si um relacionamento interno de concordância, de regência, de atribuição.

A análise sintática é a análise das relações. Na estrutura da oração, estudamos as relações que as palavras mantêm entre si na frase. Essas relações são binárias: sujeito & verbo; verbo & complemento; núcleo & adjunto... A tradicional prática de exercícios voltados para o reconhecimento da função sintática de um termo nem sempre garante o real objetivo de sua aplicação. Não se pode dizer qual é a função sintática de um termo se não se encontrar o outro termo com o qual se relaciona. Ou seja, não se pode reconhecer que existe um objeto direto sem apresentar a "prova" (o verbo transitivo direto); não se pode afirmar que determinado termo é o agente da passiva sem que seu "parceiro" sintático seja revelado (o verbo na voz passiva). E assim sucessivamente com todos os termos da oração, pois cada um deles só tem a classificação que tem porque possui uma relação com outro termo – e cada uma dessas relações é única, e por isso são dez os termos da oração (onze, se contarmos com o vocativo).

A sintaxe tem duas parceiras especiais. Uma é a semântica, a ciência do significado. Afinal, o entendimento de uma frase depende de sua estrutura e das sutilezas que envolvem a construção do sentido. Outra é a estilística (a ciência da expressividade), pois compete ao autor da frase fazer as escolhas sobre como será sua organização, a partir do repertório que a língua lhe oferece.

Entretanto, para o estudo da sintaxe do português, há um pré-requisito. Sintaxe e morfologia são assuntos interligados. Ter um bom conhecimento acerca das classes de palavras é fundamental para entender a estrutura de uma oração e de um período. Lembremo-nos, por exemplo, que estudamos verbos, substantivos, adjetivos e advérbios nos livros e aulas de morfologia – suas flexões, significações, desempenhos – e que, agora, estudaremos o verbo como elemento central da oração; o substantivo como núcleo de um termo; o adjetivo como um elemento periférico ou atributivo de outro; o advérbio como um determinante sobretudo dos verbos.

Com isso, queremos enfatizar que o conteúdo aprendido nos estudos de morfologia precisa ser sedimentado para o que se coloca diante do estudante de sintaxe. Reiteramos, enfim, a convicção de que é a competência discursiva ou textual que caracteriza o saber expressivo de que fala Eugenio Coseriu.

Um texto deve ter uma adequação gramatical compatível com as pretensões e intuitos de seu autor, que – se assim julgar pertinente – procurará atingir o nível de exigência da linguagem padrão praticada por escrito pela comunidade culta em que se insere.

TEXTO 2

SAVIOLI, Francisco Platão. **Gramática e texto** – Português – livro-texto. São Paulo: Anglo, 2002. p.53-55.

A análise sintática

O estudo da sintaxe de uma língua procura compreender as regras que permitem a geração das frases. Evidentemente, para o usuário da língua não interessa conhecer apenas mecanicamente as regras combinatórias da língua, mas também os significados que as diferentes combinações produzem. Por isso é que, na verdade, se estuda a sintaxe sempre acompanhada de um ponto de vista semântico. Em outros termos, o estudo da sintaxe procura descrever as regras que usamos para organizar as palavras em frases e o significado daí resultante.

(...) A partir de agora, vamos dar início ao que nossas gramáticas costumam chamar de **análise sintática.**

A palavra **análise** tem vários significados em nosso idioma, mas vamos tomá-la aqui no seu sentido original de processo de divisão, de segmentação de um todo nas suas partes constituintes. Provém de uma palavra grega que significa exatamente **decomposição, divisão.**

O **método analítico**, usado em todas as ciências, consiste, pois, em segmentar um todo nas suas partes constituintes, com a intenção de examinar detidamente cada uma delas e descobrir a sua função no conjunto.

Num laboratório de anatomia, por exemplo, analisa-se o corpo de um animal dividindo-o nos seus órgãos constituintes (pulmões, coração, fígado, rins etc.) para examiná-los com cuidado e, assim, compreender suas características e a sua função no organismo. (..)

Na **análise sintática**, dividimos a oração em suas unidades constituintes, e procuramos descrever as características de cada parte para avaliar a sua função em relação ao todo. Pertence também ao domínio da análise sintática a divisão do período nas orações constituintes.

A função da parte no todo

A descoberta da função dentro do todo requer duas operações básicas:

• percepção das relações;
• interpretação da interferência da parte analisada no conjunto das demais.

Suponha que se queira descobrir a função (ou desempenho) de uma alavanca no interior de um automóvel. Tenta-se verificar, primeiro, qual a relação entre a alavanca e as outras partes do automóvel. Se, ao levantá-la, percebe-se que o banco dianteiro se rebaixa, então está descoberta a função da alavanca: rebaixar o banco dianteiro.

Para descobrir a **função sintática** de uma palavra (ou de grupo de palavras) no interior de uma frase procede-se de maneira semelhante:

• verifica-se antes qual a relação entre a palavra em foco e as demais palavras da frase;
• interpreta-se a interferência dessa palavra no conjunto todo da frase. Como a interpretação da interferência da palavra no conjunto envolve análise do seu significado, podemos dizer que a análise sintática envolve sempre duas operações:
• detecção da relação;
• interpretação de sentido.

Tomemos uma frase como esta:

Nuvens escuras escondem o Sol.

Suponhamos que a proposta seja descrever a função sintática da palavra **escuras** nessa frase. Descrever a função sintática é o mesmo que traduzir o papel da palavra **escuras** em relação às demais palavras da frase, o que é o objetivo da análise sintática.

O primeiro passo consiste em detectar com que outra palavra está relacionada a palavra **escuras.**

(...)

Nuvens **escuras** escondem o Sol.

Se procurarmos compreender a interferência dessa palavra no sentido da frase, vamos perceber que:

• **escuras** está relacionada a **nuvens**;
• para indicar uma qualidade, um estado das **nuvens.**

Poderíamos descrever, então, a função sintática da palavra **escuras** nesses termos:

• palavra que ocorre nessa frase, associada ao substantivo **nuvens**, para indicar-lhe uma característica; ou mais resumidamente,

•palavra caracterizadora de um nome (de um substantivo).

(...)

Esse trabalho realizado por nós é um procedimento típico da análise sintática. (...)

TEXTO 3

> ABAURRE, M. L. , PONTARA, M. N. , FADEL. T. Português Língua e Literatura. São Paulo: Moderna, 2000. p. 161.

Estrutura, relações e funções

(...)

Para que fique ainda mais claro o que se entende por estrutura sintática, é importante compreender, as noções de **relação sintática** e de **função sintática.** Vejamos, inicialmente, o que se entende por relações sintáticas. Observe que, quando dizemos algo como "Eduardo comeu um doce de goiaba", estamos relacionando sintaticamente "Eduardo" a "comeu um doce de goiaba", porque afirmamos, a respeito de Eduardo, que foi ele o agente da ação de comer algo. Relacionamos, também, "comeu" a "um doce de goiaba", porque "um doce de goiaba" completa o sentido de "comer". Da mesma forma, existe uma relação sintática entre "doce" e "de goiaba", porque "de goiaba" especifica o tipo de doce que foi comido. E assim por diante... (...)

(...) Mas o que queremos que você entenda, agora, é que são as relações sintáticas que se estabelecem entre as palavras que, de certa forma, definem as estruturas possíveis na sintaxe das línguas. As noções de estrutura e de relação estão, portanto, intimamente ligadas.

O mesmo se pode dizer da noção de função sintática. Observe que, se retomarmos os elementos do enunciado já comentados acima, só é possível dizer que entre eles se estabelece alguma relação sintática porque cada um deles tem uma função sintática específica, nas estruturas das quais fazem parte, e no interior das quais entram em relação. Assim, voltando ao exemplo, se dizemos "Eduardo comeu um doce de goiaba", a função sintática do termo "Eduardo" é a de ser o sujeito da oração, o que fará com que o verbo que vem a seguir concorde com esse termo em número e pessoa. Além disso, nesse enunciado específico, a função de sujeito marca também o agente da ação de comer. A função sintática de "comeu um doce de goiaba" é a de predicar sobre o sujeito, ou seja, a de fazer, a respeito do sujeito – termo com o qual está em relação, no enunciado -, alguma afirmação. Por isso dizemos que "comeu um doce de goiaba" é o predicado dessa oração. Se analisamos, agora, "um doce de goiaba", concluímos, a partir de sua relação com "comeu", que esse termo tem a função sintática de complementar o sentido do verbo. Sua função sintática específica, na posição estrutural que ocupa no enunciado, é a de objeto direto.

Fazer a análise sintática dos enunciados da língua nada mais é, portanto, do que explicitar as estruturas sintáticas e as relações e funções dos termos que os constituem. Sem a compreensão clara dessas noções básicas, de nada adianta decorar termos e definições e tentar aplicá-los, às tontas, aos exercícios de análise...

E então, caro aluno? Certamente, os três textos lidos acima o fizeram entender o que significa fazer análise sintática, não é? Uma vez entendido em que consiste fazer análise sintática, ressaltamos que não se deve confundir a identificação da *classe* de uma palavra com a identificação de sua *função*. Sendo assim, vamos assentar esses conceitos?

Imagem extraída de *http://portalfenix.blogspot.com/2008/01/comments-abrao.html*

Classes e Funções

Para conceituar classes e funções, apoiamo-nos nos conceitos definidos por Mário A. Perini (2003, p. 316), que diz:

Classes são entidades gramaticais nitidamente distintas de **funções**; (...) A **função** é um princípio da organização da oração; determinar a função de um constituinte é formular sua relação com os demais constituintes da unidade de que ambos fazem parte. (...) Já a **classe** é uma propriedade que se atribui a um elemento fora de contexto.

Coloquemos essa distinção em prática, analisando a oração abaixo:

Jorge vende picolés.	
1. Análise morfológica **Jorge**: substantivo próprio **vende**: verbo **picolés**: subs tantivo simples	**2. Análise sintática** **Jorge**: sujeito simples **vende picolés**: predicado verbal **vende**: núcleo do predicado **picolés**: complemento verbal - objeto direto
Enquanto em 1 Jorge foi classificado como substantivo, em 2, esse substantivo desempenha a função sintática de sujeito da oração. Substantivo é a classe gramatical (nome da palavra de acordo com a sua classificação); sujeito é a função sintática (função que a palavra exerce na oração).	

Definir a função de um vocábulo na oração significa, pois, definir qual o papel desempenhado por este vocábulo na unidade sintagmática em que ele ocorre.

REFERÊNCIAS BIBLIOGRÁFICAS

ABAURRE, M. L., PONTARA, M. N., FADEL. T. **Português Língua e Literatura**. São Paulo: Moderna, 2000.

HENRIQUES, Cláudio Cezar. **Sintaxe:** estudos descritivos da frase para o texto. Rio de Janeiro: Elsevier, 2008.

PERINI, Mário A. **Gramática descritiva do Português**. 4 ed. São Paulo: Ática, 2003.

SAVIOLI, Francisco Platão. **Gramática e texto** – Português – livro-texto. São Paulo: Anglo, 2002.

ATIVIDADES

As atividades referentes a esta aula estão disponibilizadas na ferramenta "Atividades". Após respondê-las, enviem-nas por meio do Portfolio- ferramenta do ambiente de aprendizagem UNIGRAN Virtual. Em caso de dúvidas, utilize as ferramentas apropriadas para se comunicar com o professor.

Aula 04

OS SINTAGMAS DA ORAÇÃO

Terminamos a aula anterior dizendo que para se definir a função de um vocábulo na oração, temos de identificar qual o papel desempenhado por este vocábulo na *unidade sintagmática* em que ele ocorre.

Mas, o que significa *unidade sintagmática*? É sobre isso que vamos discorrer nesta aula.

Partamos da noção de que a oração divide-se em **sintagmas.** O Dicionário de Lingüística (1993, p. 557) define **sintagma** como "um grupo de elementos lingüísticos que formam uma unidade numa organização hierarquizada." Sendo assim, os vocábulos se associam ou se unem em sintagmas para formar uma unidade maior, que é a oração. A unidade sintagmática refere-se, portanto, a um agrupamento intermediário entre o nível do vocábulo e o da oração. É importante que você saiba que um sintagma (constituinte imediato da oração) pode ser formado por um grupo de vocábulos ou por um único vocábulo simples.

Para que você entenda melhor esse conceito, convidamo-lo a ler os textos seguintes, de autoria de Inês Sautchuk, os quais se mostram bastante didáticos para esse fim. O primeiro aborda noções sobre relação sintagmática e relação paradigmática; o segundo enfoca o conceito de sintagma e descreve a sua classificação em consonância com o núcleo que compõe a unidade sintagmática.

> SAUTCHUK, I. **Prática de morfossintaxe:** como e por que aprender análise (morfo) sintática. Barueri, São Paulo: Manole, 2004.

Por que Morfossintaxe (p. 7–10)

Há um princípio lingüístico universal que afirma *"nada na língua funciona sozinho"*. Para que todas essas unidades lingüísticas (...) passem efetivamente a exercer qualquer função significativa ou comunicativa é necessário sempre que se organizem ao menos em duas unidades. Assim, é preciso que se junte um radical (o lexema "puro" *livr-*, por exemplo) a uma desinência (um gramema dependente, como *–o*) para que tenhamos um vocábulo autônomo (*livro*), ou que se forme um sintagma nominal *–o seu livro –* (a partir de um artigo e/ou pronome possessivo e de um núcleo substantivo). Até mesmo um texto não se constitui se não se aliar ao menos um signo lingüístico a um contexto, e assim por diante.

A esse princípio fundamental associa-se um outro, complementar, que afirma: *"na língua, as formas se definem em oposição a tantas outras que com elas mantenham a mesma função"*. Em qualquer nível de análise lingüística, é esse princípio que justifica, por exemplo, a possibilidade de se diferenciar "**m**ata" de "**p**ata", "corr**i**" de "corr**emos**", "**os** lobos" de "**estes** lobos", e assim por diante.

Quando o falante da língua produz qualquer enunciado, está sempre articulando duas atividades lingüísticas básicas: a de escolha de uma forma e a de relação dessa forma com outra. O ato de escolher realiza-se dentre todo aquele acervo que ele possui de unidades lingüísticas que pertencem ao sistema fechado da língua (os gramemas) e aqueles que pertencem ao sistema aberto (os lexemas). A relação realiza-se quando essas unidades se dispõem numa linha imaginária que, no caso do português, é horizontal e da esquerda para a direita. Para que possam se realizar no discurso, as unidades lingüísticas devem ordenar-se no tempo, segundo essa linha imaginária, chamada de *cadeia falada*. A mensagem que assim surge tem seu sentido dependente, ao mesmo tempo, dos respectivos significados das unidades escolhidas e da função que desempenham (ou que contraem) umas em relação às outras.

Pode-se dizer, então, que o falante *escolhe* dentre um conjunto de possibilidades de formas que ainda estão *ausentes* no discurso e que *relaciona* aquelas que escolheu para que passem a estar *presentes* nesse "arranjo" linear que está construindo. A escolha dentre o acervo virtual se realiza numa linha vertical que contém todas as possibilidades: a esse conjunto de unidades *em ausência* no discurso é que chamamos de *eixo paradigmático*. Ao arranjo que se vai estabelecendo, mediante forças muito específicas da língua, com as unidades *em presença* no discurso chamamos *eixo sintagmático*.

É como se tivéssemos a seguinte situação, visualmente esquematizada:

	Eixo sintagmático					
O	menino	atirava	uma	pedra	pela	janela
Esse	garoto	jogava	a	bola	da	vidraça
Meu	filho	guardou	essa	figura	na	lembrança

(Eixo paradigmático)

Observe que, se isolarmos qualquer uma das formas que compõem a frase, poderíamos fazer um outro "corte" vertical e encontrar outras formas possíveis de serem escolhidas:

radical	sufixos	desinências
filh	inh	-o
	[ar]ad	-a
	ote	-s
ferr	eir	
		-o

radical	vogal temática	desinência modo-temporal	desinência número-pessoal
estud	á	-va	-mos
falh	a	-ríe	-is
receb	e	-ria	s
toss	i	-ria	-mos

Observe, também, que no eixo sintagmático, a oração se forma pela junção de unidades escolhidas, mantendo-se entre si relações muito específicas. Assim, "o, esse, meu" relacionam-se e concordam com "menino, garoto, filho", e o bloco assim constituído, por sua vez, vai relacionar-se com "atirava uma pedra, jogava a bola, guardou essa figura" e com "pela janela, da vidraça, na lembrança".

Todo recorte, para efeito de análise lingüística, que for feito "na vertical" estará necessariamente envolvendo um estudo *morfológico* da língua. E todo estudo que se fizer envolvendo relações que se realizam no eixo sintagmático, nessa linha imaginária horizontal, será sempre de caráter *sintático*. É por isso que se diz que o campo de atuação da sintaxe é o *eixo sintagmático*, e o da morfologia é o *eixo paradigmático*.

Entretanto, como esses recortes servem apenas para se ter uma visão mais didática dos fenômenos lingüísticos, não se pode afirmar que a língua efetivamente funcione ora paradigmática, ora sintagmática, ou ora morfológica e ora sintaticamente. Já se pode deduzir que, na verdade, a língua funciona *morfossintaticamente* e, portanto, o seu estudo mais eficiente se faz, levando-se em conta a sua morfossintaxe.

Para que se possa efetivamente demonstrar como ocorre esse funcionamento morfossintático da língua, é necessário, porém, que se tenha conhecimento seguro das classes gramaticais e das várias possibilidades de relação que podem ser feitas a partir de seus integrantes. Já podemos afirmar de antemão que todas as funções sintáticas contraídas no eixo sintagmático são confirmadas, originadas ou autorizadas pela *base* ou *natureza morfológica* das unidades envolvidas nessas relações. (...)

Leia, agora, uma explicação feita pela autora a respeito do que é **sintagma**.

A estrutura sintagmática do português (p. 39- 46)
(...)

Em sentido amplo, todo sintagma é a construção que resulta da articulação de pelo menos duas unidades lingüísticas, em qualquer nível de análise. Esse conceito segue ainda o pioneirismo lingüístico de Saussure, para quem sintagma é a combinação de formas mínimas em unidade lingüisticamente superior.

Desse conceito inicial, pode-se inferir que toda palavra, por exemplo, também é um sintagma (lexical, no caso), uma vez que resulta da articulação entre duas formas mínimas hierarquicamente inferiores (um radical + uma desinência, por exemplo). E, da mesma forma, um sintagma oracional seria o resultado da combinação entre duas formas anteriores: um sujeito mais um predicado.

Porém, preferimos restringir esse conceito a uma perspectiva mais funcional, de uso na língua pelo falante. Para isso, consideraremos *sintagma* como toda construção sintática que constitua um "bloco" significativo ou funcional no eixo horizontal, formado a partir de uma ou mais de uma unidade lingüística, de nível imediatamente inferior. Essa única unidade ou a base ou núcleo do conjunto será necessariamente um morfema lexical (com carga semântica) ou palavra equivalente que possa substituí-la. Existem sintagmas constituídos por diversos arranjos, iniciados ou não por preposição e com um número maior ou menor de palavras. São exemplos de sintagmas, por exemplo:

- menino	- ele
- uma casa	- sobre a casa
- aquela casa amarela	- muito amarelo
- para minha casa	- de ouro branco
- da casa da vovó	- dourado demais.

Conjuntos mínimos assim formados apresentam algumas propriedades específicas de mobilidade sintagmática que acabam por lhes conferir, ou, como queremos, *autorizar*, determinadas *funções sintáticas*.(...)

(40) Aqueles pássaros **fazem** seus ninhos em galhos de árvore.

Percebe-se facilmente que não se processa esse enunciado sílaba por sílaba, ou palavra por palavra.(...)

O que acontece com qualquer falante da língua, ao processar enunciados escritos, é que ele o faz "dividindo" esses enunciados em blocos significativos que podem, inclusive, mudar de posição no eixo sintagmático. São esses blocos (ou "as combinações de unidades lingüísticas de nível inferior") que constituem o que chamamos de *sintagma*. Dessa forma, tomando-se o verbo como ponto de apoio, a oração (40) seria assim processada:

Aqueles passarinhos / **fizeram** /seu ninho / num galho de árvore.
      1   V   2   3

Teríamos, inclusive, as seguintes possibilidades de reorganização desses blocos (sempre tomando o verbo como ponto de apoio):

$$3 + 2 + V + 1$$
$$3 + V + 2 + 1$$
$$3 + 1 + V + 2$$
$$V + 3 + 2 + 1$$
$$2 + 1 + 3 + V$$

Poderíamos, então, concluir que (40) tem três sintagmas que se movem no eixo horizontal, ocupando posições as mais variadas possíveis. (...)

Tomemos um outro período simples:

(41) *Em certos dias enevoados, o sol de verão **parece ficar** muito fraco.*

Em (41), tomando-se outra vez o núcleo verbal como referência, teríamos dois sintagmas anteriores a ele:

(a) em certos dias enevoados

(b) o **sol** de verão

e um posterior a ele:

(c) muito **fraco**

Os sintagmas organizam-se em torno de um elemento fundamental, a que chamamos *núcleo*. Assim, o sintagma (b) tem por núcleo o substantivo *sol*, e o sintagma (c) tem por núcleo o adjetivo *fraco*. Por isso, dizemos que (b) é um *sintagma nominal*, pois tem como base uma palavra substantiva, e que (c) é um *sintagma adjetival*, pois sua base nuclear é um adjetivo. Já o sintagma (a) é formado de preposição + sintagma nominal (*em+certos dias enevoados*), o que faz com que seja considerado um *sintagma preposicionado*.

(...) os sintagmas podem comportar-se como *autônomos* ou *internos*. Consideramos *sintagmas autônomos* aqueles que se movimentam sozinhos no eixo sintagmático, nele ocupando diferentes posições e constituindo-se, inclusive, de outros *sintagmas internos*. Estes, por sua vez, estão contidos nos sintagmas autônomos, não tendo liberdade de se movimentar além do sintagma que os contém, pois estão presos a algum elemento desse sintagma.

Note como é possível perceber, quando um sintagma é autônomo, qual é a sua extensão e quando um sintagma constitui um outro interno ao primeiro. Numa oração como "*o ódio é muito prejudicial à saúde*", veja o que ocorreria se dividíssemos o sintagma *muito prejudicial à saúde* em dois, considerando-os autônomos:

O ódio é muito prejudicial
à saúde

Observe que o sintagma *à saúde* não é autônomo, pois não se articula ao verbo *ser*, o que geraria uma frase sem sentido **o ódio é à saúde*. Esse sintagma se prende ao termo *"prejudicial"*, e é com ele que forma o sintagma completo: *muito prejudicial à saúde* (este, sim, um sintagma adjetival autônomo).

Veja o que ocorre agora em uma outra oração:

(47) As flores nascem mais bonitas na primavera.
As flores nascem mais bonitas
na primavera

Os dois sintagmas à direita do verbo são autônomos, uma vez que podem, cada um deles, articular-se ao verbo: *as flores nascem mais bonitas* e *as flores nascem na primavera*.

Já em relação a um sintagma que tenha por núcleo um advérbio, poder-se-ia chamá-lo de sintagma adverbial,

www.quintalagardamoira.com.pt/
ImagensQuinta_A...

ainda que esta nomenclatura em geral não seja usada. Sintagmas com advérbio nuclear podem sozinhos constituir o sintagma (*cedo, lentamente*) ou vir acompanhados por intensificador (*muito cedo*) ou por modificador (*dolorosamente cedo*). Formam-se, assim, de modo semelhante aos sintagmas adjetivais.

(...)

Por fim, falta referirmos o sintagma verbal, que é um dos elementos básicos da oração. Esse tipo de sintagma tem o verbo ou a locução verbal como núcleo, podendo constituir-se apenas por esse núcleo ou apresentar diversas configurações, quando acompanhado de outros tipos de sintagmas. É o que temos a seguir:

(51) As crianças **adormeceram.**
(52) O professor **perdeu as provas dos alunos.**
(53) Todos **podem precisar de mais dinheiro.**
(53') Os amigos **enviaram condolências à família.**

De todos os sintagmas que descrevemos, percebe-se que apenas o SV não pode deixar de figurar numa oração e, no eixo sintagmático, exercerá sempre a mesma função, a de *predicado*. Os demais tipos de sintagma, excluindo-se o sintagma adverbial com núcleo advérbio, poderão exercer funções diversas, dependendo das relações que desempenharem e das posições que ocuparem nessa linha horizontal.

(...)

E então, caro aluno, tudo certo? Ficou claro o que significa *unidade sintagmática ou sintagma?* Conforme você observou, quando falamos, escrevemos ou lemos um texto não o processamos sílaba por sílaba, ou palavra por palavra. Como disse Sautchuk no texto acima "o que acontece com qualquer falante da língua, ao processar enunciados escritos, é que ele o faz "dividindo" esses enunciados em blocos significativos que podem, inclusive, mudar de posição no eixo sintagmático." É a esse grupo de palavras (ou à única palavra) relacionadas que compõe os blocos significativos ou funcionais presentes nos discursos que chamamos *sintagma*. Faz-se importante dizer, também, que "em uma relação sintagmática, um dos elementos modifica ou determina o outro, especificando-o de alguma maneira. O elemento que modifica o outro é o seu determinante, e o elemento que sofre a modificação é o determinado." (Abaurre, Pontara e Fadel, 2000, p.92). Assim, em um sintagma nominal como "aluno competente", *competente* é o elemento determinante de *aluno*, que, por sua vez, é o elemento determinado (núcleo do sintagma) que sofre a modificação por meio da atribuição de uma qualidade feita a ele.

REFERÊNCIAS BIBLIOGRÁFICAS

ABAURRE, M. L. , PONTARA, M. N. , FADEL. T. **Português Língua e Literatura**. São Paulo: Moderna, 2000.

DUBOIS, Jean (et al). **Dicionário de Lingüística**. Direção e coordenação geral da tradução de Izidoro Blinstein. São Paulo: Cultrix, 1993.

SAUTCHUK, I. **Prática de morfossintaxe:** como e por que aprender análise (morfo) sintática. Barueri, São Paulo: Manole, 2004.

ATIVIDADES

As atividades referentes a esta aula estão disponibilizadas na ferramenta "Atividades". Após respondê-las, enviem-nas por meio do Portfolio- ferramenta do ambiente de aprendizagem UNIGRAN Virtual. Em caso de dúvidas, utilize as ferramentas apropriadas para se comunicar com o professor.

Aula 05

SINTAXE DO PERÍODO SIMPLES - ESTUDO DOS TERMOS DA ORAÇÃO

Prezado aluno,

Nas aulas anteriores, vimos que os enunciados de um texto podem ser construídos sob a forma de períodos simples, quando apresentam uma única oração (oração absoluta), ou de períodos compostos, quando apresentam mais de uma oração. Nesse momento, vamos deter nossa atenção ao estudo das relações sintáticas que ocorrem nos períodos simples. Vale relembrar que ao se proceder ao estudo das diversas funções sintáticas dos constituintes de uma oração (sintagmas), você precisa articular o conteúdo aprendido nos estudos de morfologia sobre as classes de palavras. A essa junção dos estudos da morfologia e da sintaxe, chamamos **morfossintaxe**.

Esperamos que você tenha entendido bem as noções introduzidas nas aulas anteriores, pois essa compreensão é fundamental para que você prossiga nos estudos de análise sintática.

Quando você consulta o índice de qualquer gramática da língua portuguesa, verifica que, no estudo da sintaxe do período simples, há uma clássica divisão dos termos da oração em: *termos essenciais, termos integrantes* e *termos acessórios*.

• Os termos essenciais são classificados em sujeito e predicado;
• Os integrantes, em complementos verbais (objeto direto e objeto indireto), complemento nominal e agente da passiva;
• Os acessórios, em adjunto adnominal, adjunto adverbial e aposto. O vocativo, geralmente estudado junto com os termos acessórios, é um termo à parte da estrutura oracional.

Muito bem, esta é a clássica divisão que a gramática faz do estudo das unidades que compõem a estrutura sintagmática da língua portuguesa. No entanto, levando em conta as pesquisas lingüísticas, em nossas próximas aulas, não adotaremos essa tripartição dos termos em essenciais, integrantes e acessórios. Conforme você perceberá, faremos a descrição dos termos que compõem a oração distribuindo-os em *termos associados ao nome* (que serão estudados no próximo semestre) e em *termos associados ao verbo* (serão vistos neste semestre). Ao se proceder assim, de acordo com os estudos mais recentes, tem-se uma visão mais clara e simplificadora das relações entre os constituintes da oração, uma vez que é amenizada a dificuldade de se entender as relações gramaticais que se estabelecem entre os segmentos da oração.

Quando fazemos um trabalho de análise sintática, podemos dividir a oração em dois termos: o sujeito e o predicado, conforme veremos abaixo. Acontece que podemos decompor, no interior do sujeito e do predicado, os termos que os constituem – os sintagmas internos, observando que esses termos ou são associados ao nome (substantivos, palavras adjetivas) ou ao verbo (possui desinência para marcar o tempo e não faz o plural em *s*). Para que você entenda melhor o que dissemos, veja o esquema ilustrado por Francisco Platão Savioli (2002, p. 67) a partir da frase: **"Aqueles dois pombos amestrados do vizinho voam longe em busca de alimento não contaminado."**

\multicolumn{5}{c}{SUJEITO}
Aqueles	dois	pombos	amestrados	do vizinho
termo associado a um nome indicador de espaço distante dos interlocutores	termo associado a um nome indicador de quantidade	Núcleo do sujeito (nome)	termo associado a um nome indicador de qualidade	termo associado a um nome indicador de posse (do possuidor)

PREDICADO				
voam	longe	em busca	de alimento	não contaminado.
Núcleo do predicado (verbo)	termo associado a um verbo indicador de lugar	termo associado a um verbo indicador de finalidade	termo associado a um nome (busca) indicador do objeto da busca	termo associado a um nome indicador de negação / termo associado a um nome (alimento) indicador de qualidade

Segundo o autor, "por mais que se queira ampliar uma oração, qualquer termo que ocorra: ou vem associado a um nome ou vem associado a um verbo." Não se pode deixar de mencionar, como faz Savioli, que os conectores ou as preposições que aparecem dentro da oração "não funcionam como determinante nem de um verbo, nem de um nome: seu papel é o de estabelecer conexão entre dois termos entre si."

Uma palavra ao futuro professor de linguagem

Antes de passarmos à descrição dos termos sintáticos relacionados ao verbo que compõem a oração em língua portuguesa, precisamos estabelecer alguns comentários necessários. As considerações teóricas sobre a estrutura sintagmática da língua portuguesa que aqui serão apresentadas visam a capacitá-lo a um embasamento dos estudos lingüísticos acerca da sintaxe do período simples, para que, conseqüentemente, você possa sentir-se confiante em operar com esse conteúdo em situações didáticas de ensino de língua portuguesa em sala de aula. Você deve ter claro, portanto, que como estudante de Letras deverá, necessariamente, ter uma boa fundamentação teórica dos estudos lingüísticos e de suas descobertas, sendo capaz de fazer descrições, sejam elas estruturais ou funcionais, a partir de uma opção metodológica que responda, de forma eficiente e significativa, às novas exigências em relação ao ensino de gramática. Não confunda, portanto, a apreensão dos conhecimentos teóricos gramaticais vinculados à estrutura sintagmática de nossa língua, que todo estudante de Letras deve ter, com as crenças e valores subjacentes ao modo e à finalidade de se ensinar os fenômenos lingüísticos em sala de aula.

No trabalho com a sintaxe em sala de aula, você deve se conscientizar de que o mais importante é que os seus alunos compreendam as relações e funções estabelecidas entre os constituintes das unidades sintáticas. De nada adianta a eles, dependendo do grau de escolaridade em que se encontram, saber a definição de sujeito, predicado, predicativo, objeto direto, objeto indireto etc. se lhes falta a compreensão da relação entre esses termos da oração para a produção de sentidos dos textos.

SUJEITO E PREDICADO

Para que servem o sujeito e o predicado?

Sujeito e predicado são as estruturas lingüísticas fundamentais da linguagem verbal. Para nos referirmos ao mundo que está à nossa volta – aos seres que existem, aos fatos que acontecem, aos sentimentos e idéias que temos, às ações que realizamos, etc. – e interagirmos com outras pessoas, quase inevitavelmente lançamos mão do sujeito e do predicado.

Sujeito e predicado estão diretamente relacionados à necessidade que o ser humano tem de verbalizar o que pensa e sente: sobre o mundo, sobre si mesmo e sobre suas relações.

CEREJA, W. R. e MAGALHÃES, T. C. **Gramática reflexiva: texto, semântica e interação.** 2 ed. São Paulo: Atual, 2005. p. 226

Por que sujeito e predicado são chamados termos essenciais da oração?

Vejamos o que dizem alguns estudiosos sobre essa questão:

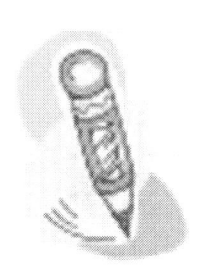

Sujeito e predicado são chamados essenciais porque constituem a estrutura básica das orações mais comuns da língua portuguesa. Há, no entanto, orações formadas apenas pelo predicado, como veremos mais adiante. É a presença de um verbo ou locução verbal que indica a existência de uma oração – e não a existência obrigatória de um sujeito ligado a um predicado.
(INFANTE, Ulisses. **Curso de gramática aplicada aos textos** 5 ed. São Paulo: Scipione, 1996. p. 351)

Os **termos essenciais da oração** são o sujeito e o predicado, pois são os responsáveis pelo arcabouço oracional, ou estrutura básica das orações da língua. A maioria das orações apresenta um sujeito e um predicado. Excepcionalmente, podem ocorrer orações sem sujeito. Não pode haver, no entanto, orações sem predicado.
(ABAURRE, M. L., PONTARA, M. N., FADEL. T. **Português Língua e Literatura**. São Paulo: Moderna, 2000. p. 161.)

A essas alturas, você já sabe que toda oração apresenta um sintagma verbal como seu constituinte obrigatório, não é? É importante que você não se esqueça que as relações que ocorrem entre os diversos sintagmas que formam a oração têm o verbo como elemento fundamental. No entanto, não se pode dizer o mesmo do constituinte chamado *sujeito*. Expliquemos melhor.

Uma pausa para comentários críticos:

a) em nossas gramáticas tradicionais, a oração tem sido descrita como a união de sujeito e predicado. Porém, estudos mostram que essa não é uma definição perfeita, pois poderíamos lembrar de vários exemplos de orações em que a oposição sujeito-predicado não se aplica, como é o caso das orações construídas com verbos impessoais, como em *"Choveu muito"* e *"Há muitas flores neste vaso"*. Assim, uma definição prática de oração pode ser assim formalizada: *oração é um enunciado que contém um **verbo**. Ou: é a frase de estrutura sintática que apresenta, **normalmente**, sujeito e predicado, e, algumas vezes, só o predicado.*

b) do mesmo modo, pode-se dizer que ocorre uma contradição na tradição gramatical ao classificar o sujeito como um termo essencial da oração. Já existem vários estudos que apontam para essa falha: se o sujeito é considerado um termo essencial, então, não deveria faltar na oração. Como explicar, nesse caso, orações sem sujeito em português?

INFORMAÇÃO IMPORTANTE: quanto a essa questão do sujeito, você terá oportunidade de ler alguns artigos que serão disponibilizados na ferramenta "Arquivo" do ambiente virtual Unigranet.

Vamos, nesta aula, iniciar o estudo dos chamados termos essenciais da oração, focalizando nossa atenção na análise do **sujeito** das orações da Língua Portuguesa. Nas aulas seguintes, dedicar-nos-emos ao estudo da **predicação verbal** e do **predicado.**

SUJEITO

O termo conhecido como **sujeito de uma oração** é aquele com o qual concorda, em número e pessoa, o verbo da oração. É uma função substantiva da oração. Nas palavras de Bechara, (2003, p. 409) "chama-se sujeito à unidade ou sintagma nominal que estabelece uma relação predicativa com o núcleo verbal para constituir uma oração."

Fique atento!
Muitas são as críticas sobre as definições de sujeito da oração como as que seguem:
- sujeito *é aquele que pratica a ação expressa pelo verbo/ é o agente da ação verbal.*

Vejamos: em uma oração como "A pobre garotinha apanhava demais das amiguinhas." O sujeito é a "A pobre garotinha", no entanto, a garotinha não pratica a ação de apanhar, ela não é o agente e sim o paciente, ou seja, sofre a ação expressa pelo verbo.

Também, nesta oração: "O velhinho estava sonolento.", a definição de que sujeito é aquele que pratica a ação expressa pelo verbo não se aplica, pois o verbo não expressa ação.

Ou

- sujeito é *o termo sobre o qual se afirma algo/ sobre o qual damos alguma informação /sobre o qual se fala;*

Vejamos:

Em uma oração como "*O cachorro mordeu o menino.*" passa-se uma informação não só sobre o cachorro (sujeito), mas também sobre o menino (objeto direto).

De acordo com Sacconi (1994, p. 288), a definição de sujeito como *o ser de que se declara algo* "se afigura um tanto quanto falha, porque não leva em consideração as orações interrogativas, imperativas e optativas, além de existirem sujeitos que não são seres, mas estados, qualidades, fatos ou fenômenos."

Qual a explicação para essa conceituação?

Quando utilizamos o critério semântico (ponto de vista do significado) para conceituar o sujeito, encontramos definições como as que foram apresentadas acima. Os estudos nos mostram que essas definições vêm da tradição grega, da lógica de Aristóteles. De acordo com a lógica aristotélica, uma proposição consiste em afirmar (ou negar) alguma coisa sobre a outra. Sendo assim, dois termos essenciais compõem uma proposição: o sujeito (o suporte, o que serve de base para a afirmação) e o predicado (que é o que se afirma ou se nega sobre o sujeito).

FIQUE POR DENTRO!

O significado de origem da palavra traduz, de certa forma, o seu papel na oração. A palavra **sujeito** é formada do prefixo *sub* **(embaixo, posição inferior)** + o verbo *jacere* **(lançar, colocar).** Trata-se do mesmo radical que aparece em **jato, injetar, ejetar (lançar para fora).** Traduzindo termo a termo, **sujeito** significa aquilo que está colocado embaixo, aquilo que é tomado como base, o que serve de suporte.

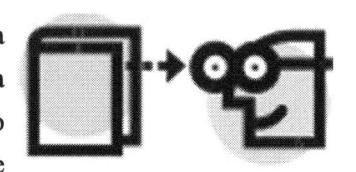

A palavra **predicado** também provém do latim, do verbo *praedicare*, que pode ser traduzido por afirmar, declarar, proclamar, dizer.

*SAVIOLI, Francisco Platão. **Gramática e texto** – Português – livro-texto. São Paulo: Anglo, 2002. p.56.*

Nessa vertente lógica, proposição é qualquer enunciado declarativo. Ocorre que a gramática incorporou essa noção passando a chamar sujeito e predicado às partes essenciais de qualquer construção centrada no verbo, fosse ou não proposição. Para Savioli (2002, p. 56), a definição de sujeito herdada da lógica clássica não é incorreta, mas mostra-se insuficiente. Além disso, o autor explica que "é preciso desfazer a idéia de que o sujeito é sempre o agente da ação verbal." Segundo ele, o sujeito pode ser agente da ação verbal, mas não necessariamente, pois, em frases como "O pássaro voa."/ "O pássaro bicou a fruta."/ "O pássaro caiu no chão."./ "O pássaro foi espantado pelo tiro.", "pássaro" está funcionando como suporte das afirmações contidas no predicado, sendo, portanto, em todas elas o sujeito. No entanto, segundo o autor, apenas nas duas primeiras é o agente da ação verbal. Nas outras duas é o paciente, ou seja, está indicando quem sofreu a queda e quem sofreu a ação de ser espantado.

Nessa mesma linha de raciocínio, Carlos Franchi (2006, p. 65) explica que a definição de sujeito da gramática tradicional baseia-se em critérios nocionais, uma vez que "toma-se a oração ativa, em que as posições de sujeito e objeto correspondem ao agente e ao paciente, como sendo uma construção prototípica de línguas como o português." Entretanto, segundo o autor, os critérios nocionais não são suficientes para dar conta da complexidade da estrutura das línguas. Sendo assim, "o professor deve saber os limites de aplicação das noções assim definidas, para não generalizá-las a expressões e exemplos a que não se aplicam (...)" (*Op. cit.* p. 65)

Deve ter ficado claro que a natureza do sujeito é gramatical e não meramente semântica. Nas palavras de Sautchuk (2004, p. 56), "o sujeito oracional é realmente uma noção gramatical e qualquer outra afirmação que se faça a seu respeito no intuito de defini-lo além dessa noção será sempre de natureza semântica, sujeita a falhas." Bechara (Op. cit, p. 410) também assevera para o fato de que "sujeito é uma noção gramatical, e não semântica, isto é, uma referência à realidade designada, como ocorre com as noções de agente e paciente. Assim, o sujeito não é necessariamente o agente do processo designado pelo núcleo verbal.(...)"

COMO IDENTIFICAR O SUJEITO NA ORAÇÃO?

Muitas gramáticas da língua portuguesa explicitam que quando se pretende encontrar o sujeito de uma oração, podem-se usar os seguintes artifícios:

• localiza-se o verbo da oração;
• fazem-se as perguntas: **o que é que + verbo?** ou **quem é que + verbo?**

Por exemplo:

A chuva cai. (o que é que cai? – Resposta: **"a chuva" (sujeito)**
A menina caiu. (quem é que caiu? – Resposta: **"a menina" (sujeito)**

Como se vê, as respostas a essas perguntas são boas pistas para detectar o sujeito, mas é importante que você saiba que nem sempre o resultado é seguro. Vejamos: em uma frase como "São quatro horas.", se fizermos a pergunta ao verbo "**o que é que são?**", teremos como resposta "quatro horas" e, na verdade, *quatro horas* não é o sujeito, pois essa é uma construção com um verbo impessoal e, portanto, trata-se de uma oração sem sujeito. De acordo com Sautchuk (Op. cit, p. 57), "esse mecanismo "prático" só funciona quando o sujeito oracional é tão óbvio que a pergunta nem precisaria ser feita, quando não leva a confusões fatais, pois para se descobrir o *objeto direto* da oração também se aconselha perguntar "o quê? ao verbo da oração."

Sendo assim, vejamos a seguir, algumas marcas típicas que nos permitem identificar com segurança o sujeito na oração, seguindo a explicação extraída de *SAVIOLI, Francisco Platão.* **Gramática e texto** *– Português – livro-texto. São Paulo: Anglo, 2002. p.58-59.*

Marcas típicas do sujeito

Se de um lado é difícil dar uma definição simples e ao mesmo tempo satisfatória de **sujeito,** de outro é muito fácil identificá-lo na oração por meio de suas propriedades típicas. Vejamos cada uma delas:

<u>Concordância:</u> o verbo da oração concorda com o respectivo sujeito. Isso quer dizer que a desinência do verbo fornece pistas para identificá-lo. Muitas vezes, nem é preciso revelar explicitamente o **sujeito**.

Exemplos:

Eu sonhei que **tu** estavas tão linda!
( ) Sonhei que ( ) estavas tão linda!

O apagamento dos pronomes Eu e **tu** não traz problema nenhum para a compreensão da frase, já que, por imposição da concordância, o **sujeito** de um verbo de 1ª pessoa do singular **(sonhei)** só pode ser um termo de 1ª pessoa do singular **(eu)**; diga-se o mesmo sobre o **sujeito** de um verbo em 2ª pessoa do singular **(estavas)**: só pode ser um termo de 2ª pessoa do singular **(tu).**

Na frase: **Há flores no jardim,** o sujeito não pode ser *flores*, pois não é possível que um verbo na 3ª pessoa do singular tenha como sujeito um substantivo na 3ª pessoa do plural.

Já, nesta outra frase: Existem **flores** no jardim, o sujeito de fato é **flores**.

Colocação: a colocação mais usual do sujeito, no Português, é antes do verbo. Excetuados alguns poucos verbos, mesmo que o **sujeito** venha colocado depois, a oração fica plenamente aceitável com a transposição para antes.

Exemplo:

Ocorreram durante o verão deste ano, sobretudo no interior do Paraná, **perdas significativas da safra de feijão.**

O sujeito, posposto ao verbo na frase acima, fica mais perceptível quando anteposto, como na frase abaixo:
Perdas significativas da safra de feijão ocorreram durante o verão deste ano, sobretudo no interior do Paraná.

Permutabilidade por um pronome do caso reto: os pronomes do caso reto (**eu, tu, ele, ela, nos, vos, eles, elas**) funcionam como **sujeito**.

Quando o **sujeito** é constituído por um substantivo, pode ser permutado pelos pronomes **ele, ela, eles, elas.**

Observemos a frase:

Há flores no jardim.

O sujeito não é a palavra flores. Na verdade, não é possível deslocá-lo para a esquerda do verbo e permutá-lo pelo pronome do caso reto correspondente (**elas**)
"**Elas** há no jardim." (é uma frase inaceitável.)
Já não se pode dizer o mesmo sobre esta frase:

Existem **flores** no jardim.

Nesse caso, **flores** é o **sujeito**, que pode ser colocado antes do verbo e trocado por **elas.**
"**Elas** existem no jardim." (é uma frase perfeitamente aceitável no Português.)

Ausência de preposição: uma marca lingüística, útil para descartar a hipótese de **sujeito**, é que este nunca vem precedido de preposição. Sabe-se que a marca da preposição serve para desfazer ambigüidades.

Uma frase como "*Uma boa mãe um bom filho deseja.*" É ambígua já que, pela compatibilidade de sentido e pela concordância, tanto **mãe** como **filho** podem ser interpretados como sujeito do verbo *desejar*.

Permutando o **sujeito** por um pronome reto, teríamos duas versões possíveis:

Interpretando a **mãe** como sujeito, teríamos:

Ela um bom filho deseja.

Interpretando o **filho** como sujeito, teríamos:

Uma boa mãe **ele** deseja.

Para desfazer a ambigüidade, basta apelar para uma preposição e marcar o termo que não se quer colocar no papel de **sujeito.**

Teremos então:

Interpretando a **mãe** como sujeito: **Uma boa mãe a** um bom filho deseja.

Interpretando o **filho** como sujeito: **A** uma boa mãe **um bom filho** deseja.

Em resumo, como o **sujeito** é uma função que não vem marcada por preposição, um termo precedido de preposição não pode ser interpretado como sujeito.

INFORMAÇÃO IMPORTANTE - NÃO SE ESQUEÇA!

Quando o sujeito é expresso em uma oração sempre será representado por um **sintagma nominal**, cujo núcleo é de **natureza substantiva**. O **núcleo do sujeito** é a palavra de maior carga significativa – de maior importância semântica– em torno da qual giram as demais palavras que com ela concordam e se relacionam. Desse modo, na explicação de Bechara (Op. cit, p. 410), o núcleo do sujeito é representado por um *substantivo* ou *pronome* ou equivalente.

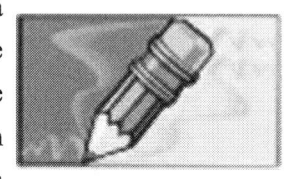

TIPOS DE SUJEITO

Vamos conhecer os tipos de sujeito? As definições seguintes continuam sendo as de Savioli (2002, p. 59- 63 e p. 89).

Sujeito determinado: o sujeito de uma oração pode vir representado por uma palavra qualquer, situação em que ele é classificado como sujeito determinado.

Exemplos:

O petróleo não é um bem renovável.

Algo aconteceu fora do esperado.

Nada acontece por acaso.

Todo mundo tem medo de alguma coisa.

Em todas essas orações, o sujeito é determinado já que em todas elas o papel de sujeito está sendo ocupado por um termo determinado: **o petróleo, algo, nada, todo mundo.**

Os exemplos foram colocados de propósito para ressaltar que, nessa classificação, determinado deve ser entendido nos seguintes termos: dentre as palavras constituintes da oração, existe uma (ou um grupo delas) determinada que está no papel de **sujeito.**

Evidentemente, essa determinada palavra que está funcionando como sujeito pode ser totalmente indefinida sob o ponto de vista do conteúdo. Em resumo, pode-se dizer, com absoluta certeza, que o sujeito explícito na oração por qualquer palavra se classifica como determinado.

Sujeito determinado simples ou composto

*O **sujeito determinado** se classifica como **simples** quando tem apenas um núcleo.*

Exemplos:

Criança não paga.
Nenhuma criança paga.
Nenhuma criança menor de sete anos paga.
Nenhuma criança menor de sete anos, acompanhada de adulto, paga.

Em todos os exemplos dados, o **sujeito,** possui um núcleo apenas: **criança.** Dependendo da intenção do enunciador, o núcleo do sujeito pode vir sozinho ou acompanhado de outros termos determinantes a fim de dar melhor precisão ao enunciado. Normalmente, agregam-se ao núcleo os determinantes para o esclarecimento que se quer dar. Se, por exemplo, a primeira frase fosse colocada na porta de um circo, o espetáculo, com certeza daria prejuízo. Evidentemente, por meio de determinantes, o anúncio vai restringindo o número de não pagantes. (...)

Sujeito determinado composto é aquele que tem mais de um núcleo.

Exemplo: *A gasolina, o álcool e o gás serão reajustados no próximo mês.*

Sujeito determinado elíptico

A terminação do verbo e dados do contexto podem permitir o apagamento do sujeito sem trazer ambigüidade ou confusão de sentido. Nesses casos, o sujeito, evidentemente, é **determinado.** Apesar de a Nomenclatura Gramatical Brasileira não prever essa classificação, costuma-se classificar, por tradição, esse tipo de sujeito como:

(Imagem extraída de Griff, B. Português, 2: literatura, gramática e redação. São Paulo: Moderna, 1991, p. 31.)

• **determinado oculto;**

• **determinado elíptico;**
• **determinado implícito na desinência verbal.**

Exemplo:

O ex-prefeito processou o jornal, exigiu direito de resposta e encheu de fiscais o departamento pessoal da empresa.

O sujeito dos verbos **exigiu** e **encheu** não precisa vir explícito. Subentende-se facilmente que é o mesmo do verbo anterior (**processou**).

Sujeito indeterminado

Há casos em que nem a terminação do verbo, nem dados do contexto permitem identificar na oração ou no texto algum elemento que possa ocupar a função de sujeito. Isso ocorre quando a intenção do enunciador é dar a conhecer apenas a existência de um sujeito, escondendo a sua identidade e até mesmo a quantidade.

No Português, quando se deseja produzir esse resultado, usa-se o verbo na 3ª pessoa do plural, sem referência a nenhum elemento do contexto.

(Imagem extraída de MARTOS, C. R.; MESQUITA, R. M. Gramática pedagógica. 26 ed. . São Paulo: Saraiva, 1997, p.216.)

Com esse procedimento, o significado produzido é o de marcar apenas a existência de um sujeito e apagar qualquer outro tipo de definição, tanto de identidade quanto de quantidade.

Para entender essa ocorrência, imagine-se um diálogo como este, entre dois interlocutores:

-Lá na festa falaram maravilhas de você.
-**Quem** falou?
-Falaram.

Como se vê, o verbo na 3ª pessoa do plural não tem, nesse caso, um sujeito elíptico, identificável no contexto. Nem mesmo se pode dizer que, por imposição da concordância, o sujeito seja **eles**. Pode ser – e, ao que parece, é – uma pessoa apenas, que o interlocutor se recusa a identificar, repetindo o verbo na mesma 3ª pessoa do plural.

Nesse caso, a 3ª pessoa do plural é um expediente, digamos assim, evasivo. Sua finalidade é:

- marcar apenas a existência de um sujeito;

e

- apagar qualquer outro traço identificador, até mesmo a quantidade

Em síntese, quando o **sujeito** é **indeterminado,** a terminação do verbo e o contexto permitem apenas reconhecer que *existe um sujeito, mas não se sabe quem é nem quantos são.*

Além da 3ª pessoa do plural existe outro recurso para indeterminar o sujeito. (...)

⇒ **O verbo surge acompanhado do pronome SE, que atua como <u>índice de indeterminação do sujeito</u>.** Essa construção ocorre com verbos que não apresentam complemento direto (verbos intransitivos, transitivos indiretos e de ligação). O verbo <u>obrigatoriamente</u> fica na **3ª pessoa do singular.**

Observe o trecho que segue:

Um famoso jogador do Santos Futebol Clube disse que, no momento, **recusaria** qualquer proposta para **ir jogar** na Europa, **alegando** que não se **sai** de um clube no meio do campeonato.

Note que o sujeito dos verbos **recusaria, ir jogar** e **alegando** é determinado: nos três casos está elíptico (ou apagado); nos três casos poderia vir explicitado por **ele** (um famoso jogador do Santos Futebol Clube). O mesmo não se dá com o sujeito de **sai,** que não pode ser explicitado pelo mesmo pronome (**ele**) dos casos anteriores. Se, entretanto, retirarmos o **se** de junto do verbo, o sujeito passa a ser determinado elíptico (**ele**), como os outros.

Como se nota, o pronome **se** nesse trecho cumpre a função de indicar que o sujeito do verbo ao qual se liga está **indeterminado**: não pode ser preenchido por nenhuma palavra do contexto. Por isso, em casos como esse, o pronome **se** é analisado como **índice de indeterminação do sujeito.**

ADENDO - outros exemplos:

Precisa-se de profissionais capacitados.

Tratava-se de temas polêmicos.

Desistiu-se do contrato.

Nas frases acima, temos:

- verbos na 3ª pessoa do singular;

> • pronome **se** – índice de indeterminação do sujeito;
> • **de profissionais capacitados, de temas polêmicos, do contrato** são objetos indiretos – substantivos acompanhados de preposição;
> • o sujeito é indeterminado em todas as frases.

Observação: Evidentemente, quando o verbo está na 3ª pessoa do plural, não se pode destacar a hipótese de **sujeito determinado oculto** ou **elíptico.**

Nesse caso, o contexto fornece pistas para identificar que existe o sujeito, quem é e quantos são. Será sempre um elemento de 3ª pessoa do plural, identificável no contexto.

Vamos supor um diálogo equivalente ao anterior:

- Lá na festa, estavam **aqueles seus dois companheiros de viagem**. Falaram maravilhas de você.

Nesse caso, o sujeito de **falaram** já não é mais indeterminado, tanto que o outro interlocutor nem precisou perguntar quem foi que falou.

O sujeito nesse caso é **determinado elíptico** e pode ser preenchido por **eles** (aqueles dois companheiros de viagem).

Na língua culta, são erradas construções do tipo: "Precisam-se de profissionais...", "Tratavam-se de questões..."

Sujeito inexistente:

Embora seja mais raro, ocorrem no Português orações sem sujeito. Falando em outros termos, há orações em que o predicado não se refere a nenhum termo. Faz-se pura e simplesmente a afirmação, sem atribuí-la a nenhum termo.

Sabe-se que o verbo concorda sempre com o respectivo sujeito. Nas orações sem sujeito, como ele não tem com quem concordar, fica sempre na **3ª pessoa do singular**. Por não terem variação de pessoa, os verbos que não têm sujeito são chamados de **impessoais**.

Exemplos:

a) **Trovejou forte durante a madrugada.**
Note-se que não há nessa frase nenhum elemento ao qual se atribui o ato de **trovejar**. A oração contém apenas **predicado**.

b) **Não há condições para a realização da partida.**

FIQUE POR DENTRO: o sujeito inexistente ocorre freqüentemente nos seguintes casos:

• com verbos que indicam fenômenos da natureza:

"**Trovejou** durante a noite".
"**Anoiteceu** calmamente."

> Nota: em sentido figurado, esses verbos se constroem com sujeito:
>
> Os excursionistas **anoiteceram** no meio da floresta.
> Meu chefe trovejava palavrões.
> Amanheci mal-humorado. (sujeito desinencial: eu)

• com o verbo **fazer** indicando fenômenos da natureza ou tempo transcorrido:
"Fez noites frias naquelas férias".
"**Faz** quinze anos que não o vejo."

O verbo fazer (indicando tempo) é impessoal. Deve, portanto, ficar na 3º pessoa do singular.

• com o verbo **haver** significando *existir* ou *ocorrer* ou ainda indicando tempo decorrido:
"**Houve** muitas guerras civis na África."
"**Há** anos que não a vejo."

O verbo haver, quando indica tempo e no sentido de existir, é impessoal. Deve, portanto, ficar na 3º pessoa do singular. Se for usado o verbo existir, a oração passa a ter sujeito.

• com o verbo **ser** na indicação de tempo, data e distância:
"**São** quatro horas."/ "**É** uma hora."/ "**São** duas horas."/ "**São** quinze quilômetros."

> **Nota:** com exceção ao verbo **ser,** que na indicação de tempo varia de acordo com a expressão numérica que o acompanha, os verbos impessoais devem ser usados sempre **na 3ª pessoa do singular.**

Uma última observação: o uso dos diversos tipos de sujeito não é aleatório. Utilizamos ora um ora outro tipo de acordo com nossas intenções, de acordo com o propósito que temos em mente para a produção de sentido de nossos discursos.

REFERÊNCIAS BIBLIOGRÁFICAS

ABAURRE, M. L. , PONTARA, M. N. , FADEL. T. **Português Língua e Literatura**. São Paulo: Moderna, 2000.

BECHARA, Evanildo. **Moderna gramática portuguesa.** 37 ed. Rio de Janeiro: Lucerna, 2003.

CEREJA, W. R. e MAGALHÃES, T. C. **Gramática reflexiva: texto, semântica e interação.** 2 ed. São Paulo: Atual, 2005.

FRANCHI, Carlos. Mas o que é mesmo "gramática"? São Paulo: Parábola Editorial, 2006.

INFANTE, Ulisses. **Curso de gramática aplicada aos textos** 5 ed. São Paulo: Scipione, 1996.

SACCONI, Luiz Antonio. **Nossa gramática:** teoria e prática. 18 ed. São Paulo: Atual, 1994.

SAUTCHUK, I. **Prática de morfossintaxe:** como e por que aprender análise (morfo) sintática. Barueri, São Paulo: Manole, 2004.

SAVIOLI, Francisco Platão. **Gramática e texto** – Português – livro-texto. São Paulo: Anglo, 2002.

ATIVIDADES

As atividades referentes a esta aula estão disponibilizadas na ferramenta "Atividades". Após respondê-las, enviem-nas por meio do Portfolio- ferramenta do ambiente de aprendizagem UNIGRAN Virtual. Em caso de dúvidas, utilize as ferramentas apropriadas para se comunicar com o professor.

Língua Portuguesa IV - *Nohad Mouhanna Fernandes* - **UNIGRAN**

Aula 06

PREDICAÇÃO VERBAL

Dissemos, na aula anterior, que toda oração apresenta um sintagma verbal como seu constituinte obrigatório. Nesta aula, veremos que o sintagma verbal, no eixo sintagmático, desempenha sempre a função de *predicado*.

Você não se esqueceu do que é sintagma verbal, não é mesmo? Veja a definição abaixo.

> **Sintagma verbal é o conjunto de elementos que se organizam em torno de um verbo. Nas palavras de Sautchuk (2004, p. 46), "esse tipo de sintagma tem o verbo ou a locução verbal como núcleo, podendo constituir-se apenas por esse núcleo ou apresentar diversas configurações, quando acompanhado de outros sintagmas."**

Vamos iniciar o nosso estudo sobre predicação verbal analisando o fragmento do poema abaixo:

"E agora, José?

A festa **acabou**

A luz **apagou**
O povo **sumiu**
A noite **esfriou**..." (Carlos Drummond de Andrade)

É fácil verificar que as orações que compõem os versos do poema constituem-se de orações curtas, cujos elementos constituintes, o sintagma nominal e o sintagma verbal, podem ser identificados sem muito esforço. Vejamos:

Sintagma nominal (sujeito)	Sintagma verbal (predicado)
A festa	acabou
A luz	apagou
O povo	sumiu
A noite	esfriou

Como podemos notar, os sintagmas verbais que compõem as orações apresentam, em todos os versos, a mesma constituição, pois são formados apenas por uma forma verbal, isto é, dentro do predicado aparece somente o núcleo (verbo). Nesse caso, feita a divisão de seus constituintes básicos - sujeito e predicado-, encerramos sua análise sintática.

Sabemos, porém, que as frases da língua portuguesa tendem a ser mais complexas, visto que o falante tem necessidade de acrescentar esclarecimentos e dar mais precisão aos enunciados. Sendo assim, tanto do lado do sujeito quanto do predicado ocorrem nas frases outros termos que podem ser separados para fins de análise sintática. Isso será verificado a seguir.

PREDICADO

A gramática tradicional costuma definir o **predicado** como sendo tudo aquilo que se declara a respeito do sujeito. Embora essa não seja uma definição errada (conferir aula anterior), você não pode se esquecer que a aplicação desse conceito pode causar confusão, pois, como você já sabe, existem orações sem sujeito.

(Imagem extraída de GRIFFI, B. Gramática. São Paulo: Moderna, 1996, p. 170.)

A análise da predicação é realizada com base na estrutura sujeito e verbo. "Isso significa que não se pode afirmar a que tipo de predicação pertence determinado verbo, se este não tiver sido anteriormente "somado" a seu respectivo sujeito. Nos casos de orações sem sujeito, basta-nos observar isoladamente o comportamento semântico do verbo." (Sautchuk, Op. cit., p. 68)

Dissemos acima que os sintagmas verbais podem ser constituídos de outros elementos que com o verbo se relacionam, como no enunciado a seguir:

"**A ausência de pontuação traz obscuridades e equívocos.**"

Você percebeu que, diferentemente do poema anterior, o verbo desse enunciado apresenta-se combinado com outros elementos? Vejamos: [*traz + obscuridades e equívocos.*

Conclui-se, portanto, que a presença ou a ausência de outros elementos no sintagma verbal vai depender do tipo de verbo que nele consta. Aliás, a maioria dos verbos exige o acompanhamento de outros termos para a formação do predicado. Às diferentes possibilidades de constituição do sintagma verbal em função do verbo, chamamos de **predicação verbal**. Em outros termos, a predicação verbal trata do modo pelo qual os verbos formam o predicado ou, nas palavras de Sautchuk (Op. cit., p. 68), a predicação consiste "em observar de que maneira se comporta o movimento semântico dos verbos, quando têm uma carga de sentido que se concentra em si mesmos ou que se dirige, necessariamente, para um ou mais de um complemento obrigatório."

Vale ressaltar ainda uma vez que "a condição essencial para a constituição de um predicado é o **verbo** ou **locução verbal**. (...) Não existe predicado desprovido de verbo, que pode estar **elíptico** (apagado), mas sempre estará presente." (Savioli, 2002, p. 55). Veja o quadro a seguir, usado por Savioli para ilustrar que o **predicado** pode ser formado de um verbo apenas ou de um verbo e outros acompanhantes:

SUJEITO	PREDICADO
O dia	amanheceu.
	amanheceu cinzento.
	amanheceu cinzento em São Paulo.
	já vem surgindo atrás dos montes.
	está sujeito a pancadas de chuva hoje.
	hoje começa nublado.
	hoje foi o mais frio do ano.

Em termos práticos, podemos nos limitar a dizer, com Infante (2000, p. 116) que "quando identificamos o sujeito de uma oração, estamos também identificando o seu predicado. (...) O **predicado** equivale a tudo o que na oração é diferente do próprio sujeito (e do vocativo, quando este ocorrer)."

PADRÃO SINTÁTICO DE CONSTRUÇÃO DAS ORAÇÕES EM PORTUGUÊS

Para o estudo da organização sintática das orações da língua portuguesa, tomamos como referência a explicação de Sautchuk (2004). Para essa autora, "as orações em português, organizam-se (...) mediante uma disposição dos sintagmas na cadeia falada que obedece a um determinado padrão de construção, que podemos (...) chamar de *padrão sintático de construção*."(Op. cit, p. 58)

Veja o esquema completo apresentado pela autora:

SVC

S= sujeito; V= verbo e C= complemento
Para compor essa estrutura, segundo Sautchuk:

> a posição S, quando preenchida, será ocupada por um determinado tipo de sintagma, e que a soma V+C (o predicado ou sintagma verbal) será representada por um determinado tipo de complemento (obrigatório ou não). A posição C, por sua vez, também poderá ser representada por um tipo de sintagma com certas características próprias. Quando a posição S não for ou não puder ser preenchida, a oração se constituirá apenas do predicado (um V sozinho ou um V +C).

Observe os modelos de construção que a autora apresenta:

S	V	C	comentários
Muitas crianças	atrapalham	os pais.	oração completa SVC, cuja posição C é representada por um complemento obrigatório.
Muitas crianças	necessitam	dos pais.	oração completa SVC, cuja posição C é representada por um complemento obrigatório.
Muitas crianças	pedem	ajuda aos pais.	oração completa SVC, cuja posição C é representada por dois complementos obrigatórios
Muitas crianças	choram	na escola.	posição C é representada por um complemento não obrigatório.
Ø	Choveu.		posição S: vazia
Ø	Houve	muitas mentiras.	Posição S: vazia

Ressalta-se que "esses modelos de construção podem ser expandidos ou transformados de infinitas maneiras, inclusive re-arranjados em outra ordem." (Sautchuk, Op. cit, p. 58). Isso porque a língua portuguesa disponibiliza ao falante numerosas possibilidades de expressar as idéias mediante enunciados mais ou menos complexos, desde que sejam devidamente respeitadas as relações sintáticas e semânticas.

CLASSIFICAÇÃO DOS VERBOS QUANTO À PREDICAÇÃO

Classificar um verbo quanto à predicação é o mesmo que classificá-lo pelos complementos que exige. Vamos a seguir iniciar a análise dos verbos, seguindo as orientações dadas por Ulisses Infante (2000, p. 116) que diz:

> Para analisarmos a importância do verbo no predicado, devemos considerar inicialmente a possibilidade de dividir os verbos em dois grupos: os **nocionais** e os **não-nocionais.** Os **verbos nocionais** são os que exprimem **processos**; em outras palavras, indicam **ação, acontecimento, fenômeno natural, desejo, atividade mental**, como *correr, fazer, acontecer, suceder, nascer, chover, querer, desejar, pretender, pensar, raciocinar, considerar, julgar,* etc. Esses verbos são sempre **núcleos dos predicados** em que aparecem. Os **verbos não-nocionais** exprimem **estado**; são mais conhecidos como **verbos de ligação:** *ser, estar, permanecer, ficar, continuar, tornar-se, virar, andar, achar-se, passar (a), acabar, persistir,* etc. Os verbos não-nocionais fazem sempre parte do predicado, **mas não atuam como núcleos.**

Feita essa consideração introdutória e abrangente sobre a diferença dos grupos de verbos nocionais e não-nocionais, podemos passar ao estudo mais particularizado dos verbos que constituem o predicado.

> O estudo da predicação verbal deve ser realizado levando-se em conta o contexto, ou seja, os verbos devem ser analisados dentro de orações, avaliando-os como se comportam no funcionamento do discurso.

Quanto à predicação, os verbos podem ser **transitivos**, **intransitivos** e de **ligação**. Vejamos cada um deles.

Verbos intransitivos: são aqueles de predicação completa, não exigem complemento para ter sentido e, por isso, podem, sozinhos, constituir o predicado. Nas palavras de Bechara (2003, p. 415), os verbos que "apresentam significado lexical referente a realidades bem concretas não necessitam de outros signos léxicos, como fazem os que integram predicados complexos. Dizemos, então, que o predicado é *simples.*" A esses verbos, chamamos de *intransitivos*.

Voltando ao poema de Carlos Drummond de Andrade,

"E agora, José?

A festa **acabou**

A luz **apagou**

O povo **sumiu**

A noite **esfriou**..."

podemos agora dizer que todos os verbos que o compõe são *intransitivos*, pois os verbos não apresentam nenhum complemento. O processo verbal começa e acaba no próprio sujeito, isto é, não transita, não passa do sujeito para outro elemento.

Na frase:
A árvore **caiu.**
      V.I.

Se quiséssemos, poderíamos acrescentar outros signos aos verbos, mas o seu sentido já se apresenta completo.
A árvore caiu ... lentamente.
A árvore caiu ... rapidamente.

Verbos transitivos: são verbos cujo conteúdo significativo (nocionais) não têm sentido completo, exigindo, então, complemento. Por necessitarem de um complemento para que o processo verbal fique claro, não são capazes de, sozinhos, constituir o predicado. Vejamos:

a) O guarda **disparou** um tiro acidental.

O verbo **disparar** pede um complemento. Disparou... o quê? Disparou *um tiro acidental*.

Outros exemplos:

b) O menino **reclamou** do frio.
c) Fabiana **enviou** presentes a seus professores.

Assim como o verbo **disparar** do primeiro exemplo, os verbos **reclamar** e **enviar** necessitam de complemento. Note que os atos de disparar, reclamar, enviar possuem um alvo ou um objeto. Por isso, são chamados de **verbos transitivos**, pois o processo que expressam transita, passa para um elemento que funciona como alvo ou objeto.

Observe como o complemento se liga ao verbo nas três orações. Notou que eles podem se ligar ao verbo com o auxílio ou não de preposição? Por esse motivo, os verbos transitivos subdividem-se em **transitivos diretos; transitivos indiretos; transitivos diretos e indiretos.**
Visualizemos melhor:

Sujeito	Verbo	Preposição	Complemento
O guarda	disparou	--------	um tiro acidental
O menino	reclamou	do (**de**+o)	frio
Fabiana	enviou	-------	presentes
		a	seus professores

Sendo assim, **os verbos transitivos** podem ser:

• **Direto (VTD)** - vem acompanhado de complemento sem preposição obrigatória, ou seja, tem seu sentido complementado apenas por um sintagma nominal:

O sol *aquece* a Terra.
VTD

•**Indireto (VTI)** - exige complemento obrigatoriamente precedido de preposição, ou seja, tem seu sentido complementado por um sintagma preposicionado:

Eu não *duvido* *das* informações.
VTI

•**Direto e Indireto (VTDI)** - exige dois complementos: um deles sem preposição e o outro com preposição obrigatória, ou seja, tem seu sentido complementado por dois tipos de sintagmas: nominais e preposicionados:

Entreguei o recado *ao* secretário.

(Imagem extraída de Pasquale e Ulisses. Gramática da Língua Portuguesa. São Paulo: Scipione, 1999, p. 351)

A QUESTÃO DA TRANSITIVIDADE

> **FIQUE POR DENTRO!**
> É importante que você saiba que um mesmo verbo pode ser usado transitiva ou intransitivamente. Isso ocorre em função do sentido que se queira dar ao enunciado. Por isso, é recomendável cautela na análise do verbo quanto a sua predicação. Não se pode analisá-lo fora de seu contexto, não sendo eficiente também decorar listas de verbos como de ligação, transitivos e intransitivos.

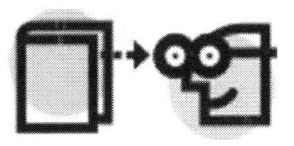

Mário A. Perini, em seu livro *Sofrendo a gramática* (2005), questiona os conceitos de verbo transitivo e de verbo intransitivo encontrados nas gramáticas. Cita exemplos de frases em que verbos transitivos podem aparecer como intransitivos e que verbos intransitivos podem aparecer como transitivos. Sendo assim, diz que *"há algo errado (ou talvez incompleto) na definição de transitivo e intransitivo"* (Op. cit., p. 21) encontrada nas gramáticas.

> **Informação importante**: sobre o que se disse anteriormente, leia o texto completo de Mário A. Perini *"Ver ou não ver – (verdades e ficções sobre a língua)"* disponível na ferramenta "Arquivo".

Luiz Fernando Mazzarotto, no *Manual de gramática: guia prático da língua portuguesa* (2000, p. 318), ao examinar a predicação verbal de verbos transitivos e intransitivos, observa o seguinte:

Verbos transitivos podem **intransitivar-se** se forem usados de forma genérica:
Aquele menino não **estuda.**
O doente quase não **come.**

O autor explica que *estudar* e *comer,* normalmente transitivos, estão usados de forma genérica, isto é, indeterminada – não têm complemento – e, por isso, tornaram-se INTRANSITIVOS.

Explica ainda que **verbos intransitivos** podem **transitivar-se** se receberem, como complemento, palavra cognata do verbo ou do mesmo grupo de idéias. Segundo o autor, tais complementos deverão vir acompanhados de uma palavra ou expressão de valor adjetivo:

O velho **morreu** morte gloriosa.
A noiva **chorou** lágrimas de desespero.

Conforme o autor, os verbos *morrer* e *chorar* - que normalmente são intransitivos-, nos exemplos acima se tornaram TRANSITIVOS DIRETOS, pois:

"morreu" teve como complemento a palavra cognata *"morte",* acompanhada do adjetivo *"gloriosa";*
"chorou", teve como complemento a palavra do mesmo grupo de idéias *"lágrimas"*, acompanhada da expressão adjetiva *"de desespero".*

Sobre essa questão da transitividade, Evanildo Bechara (2003, p. 415) diz que "a oposição entre transitivo e intransitivo não é absoluta, e mais pertence ao léxico do que à gramática." Cita exemplos tais como: Eles *comeram* maçãs. (transitivo); /Eles não *comeram*. (intransitivo) cuja variação para intransitivo decorre do fato de o processo verbal ter uma aplicação muito vaga.

Cláudio Cezar Henriques (2008, p. 25) também assevera para a compreensão da transitividade verbal dizendo que "não podemos nos esquecer de que a frase faz parte do sistema da língua e que só o conhecimento idiomático de cada falante irá torná-lo capaz de reconhecer essa predicação." Nesse sentido, apresenta exemplos, tais como:

Comi carne (VTD) / Hoje não **comi**. (VI)

Já **entendi (VI)** / Não **entendi** nada (VTD)

Viviam bem os noivos (VI)/ **Vivemos** uma vida dura. (VTD)

Nem sempre as gramáticas apresentam esses comentários a respeito da transitividade verbal. Não perca de vista, porém, o sentido que o verbo tem na frase para que possa fazer a sua classificação quanto à predicação.

Passemos, agora, ao estudo dos verbos não-nocionais, mais conhecidos como verbos de ligação.

VERBOS DE LIGAÇÃO

> Os verbos de ligação (não-nocionais) fazem sempre parte do predicado, **mas não atuam como núcleos.**

Observe as frases:

- As flores *estão* abertas.
- As flores *são* lindas.

Conforme você deve ter percebido, os verbos "estar" e "ser" presentes nas orações não indicam nenhuma ação praticada pelo sujeito "flores". Esses verbos exprimem apenas estado ou mudança de estado do sujeito, não dão idéia de ação do sujeito, ou melhor, o sujeito não pratica e nem sofre a ação, visto que não há ação, apenas representa o ser a quem se atribui alguma característica. Trata-se de verbos sem conteúdo definido, que servem como elementos de ligação entre o sujeito e seu atributo, atributo este

(Imagem extraída de ww.quintalagardamoira.com.pt/ ImagensQuinta_A...)

chamado *predicativo do sujeito* (abertas / lindas). Há uma pequena lista de verbos de ligação: *ser, estar, permanecer, ficar, parecer, continuar, tornar-se, virar, andar, achar-se, passar (a), acabar, persistir,* etc. Ainda que você conheça essa lista, convém que você identifique um verbo de ligação baseando-se no contexto em que ele é usado. Isso porque, às vezes, dependendo do sentido do verbo expresso na frase, ele pode atuar como verbo nocional. Veja:

*"Ele **anda** depressa."* **(VI** -o verbo **andar** exprime uma ação, atuando como verbo nocional.)

Já na oração:

*"Ele **anda** cansado."* (**o verbo andar** exprime um estado, atuando como verbo de ligação.)

Veja outros exemplos:

Eu **estou** feliz. (estado -VL) / Eu **estou** na sala. (VI – circunstância de lugar)
Fafá **continua** a mesma boba de sempre. (VL – apresenta uma característica do sujeito) / Eu **continuo** o trabalho amanhã) (VTD – verbo de ação).

Nos exemplos acima, o que está atuando como núcleo do predicado não é o verbo, mas sim a palavra que atribui uma característica ao sujeito, ou seja, o **predicativo do sujeito**

Convém, ainda, que você reconheça o verbo de ligação com base em três propriedades, as quais são apresentadas abaixo com base em Savioli (2002, p. 126):

• sempre liga um **predicativo** ao **sujeito;**
• é sempre um verbo de **estado;**
• é sempre um sinônimo aproximado de **ser** ou **estar.**

Exemplos:

Sujeito	Verbo de ligação	Predicativo
1. Paulo	é	sadio.
2. Paulo	está	sadio.
3. Paulo	parece	sadio.
4. Paulo	ficou	sadio.
5. Paulo	permanece	sadio.
6. Paulo	continua	sadio.

De acordo com o autor, os verbos das orações de 1 a 6 possuem as três propriedades citadas, sendo, portanto, **verbos de ligação.** Explica, ainda, que há diferenças de sentido entre essas orações, decorrentes do uso dos verbos. Assim, o verbo de ligação, embora não seja carregado de conteúdo próprio, de noção como os demais, não é totalmente vazio de sentido, pois, se o fosse, não haveria diferença alguma de significação entre as orações acima.

Segundo Savioli, pode-se explicar esse significado observando que o verbo de ligação auxilia o **predicativo** a dizer sob que aspecto um atributo incide no **sujeito**, ou melhor, ajuda a identificar o aspecto pelo qual uma qualidade existe no sujeito, tendo, assim, um valor importante na oração. Na frase 1, o verbo de ligação mostra que a qualidade de *sadio* existe permanentemente em Pablo; na frase 2, o verbo de ligação mostra que a qualidade de *sadio* existe temporariamente em Pablo; na frase 3, o verbo de ligação mostra que a qualidade de *sadio* existe aparentemente em Pablo; e assim por diante.

> Agora que você já sabe o suficiente sobre a predicação verbal, podemos passar ao estudo dos predicados.

TIPOS DE PREDICADO

A gramática tradicional costuma classificar o predicado das orações em três grandes grupos: **predicado nominal, predicado verbal, predicado verbo-nominal.**

Você sabe o porquê dessa divisão? É simples. Porque o núcleo informativo do predicado pode ser um verbo, um nome ou um verbo e um nome, ou seja, a classificação tradicional dos predicados decorre do fato de as orações exibirem como núcleo uma idéia de ação ou uma idéia de estado.

Veremos, a seguir, a classificação dos predicados em razão do tipo de núcleo que apresentam.

Predicado nominal e predicativo do sujeito

Observe a oração que segue:

*As jogadoras brasileiras **andam** tristes.*
↓
predicado

No predicado assinalado acima, a palavra que realmente está atribuindo algo ao sujeito (*as jogadoras brasileiras*) não é o verbo, e sim o nome (*tristes (adjetivo)- predicativo do sujeito* que expressa um **estado do sujeito**). Note que, nesse caso, as jogadoras brasileiras não estão executando a ação de andar, tanto é que elas estão paradas. O verbo *andar* não tem conteúdo próprio, serve apenas de ponte de ligação entre o sujeito e a qualidade que se atribui a ele. Predicados com essa característica são chamados de **nominais.**

> **Predicado nominal** é aquele cujo núcleo de afirmação está contido no **nome** (substantivo, adjetivo ou palavra de valor substantivo), e não no verbo. O nome desempenha a função de **predicativo do sujeito,** termo que caracteriza o sujeito, tendo como intermediário um **verbo de ligação**.

É importante que você não se esqueça de que todo predicado nominal é construído por um **verbo de ligação seguido de um predicativo do sujeito** – VL + PS

> **Predicativo do sujeito** é o termo da oração que atribui característica, estado ou qualidade ao sujeito, por meio de um verbo de ligação. Funciona como núcleo do predicado nominal.

Predicado Verbal

Observe a oração que segue:

*As jogadoras brasileiras **andam pelo campo**.*
↓
predicado

No predicado assinalado acima, a palavra que realmente atribui algo ao sujeito é o verbo (andam). O predicado atribui uma ação (uma atividade) ao sujeito *(as jogadoras brasileiras)*. O núcleo da afirmação está, pois, concentrado no verbo e não no nome.

O **predicado verbal** é aquele em que a palavra nuclear é sempre um verbo ou uma locução verbal, pois é no verbo que recai a afirmação principal do comentário.

Para ser núcleo do predicado verbal é necessário que o verbo seja **nocional** – sempre terá conteúdo próprio (**verbos intransitivos ou transitivos**).

Predicado verbo-nominal

Observe:

*As jogadoras brasileiras **andam pelo campo tristes**.*
↓
predicado verbo-nominal

Por meio desse tipo de predicado, faz-se dupla atribuição ao sujeito: uma **ação** (*andam*) e um **estado** *(tristes)*. O predicado é verbo-nominal porque há dois núcleos, ou seja, o significado nuclear está contido num **verbo** (que será sempre nocional) –***andam*** e num **nome** (tristes). As jogadoras brasileiras praticam a ação de andar, no entanto, ao praticarem-na, se apresentam num estado: tristes. Desse modo, observa-se que o predicado-verbo-nominal é a soma do predicado verbal com o predicado nominal.

> **Observação importante:** o predicado **verbo-nominal** é o resultado da síntese de duas orações distintas, uma com predicado verbal, outra com predicado nominal. O que significa que o predicado verbo-nominal pode ser desdobrado em dois, pois há sempre um verbo de ligação implícito antes do predicativo.

Examine:
As jogadoras brasileiras **andam pelo campo tristes.**
                          predicado verbo-nominal

Desdobrando o predicado, temos:
As jogadoras brasileiras andam pelo campo. *(**andam**: VI, núcleo do predicado (NP)*
                           predicado verbal

As jogadoras brasileiras andam(estão) tristes. (**tristes**: *predicativo do sujeito, NP*)
                           predicado nominal

Outros exemplos:
Os atletas voltaram exaustos do jogo.
              predicado verbo-nominal

Os atletas voltaram do jogo. Eles estavam exaustos.
            predicado verbal   predicado nominal
        (voltaram: VI, NP) (exaustos: predicativo do sujeito, NP)

Os cientistas encontraram a solução surpresos.

predicado verbo-nominal
Os cientistas encontraram a solução. Eles ficaram surpresos.
               predicado verbal   predicado nominal
        (encontraram: VTD, NC) (surpresos: predicativo do sujeito, NC)

Nas orações acima, perceba que:

• o predicativo refere-se ao sujeito;

• o verbo pode ser intransitivo (VI) ou transitivo (VT)

Entendida a explicação, podemos falar agora do PREDICATIVO DO OBJETO. Observe a oração a seguir:

Os juristas <u>consideraram improcedente a acusação.</u>
     predicado verbo-nominal

Essa oração também apresenta um predicado verbo-nominal, ou seja, possui dois núcleos: um verbo transitivo direto e um predicativo. No entanto, o predicativo **"improcedente"** não está se referindo ao sujeito (*os juristas*), mas à expressão **"a acusação"**, que é o complemento do verbo transitivo direto. Esse complemento, conforme veremos na próxima aula, é chamado **objeto direto.** Nesse caso, o predicativo atribui características ao objeto e, por isso, é chamado **predicativo do objeto.** Sendo assim, temos, nessa oração a forma verbal **consideraram** – um verbo transitivo direto como núcleo do predicado-, e um **predicativo do objeto** - o adjetivo **improcedente -,** também como núcleo do predicado.

Confira se apreendeu a explicação, observando a análise das orações seguintes:

Os homens <u>julgam as mulheres inconstantes.</u>
    predicado verbo-nominal
(*julgam:* *verbo transitivo direto - núcleo do predicado*)
(*inconstantes:* *predicativo do objeto - núcleo do predicado*)

Minha resposta <u>deixou a aluna espantada.</u>
    predicado verbo-nominal
(**deixou:** *verbo transitivo direto – núcleo do predicado*)
(**espantada:** *predicativo do objeto - núcleo do predicado*)

A que conclusão você chegou, então? Com certeza, à mesma apresentada nas gramáticas: o predicativo pode referir-se tanto ao sujeito da oração quanto ao objeto, podendo, portanto, ser classificado como **predicativo do sujeito** ou **predicativo do objeto.** Em ambos os casos, porém, é um termo que caracteriza o nome **por meio do verbo.** Além disso, o *predicativo do sujeito* (termo que expressa qualificação ou classificação do sujeito) concorda em gênero e número com o **sujeito.** O *predicativo do objeto* (termo que exprime qualidade, estado ou classificação ao objeto) concorda em gênero e número com o **objeto (direto ou indireto)** a que se refere.

Não se esqueça! Sempre que houver um predicativo do sujeito ou do objeto, o predicado será verbo-nominal.

REFERÊNCIAS BIBLIOGRÁFICAS

BECHARA, Evanildo. **Moderna gramática portuguesa.** 37 ed. Rio de Janeiro: Lucerna, 2003.

HENRIQUES, Cláudio Cezar. **Sintaxe:** estudos descritivos da frase para o texto. Rio de Janeiro: Elsevier, 2008.

INFANTE, Ulisses. **Textos: leituras e escritas.** Vol.3 São Paulo: Scipione, 2000.

MAZZAROTTO, Luiz Fernando. **Manual de gramática**: guia prático da língua portuguesa. São Paulo: DCL, 2000.

PERINI, M. A. **Sofrendo a gramática:** ensaios sobre a linguagem. 3 ed. São Paulo: Ática, 2005.

SAUTCHUK, I. **Prática de morfossintaxe:** como e por que aprender análise (morfo) sintática. Barueri, São Paulo: Manole, 2004.

SAVIOLI, Francisco Platão. **Gramática e texto** – Português – livro-texto. São Paulo: Anglo, 2002.

ATIVIDADES

As atividades referentes a esta aula estão disponibilizadas na ferramenta "Atividades". Após respondê-las, enviem-nas por meio do Portfolio- ferramenta do ambiente de aprendizagem UNIGRAN Virtual. Em caso de dúvidas, utilize as ferramentas apropriadas para se comunicar com o professor.

Aula 07

TERMOS LIGADOS AO VERBO I

(Imagem extraída de Griff, B. Português, 2: literatura, gramática e redação. São Paulo: Moderna, 1991, p. 48.)

Você viu, anteriormente, que o predicado de uma oração pode ser simples ou complexo e que isso decorre do conteúdo léxico do verbo que lhe serve de núcleo. De acordo com Bechara (2003, p. 414):

> Há verbos cujo conteúdo léxico é de grande extensão semântica; de modo que, se desejamos expressar determinada realidade, temos de delimitar essa extensão semântica mediante o auxílio de outros signos léxicos adequados à realidade concreta. Estes outros signos léxicos que nos socorrem nessa delimitação da extensão semântica do verbo, verdadeiros delimitadores semânticos verbais, se chamam *argumentos* ou *complementos verbais*.

Os diferentes complementos que fazem parte do sintagma verbal desempenham, conseqüentemente, diferentes funções, de acordo com a predicação verbal estudada na aula anterior: **objeto direto, objeto indireto, adjunto adverbial, agente da voz passiva.**

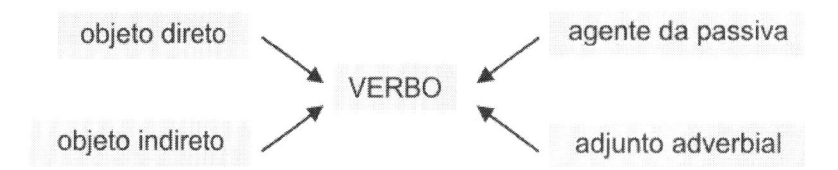

```
objeto direto  ↘                ↙  agente da passiva
                  VERBO
objeto indireto ↗                ↖  adjunto adverbial
```

Para a compreensão das duas primeiras funções, apresentamos parte de um estudo baseado em textos feito pelas professoras Aparecida Pinilla, Cristina Rigoni e M. Thereza Indiani. São textos cujas análises ilustram as funções de objeto direto e objeto indireto e que estão disponibilizados em http://acd.ufrj.br/~pead/index.html.

Constituintes do sintagma verbal

Leia o poema de Vinícius de Moraes, *O anjo das pernas tortas*.

Texto 3

> **O anjo das pernas tortas**
> A um passe de Didi, Garrincha avança
> Colado o couro aos pés, o olhar atento
> Dribla um, dribla dois, depois descansa
> Como a medir o lance do momento.
>
> Vem-lhe o pressentimento; ele se lança
> Mais rápido que o próprio pensamento
> Dribla mais um, mais dois; a bola trança
> Feliz, entre seus pés — um pé-de-vento!
>
> Num só transporte a multidão contrita
> Em ato de morte se levanta e grita
> Seu uníssono canto de esperança.
>
> Garrincha, o anjo, escuta e atende: — Gooooool!
> É pura imagem: um G que chuta um O
> Dentro da meta, um L. É pura dança!
>
> (Vinícius de Moraes)

Comentário sobre o texto 3

(...)

No poema que você leu, encontramos vários verbos que exigem a presença de sintagmas nominais para completarem seu sentido.

sintagma nominal	verbo	sintagma nominal
Garrincha	dribla	um jogador
A multidão	grita	um canto de esperança
Garrincha	escuta	o grito

driblar ⇒ **quem?** = **um jogador**
medir ⇒ **o quê?** = **o lance**
escutar ⇒ **o quê?** = **o grito**
fazer ⇒ **o quê?** = **um gol**
gritar ⇒ **o quê?** = **um canto**

Todos os termos que serviram para responder as perguntas *quem?, o quê?* vieram acrescentar uma informação aos verbos *driblar, medir, escutar, fazer, gritar,* completando o sentido do verbo. Repare ainda que todos esses complementos ligaram-se diretamente ao verbo, isto é, não foi usada nenhuma preposição entre o verbo e seu complemento. São sintagmas nominais que funcionam como **objeto direto**. E o verbo é **transitivo direto**.

Há no poema vários verbos que não exigem qualquer sintagma para completar seu sentido. Veja só:

avançar ⇒ **Garrincha avança.**
descansar ⇒ **Garrincha descansa.**
gritar ⇒ **A multidão grita.**

Dizemos que os verbos que não precisam de nenhuma espécie de complemento são os **verbos intransitivos.**

Leia o texto Plantas Carnívoras, retirado de uma revista de Divulgação científica.

Texto 4

Plantas Carnívoras

Uma joaninha aproxima-se inocentemente da planta. Dá umas rodeadas e pousa. A planta é um tanto peluda, e nos pêlos há gotas que parecem de orvalho, brilhando à luz do sol. As cores são bonitas e a joaninha acha lindos os pêlos. Mas o que a joaninha não sabe é que eles soltam uma substância viscosa na qual ela vai ficar presa. A joaninha pousou numa 'planta carnívora'.

Diferentemente das que aparecem no cinema, as plantas carnívoras de verdade são pequenas e delicadas. Elas têm em média 15 centímetros. As maiores podem chegar a medir dois metros de altura. Só têm capacidade de capturar e digerir animais miúdos, em geral insetos. Por isso, os pesquisadores preferem chamar essas plantas de insetívoras.

As plantas carnívoras não dependem somente dos insetos para se alimentar: elas também fabricam seu próprio alimento. Mas como vivem em locais úmidos, em terrenos pantanosos, o alimento que produzem não é suficiente para suprir suas necessidades vitais. Os insetos que elas capturam e digerem com auxílio de uma substância viscosa são um complemento alimentar.

Existem, no mundo, 450 espécies de plantas carnívoras, divididas em seis famílias diferentes. No Jardim Botânico, no Rio de Janeiro, existe uma estufa de plantas insetívoras. Lá estão exemplares das seis famílias dessas plantas que, na estufa, são cultivadas em condições especiais para se adaptarem ao clima carioca.

(por Vera L.G.Klein e L.Massarani, Revista Ciência Hoje das Crianças)

Comentário sobre o texto 4

Neste texto, as autoras procuram explicar, numa linguagem bastante acessível, o que são plantas carnívoras, quais são suas características, por que podem ser chamadas de plantas insetívoras, quantas espécies existem de plantas carnívoras.

Agora vamos observar melhor a estrutura de algumas frases do texto. (...)

sintagma nominal	verbo	sintagma nominal
as plantas carnívoras	capturam	os insetos
as plantas maiores	medem	dois metros de altura
o Jardim Botânico	coleciona	plantas carnívoras

capturar ⇒ quem? = os insetos
produzir ⇒ o quê? = uma substância viscosa
colecionar ⇒ o quê? = plantas carnívoras

Esses verbos pertencem a um grupo de verbos que, como vimos anteriormente, têm seu sentido complementado por sintagmas nominais que funcionam como **objeto direto**.

Vamos ler agora as seguintes frases:

sintagma nominal	Verbo	prep + sintagma nominal
uma joaninha	aproxima-se	da planta
as plantas carnívoras	não dependem	dos insetos
as plantas carnívoras	se adaptam	ao clima carioca

aproximar-se ⇒ de quem? = **da planta**
depender ⇒ de quem? = **dos insetos**
adaptar-se ⇒ a quê? = **ao clima**

Esses verbos têm seu sentido complementado por **sintagmas preposicionados** (sintagmas nominais introduzidos por preposição) que funcionam como **objeto indireto**. Dizemos, neste caso, que o verbo é **transitivo indireto**.

(...)

E então, caro aluno, percebeu como os termos ligados ao verbo atuam na construção dos textos? Do estudo apresentado pelas autoras já mencionadas, você deve ter observado que os complementos verbais, ou seja, palavras que completam o sentido de verbos transitivos, podem se apresentar regidos ou não de preposições: no primeiro caso, temos os **OBJETOS INDIRETOS** e, no segundo caso, os **OBJETOS DIRETOS.**

Como detectar os complementos verbais?

Conforme você deve ter observado na análise dos textos acima, podemos encontrar o **objeto direto** fazendo pergunta após o verbo. A pergunta pode ser:

- o quê? - se o objeto for animal ou coisa.
- quem? - se o objeto for pessoa.

O **objeto indireto** pode ser encontrado fazendo também pergunta após o verbo, porém empregando sempre na pergunta uma preposição, assim como exemplificado nos textos.

- A quê? De quê? Em quê? - se o objeto for animal ou coisa.
- A quem? De quem? Em quem? - se o objeto for pessoa.

Lembrete: o objeto direto indireto vem regido por preposição necessária. Sendo assim, convém não se esquecer de quais são as preposições: *a, ante, após, até , com, contra, de, desde, em, entre, para, perante, por(per), sem, sob, sobre, trás.*

Ulisses Infante (2000, p. 179) explica que para detectar os complementos do verbo, ainda, podemos transformar a oração num esquema em que surgem os pronomes indefinidos **algo** e **alguém.**

Aproveitando as orações do texto analisado anteriormente, temos:

As plantas carnívoras capturam os insetos.

Quem captura, captura **algo.** O verbo **capturar** requer complemento, que se liga a ele sem preposição obrigatória; é, portanto, um verbo transitivo direto; *os insetos* é **objeto direto.**

As plantas carnívoras não dependem dos insetos.

Quem depende, depende *de algo ou de alguém.*

O verbo **depender** está acompanhado de um complemento introduzido por preposição obrigatória; é, portanto, um verbo transitivo indireto; *dos insetos* é **objeto indireto.**

Observe, agora, a oração que segue:

Informei minhas conclusões aos colegas presentes.

Quem informa, informa **algo a alguém.** O verbo **informar** faz-se acompanhar de um complemento que se liga a ele sem preposição obrigatória e de outro introduzido por preposição obrigatória; é, portanto, um verbo transitivo direto e indireto (bitransitivo). *Minhas conclusões* é **objeto direto,** *aos colegas presentes* é **objeto indireto.**

Dois tipos de objeto que merecem atenção especial.

Falemos um pouco sobre os tipos de objeto que se diferenciam um pouco da abordagem exposta anteriormente. Trata-se do **objeto direto preposicionado e do objeto pleonástico,** que passaremos a estudar a seguir.

Objeto direto preposicionado

O objeto direto pode, excepcionalmente, vir precedido de preposição (a, de, com, ...) sem que o verbo o exija. É o que a gramática chama de **objeto direto preposicionado.** De acordo com Infante (Infante, Op. cit., p. 180), o verbo, nesse caso, "é sempre transitivo direto e seu complemento é, obviamente, um objeto direto. A preposição é empregada por necessidades expressivas ou por razões morfossintáticas, mas **nunca porque o verbo a exige** (se isso ocorresse, o verbo seria intransitivo)."

Exemplo: ***Eles comeram do pão.*** (comeram: VTD; ***do pão:*** objeto direto preposicionado)

> "Quando se diz que a preposição que precede o **objeto direto** não é exigida pela regência do verbo, quer-se dizer que o mesmo verbo pode ocorrer com o mesmo sentido sem preposição." (SAVIOLI, 2002, p. 74).

Em Português culto, a frase acima poderia apresentar-se sem a preposição **de**: *Eles comeram o pão.* (***comeram***: VTD; ***o pão:*** objeto direto). Ocorre, no entanto, uma diferença de sentido quando se diz *do pão* e *o pão*. No primeiro caso, usa-se a preposição para realçar a idéia de parte, porção; no segundo, diz-se que comeu todo o pão e não apenas uma parte dele. Sendo assim, o verbo é usado com o mesmo sentido, mas o emprego ou não da preposição expressa sentidos diferentes, como nas frases seguintes, em que há idéia de partição:

*"Não beba **dessa água** do rio."* (quer dizer, mesmo que a pessoa fosse beber, seria um pouco, uma parte da água, não toda ela.)

*Por que não comi **desse bolo**?* (idem à explicação acima)

Veja mais alguns casos de objeto direto preposicionado apresentados por Pasquale e Ulisses (1999, p. 374) com seus respectivos comentários:

Cumpri com a minha palavra.

Cumprir **algo:** o verbo é transitivo direto. A preposição **com**, estruturalmente dispensável, surge como elemento enfático e não porque o verbo a exija.

O novo horário incomoda **a todos.**

O novo horário incomoda **a mim.**

Incomodar **alguém:** o verbo é transitivo direto. A presença da preposição decorre do tipo de pronome que atua como objeto direto: um pronome indefinido relativo a pessoa **(todos)**, que sempre admite a preposição, e um pronome pessoal oblíquo tônico **(mim),** que exige a preposição.

Notadamente **aos mais desfavorecidos** atingem essas medidas.

Atingir **alguém:** o verbo é, novamente, transitivo direto. A preposição é fundamental, no caso, para evitar a ambigüidade: os mais desfavorecidos são atingidos pelas medidas. Sem a preposição, a expressão "os mais desfavorecidos" passaria a sujeito, o que alteraria radicalmente o sentido da frase. (...)

Façamos, agora, uma explicação mais aprofundada da oração *"O novo horário incomoda **a mim**.",* apresentada acima por Pasquale e Ulisses. Foi dito que o pronome pessoal oblíquo tônico **(mim)** exige a preposição, ou seja, não poderíamos excluir a preposição que antecede o objeto direto. Sabe por quê?

Vejamos o que nos diz Savioli (2002, p. 73): "há casos em que a preposição que precede o objeto direto não pode ser simplesmente excluída da oração, mas nem por isso se trata de preposição obrigatória no sentido estrito."

De acordo com o autor, em uma frase como "Todos amam *a ti.*", a preposição não poderia ser excluída, pois não é aceitável dizer: *"Todos amam ti"*. No entanto, a preposição que aí aparece não é exigida pelo verbo. Para provar essa afirmação, o autor apresenta várias frases em que o verbo **amar** ocorre sem preposição, como em: *"Ele ama o trabalho.", "Ele ama sua vida.", "Ele ama o filho."* etc. Diante disso, o autor questiona: "Ora, se na oração *"Todos amam a ti"*, a preposição que vem antes do objeto direto não é exigida pelo verbo, por que não pode ser retirada da oração?" E responde: "Porque o pronome oblíquo, que está funcionando como objeto, aparece na forma tônica. E as formas tônicas do pronome oblíquo jamais podem vir desacompanhadas de preposição. Assim, a preposição, no caso, ocorre em função do pronome – e não em função do verbo."

Segundo o autor, há um artifício muito eficaz para testarmos se um verbo exige obrigatoriamente a preposição. Trata-se de "testá-lo com um objeto constituído de um substantivo masculino, em que a preposição **a,** se ocorrer, se destaca do artigo." Veja o exemplo apresentado pelo autor:

Os mestres ajudaram **a nós.**
                objeto direto preposicionado

Testando o verbo com um complemento constituído de um substantivo masculino, teremos:

Os mestres ajudaram   *os alunos.*
                              seus colegas.
                              o diretor.
                              o colégio.

Concluamos com o autor, portanto, que o verbo **ajudar** não exige preposição obrigatória. Sendo assim, se o seu complemento vier precedido de uma, como no caso ilustrado *"Os mestres ajudaram **a nós.**"*, será analisado como **objeto direto pleonástico**.

Objetos pleonásticos

Você se lembra do que é pleonasmo? Pleonasmo consiste na "repetição de uma expressão ou idéia já enunciada anteriormente" (Bechara, 2006, p. 205). Às vezes, por razões de estilo, ênfase ou reforço, os objetos podem repetir-se. Temos, então, casos com **objetos pleonásticos**, os quais, segundo Mazzarotto (2000, p. 328), "aparecem sob a forma de **pronome átono.**". Costuma-se repetir o objeto quando se quer chamar a atenção para ele, quando se deseja enfatizar a idéia expressa pelo objeto. De acordo com Pasquale e Ulisses (1999, p. 375), "tanto o objeto direto, como o objeto indireto podem ser colocados em destaque, no início da oração, sendo depois repetidos por um pronome pessoal na posição onde deveriam naturalmente estar." Vejamos alguns exemplos extraídos da gramática desses autores:

***Suas músicas**, ouço-**as** sempre com emoção.* (**suas músicas** é objeto direto; **as** é objeto direto pleonástico)

*Aos filhos, **dá-lhes** o melhor de si.* (**aos filhos** é objeto indireto; **lhes** é objeto indireto pleonástico)

***O sol**, os primitivos **o** adoravam.* (**o sol** é objeto direto; **o** é objeto direto pleonástico)

*Aos oceanos, o sol **dá-lhes** vida.* (**aos oceanos** é objeto indireto; **lhes** é objeto indireto pleonástico).

Características morfossintáticas dos complementos verbais (objetos direto e indireto)

À semelhança do sujeito, os complementos verbais são funções substantivas da oração. Em geral, seus núcleos podem ser constituídos de: substantivos, pronomes e numerais substantivos ou qualquer palavra ou expressão substantivada.

O pronome O na função de objeto direto e LHE na função de objeto indireto

Você se lembra de que falamos que o sujeito pode ser substituído por um pronome pessoal do caso reto? Pois é, no caso do objeto direto, como ele ocupa a posição C do padrão SVC, visto na aula anterior, não pode ser permutado por um pronome reto, mas por um **pronome do caso oblíquo:** *o, a, os, as; no, nos, nas; lo, la, los, las* (Sautchuk, p. 74). Os gramáticos dizem que essa é uma característica morfossintática do objeto direto, por isso ele pode ser substituído por um desses pronomes. Já o objeto indireto pode ser substituído por um pronome oblíquo *lhe(s)*.

Observe alguns exemplos de orações cujos complementos substituídos por pronomes oblíquos exercem funções sintáticas de objetos diretos e objetos indiretos, tal como explicado acima.

A babá deixou **as meninas** em casa.
A babá deixou-as em casa. (objeto direto)
Apresentei **os preços dos alimentos** aos clientes interessados.
Apresentei-os aos clientes interessados. (objeto direto)
Comuniquei **minhas conclusões** aos colegas presentes.

Comuniquei-as aos colegas presentes. (objeto direto)
Apresentei os preços dos alimentos **aos clientes interessados**.
Apresentei-lhes os preços dos alimentos. (objeto indireto)
Comuniquei minhas conclusões **aos colegas presentes**.
Comuniquei-lhes minhas conclusões. (objeto indireto)

Importante: os pronomes concordam sempre em gênero e número com o núcleo do objeto.

E quanto aos pronomes átonos *me, te, se, nos e vos?*

Segundo Pasquale e Ulisses (Op. cit., p. 374), esses pronomes podem assumir a função de objeto direto ou objeto indireto, dependendo da transitividade verbal. Para analisá-los corretamente, basta atentar à predicação verbal, isto é, verificar se tais pronomes completam verbo transitivo direto ou verbo transitivo indireto ou lançar mão do artifício apresentado por Savioli, o qual aparece após os exemplos.

Exemplos:

a) Escolheram-**me** para representar a turma.

Escolher **alguém:** o verbo é transitivo direto; o pronome **me**, é, portanto, objeto direto.

b) *Não **me** pertencem os seus sonhos.*

Pertencer **a alguém:** o verbo é transitivo indireto; o sujeito é "os seus sonhos"; o pronome **me** é objeto indireto.

c) *Espero-te na estação.*

Esperar **alguém:** o verbo é transitivo direto; o pronome **te**, é, portanto, objeto direto.

d) *Não **me** convidaram.*

Convidar **alguém:** o verbo é transitivo direto; o pronome **me**, é, portanto, objeto direto.

ARTIFÍCIO: permuta-se o pronome por um substantivo masculino. Se o pronome é permutável por um substantivo não precedido obrigatoriamente de preposição, deve ser analisado como objeto direto. Se é permutável por um substantivo precedido de preposição obrigatória, deve ser analisado como objeto indireto. (Savioli, 2002, p. 78)

Exemplos:

O presidente demitiu-**me.**

*O presidente demitiu **o ministro**.* (complemento do verbo, não precedido de preposição obrigatória; **me** está funcionando como objeto direto)

*O presidente escreveu-**me**.*

*O presidente escreveu **ao ministro**.* (complemento do verbo, precedido de preposição obrigatória; **me** está funcionando como objeto indireto)

> **ADVERTÊNCIA:** "No português padrão moderno, não se usa *ele* como objeto direto: *Eu o vi* (e não *eu vi ele*)." (BECHARA, 2006, p. 59)

Para concluir o estudo desta aula, observe a tira abaixo:

(Imagem extraída de Griff, B. Gramática. São Paulo: Moderna, 1996, p. 160.)

Pois é, caro aluno. A tira acima nos permite fazer uma reflexão. Como diz Maria Helena de M. Neves (2004, p.151) ***"estudar gramática é refletir sobre o uso lingüístico, sobre o exercício da linguagem, (...) a gramática rege a produção de sentido."***

REFERÊNCIAS BIBLIOGRÁFICAS

BECHARA, Evanildo. **Lições de português pela análise sintática.** 18 ed. Rio de Janeiro: Lucerna, 2006.

_____. **Moderna gramática portuguesa.** 37 ed. Rio de Janeiro: Lucerna, 2003.

CIPRO NETO, Pasquale e INFANTE, Ulisses. **Gramática da língua portuguesa.** São Paulo: Scipione, 1999.

INDIANI, M. Thereza, PINILLA, Aparecida, RIGONI, Cristina. **PEAD-** Português – Ensino a distância – UFRJ. Disponível em: <http://acd.ufrj.br/~pead/index.html.>. Acesso em: 22 jun. 2008.

INFANTE, Ulisses. **Textos: leituras e escritas.** Vol.3 São Paulo: Scipione, 2000.

MAZZAROTTO, Luiz Fernando. **Manual de gramática**: guia prático da língua portuguesa. São Paulo: DCL, 2000.

NEVES, Maria Helena de Moura. **Que gramática estudar na escola?** 2 ed. São Paulo: Contexto, 2004.

SAUTCHUK, I. **Prática de morfossintaxe:** como e por que aprender análise (morfo) sintática. Barueri, São Paulo: Manole, 2004.

SAVIOLI, Francisco Platão. **Gramática e texto** – Português – livro-texto. São Paulo: Anglo, 2002.

ATIVIDADES

As atividades referentes a esta aula estão disponibilizadas na ferramenta "Atividades". Após respondê-las, enviem-nas por meio do Portfolio- ferramenta do ambiente de aprendizagem UNIGRAN Virtual. Em caso de dúvidas, utilize as ferramentas apropriadas para se comunicar com o professor.

Aula 08

TERMOS LIGADOS AO VERBO II

Nesta última aula, vamos continuar estudando sobre os termos que se associam ao verbo dentro de uma oração. Vamos lá! Ânimo!

O AGENTE DA PASSIVA

Para estudar o agente da passiva, outro termo nomeado pelas gramáticas como **integrante** da oração, vamos relembrar, primeiramente, as vozes verbais.

Vosez verbais

VOZ é uma forma verbal que, nos verbos dotados de sujeito e objeto direto, ou objeto direto e indireto, serve para indicar se o sujeito participa da ação verbal como agente (voz ativa), como paciente (voz passiva), ou ainda como agente e paciente ao mesmo tempo (voz reflexiva).

Ao analisar as vozes verbais a partir do critério formal, Amini Boainain Hauy, em seu livro *Vozes verbais: sistematização e exemplário* (1992, p. 8), salienta que "para que um verbo flexione em voz, é preciso que ele indique *ação* e tenha *sujeito* (expresso ou indeterminado)". Não têm flexão de voz, então, os verbos impessoais e os de ligação; aqueles, porque não têm sujeito, e estes, porque não indicam ação (indicam estado)."

Você sabe que o verbo apresenta três vozes, não é? Vamos recordar essas vozes do verbo por meio das explicações extraídas de Mesquita e Martos (1997, p. 236- 238).

1. Voz ativa: quando é o sujeito quem pratica a ação expressa pelo verbo. Veja:
O menino quebrou a vidraça.
Sujeito: é o agente da ação, é quem pratica a ação.

2. Voz passiva: quando é o sujeito quem sofre a ação expressa pelo verbo. Veja:
A vidraça foi quebrada pelo menino.
Sujeito: é o receptor da ação, é quem sofre a ação.
A voz passiva pode ser de dois tipos:

• **analítica**: formada pelo verbo auxiliar **ser** mais o particípio do verbo principal. Veja:

A vidraça **foi quebrada** pelo menino.
 sujeito
         (verbo auxiliar + particípio)
              voz passiva analítica

• **sintética**: formada pelo pronome apassivador **se** e um verbo na 3ª pessoa, do singular ou do plural, de acordo com o sujeito. Veja:

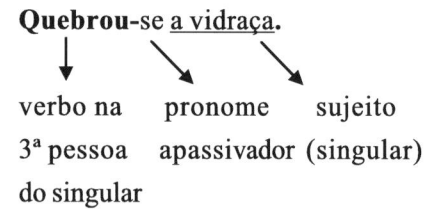

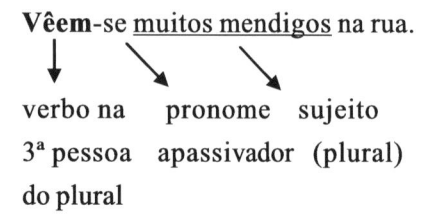

Quebrou-se a vidraça.

verbo na   pronome   sujeito
3ª pessoa   apassivador (singular)
do singular

Vêem-se muitos mendigos na rua.

verbo na   pronome   sujeito
3ª pessoa   apassivador (plural)
do plural

O pronome apassivador **se** é também chamado de **partícula apassivadora.**

3. Voz reflexiva: quando o sujeito pratica e sofre a ação do verbo, ao mesmo tempo. Veja:

O menino feriu-se.
sujeito

Para nós interessa agora a voz passiva analítica, que é aquela que apresenta o **agente da passiva.** Veja o exemplo:

A vidraça foi quebrada pelo menino.
Sujeito   predicado

Note que, nessa frase, o sujeito não pratica a ação expressa pelo verbo. Pelo contrário, ele recebe a ação e o agente real é a expressão **pelo menino.** Como a oração está na voz passiva, o termo que pratica a ação do verbo é chamado **agente da passiva** e, quase sempre, ele é precedido da preposição **por** e suas contrações.

> **Agente da passiva** é o termo da oração que pratica a ação do verbo na voz passiva.

Veja outro exemplo:
O ladrão foi preso **pela polícia**.
 Sujeito verbo na
          voz passiva   agente da passiva

Observe a correspondência de termos entre a voz passiva e a voz ativa.

voz passiva { O ladrão foi preso **pela polícia**
                sujeito   agente da passiva (pratica a ação)

voz ativa   { A polícia prendeu o ladrão.
                sujeito   objeto direto
              (pratica a ação)

Nas duas orações, quem pratica a ação é sempre **a polícia**. Em uma das orações, **a polícia** é o sujeito; na outra, ela é o agente da passiva. Da mesma maneira, **o ladrão** é quem sofre a ação nas duas orações.

Como você pôde perceber, o sentido é o mesmo; o que muda é a **função sintática** dos termos.

Nem sempre o agente da passiva aparece na oração. Observe:

Impressões de visitantes ilustres são transcritas

(*O Estado de S. Paulo*)

Nesse exemplo, não aparece quem foi o agente, ou seja, quem praticou a ação de **transcrever**. Isso é possível porque, na voz ativa, também não é sempre que o sujeito aparece. Veja:

sujeito indeterminado {Já venderam todas as peças.

voz ativa

sem agente da passiva {Todas as peças já foram vendidas.

voz passiva

O núcleo do agente da passiva pode ser:

• um substantivo – A praia inteira foi coberta pelo **mar.**
• um numeral   - Marli é admirada pelos **dois**.
• um pronome   - O seu trabalho sempre foi elogiado por **nós.**

Entendeu as explicações relativas ao agente da passiva feitas pelos autores? Sim? Que bom! Então, leia mais algumas **informações importantes** sobre este conteúdo:

(Imagem extraída de GRIFFI, B. Português 2: *literatura, gramática e redação.* São Paulo: Moderna, 1991, p. 117.)

> • A posição normal do agente da passiva é após o verbo. *O mundo foi criado por Deus.*
> • Não confunda o sujeito com o agente. Podemos encontrar o sujeito por meio de concordância com o verbo. Já o agente nos indica o praticante da ação verbal. O sujeito e o agente só coincidem quando o verbo está na voz ativa.

> • Embora a NGB considere o agente da passiva um *termo integrante da oração*, ele pode ser opcional e, muitas vezes, ser omitido. Em outras palavras, a passiva analítica pode ou não apresentar o agente. Nas frases seguintes, o agente não aparece, é indeterminado. *"Os documentos já foram entregues."* (por quem?) ; *"Todas as provas foram anuladas."* (por quem?)
>
> • O agente da passiva é "representado por um sintagma preposicionado, introduzido geralmente pela preposição *por* ou, algumas vezes pela preposição *de.*" (Sautchuk, 2004, p. 78)

É comum encontrarmos frases, como a apresentada na placa ao lado, cujos verbos, acompanhados do pronome **se** (pronome apassivador), são usados na variante popular. Frases desse tipo são condenadas pela tradição gramatical.

Leia o texto abaixo de Dad Squarisi (2003, p. 252-253), que contém um macete para que isso não ocorra:

abcreticencias.files.wordpress.com/2007/10/pl...

Calo no Pé

"Pode-se citar vários exemplos" ou "podem-se citar vários exemplos"? É o Ancelmo Góis quem pergunta.

Eta, construção que incomoda! Parece um calo no pé. É a passiva com **se**. Na quarta-feira, o *Correio Braziliense* trouxe na primeira página: "Não se combate verdades com inverdades". Quem disse a frase? Ninguém menos que o poderoso Antônio Carlos Magalhães. Combate ou Combatem? A dúvida paira no ar.

Nas orações em que aparece o pronome apassivador **se,** facilmente se cometem erros. Para não entrar em fria, há um macete: construa a frase com o verbo ser. Se ele for para o plural, o verbo da frase com **se** também irá. Caso contrário, nada feito:

Não se combatem verdades com inverdades. (Verdades não são combatidas com inverdades.)

Procuram-se datilógrafos. (Datilógrafos são procurados.)

Vende-se esta casa. (Esta casa é vendida.)

O exemplo do Ancelmo Góis tem um complicador. É construído com locução verbal (dois verbos fazem a vez de um). A regra vale para ele. No caso, o verbo que se flexiona é o auxiliar (poder):

Podem-se citar vários exemplos. (Vários exemplos podem ser citados.)

Pode-se citar um caso. (Um caso pode ser citado).

Devem-se mencionar três episódios. (Três episódios devem ser mencionados).

Deve-se mencionar o episódio principal. (O episódio principal deve ser mencionado.)

ADJUNTO ADVERBIAL

"Se em torno de um núcleo nominal aparece um adjunto adnominal, em torno do núcleo verbal gira o *adjunto adverbial.*" (Bechara, 2006, p. 79)

O adjunto adverbial (A. ADV.), como o próprio nome indica, é uma função adverbial da oração - desempenhada por advérbios ou locuções adverbiais –, "que indica as circunstâncias em que se desenvolve o processo verbal (idéia de tempo, lugar, modo, causa, finalidade, etc.) ou que intensifica um verbo, um adjetivo ou um advérbio." (INFANTE, 2000, p. 233). Nossas gramáticas o classificam como termo acessório da oração.

(Imagem extraída de GRIFFI,B. *Português 2: literatura, gramática e redação*. São Paulo: Moderna, 1991, p. 152.)

Observe as orações a seguir:

*Eles se respeitam **muito**.* (A. ADV. de intensidade – intensifica a forma verbal *respeitam*- núcleo do predicado verbal.)

*Seu projeto é **muito** interessante.* (A. ADV. de intensidade – intensifica o adjetivo *interessante* - núcleo do predicativo do sujeito)

*O time jogou **muito** mal.* (A. ADV. de intensidade – intensifica o advérbio *mal* – núcleo do adj. adv. de modo.)

> LEMBRETE: Não se deve confundir adjunto adverbial com advérbio: advérbio é a classe gramatical (você a estudou no semestre passado); adjunto adverbial é a função sintática. Em outras palavras: advérbio é o nome da palavra; adjunto adverbial é a função que a palavra exerce na oração. **Adjunto adverbial** é, portanto, a **função** que o **advérbio** ou a **locução adverbial** exerce dentro de uma **oração**.

Assim sendo, o **adjunto adverbial** recebe a mesma classificação do advérbio: *afirmação, dúvida, intensidade, lugar, modo, negação, tempo*.

Segundo Savioli (2002, p. 80) a função específica do adjunto adverbial "não é a de completar o sentido do verbo, mas a de indicar a circunstância ou ambiente em que se processa a ação verbal." Veja os dois exemplos abaixo, apresentados pelo autor com seus respectivos comentários:

O cão morreu **na rua.**

O termo *na rua* está associado a um verbo intransitivo que não exige complemento; não é, pois, complemento do verbo. É um adjunto adverbial que indica o **lugar** em que ocorreu o processo verbal.

O mecânico desmontou o motor do carro **rapidamente.**

O termo *rapidamente* está associado a um verbo transitivo que já vem acompanhado do seu complemento; não é, pois, complemento do verbo. É um adjunto adverbial que indica o **modo** em que se deu o processo verbal.

Segundo Evanildo Bechara (2003, p. 437), os adjuntos adverbiais são semântica e sintaticamente opcionais. Respondem às clássicas perguntas *como?, quando?, onde?, por quê?.*

A classificação do adjunto adverbial depende basicamente da circunstância concreta que expressa nos discursos. Bechara (2003) diz que tanto do ponto de vista formal quanto do ponto de vista semântico, os adjuntos adverbiais constituem uma classe bastante ampla e heterogênea, assim como o advérbio. Por esse motivo, constata-se que não é nítida sua delimitação e vários gramáticos esclarecem que, às vezes, não é possível apontar com precisão a circunstância expressa por um adjunto adverbial. Veja um exemplo dado por Infante (p. 233): *Entreguei-me **calorosamente** àquela causa.*

Calorosamente é um A. ADV. de modo ou de intensidade? Do ponto de vista semântico, situa-se entre as duas idéias e, segundo o autor, "parece ser uma forma de expressar as duas circunstâncias simultaneamente."

Em face disso, concordamos com o autor quando diz que "mais importante do que decorar classificações para os adjuntos adverbiais é atentar em seu valor nos textos em que ocorrem."

É fundamental levar em conta o contexto em que o adjunto adverbial aparece, já que a riqueza expressiva desse termo sintático é imensa.

Vejamos algumas circunstâncias mais comumente expressas pelos adjuntos adverbiais, embasando-nos em Bechara (2003, p. 440 - 449):

a) Adjuntos adverbiais de lugar: responde à pergunta *onde?* - ou (*donde?, por onde?, aonde?, até onde?, etc.*)

Pedro trabalhava *em Petrópolis.* (onde?)
O professor tem parentes *no Recife.* (onde?)

Procuraram-no *por toda a cidade.* (por onde?)
Ela me foi apresentada *na festa.* (onde? ou quando?)

b) Adjuntos adverbiais temporais (de tempo): respondem às perguntas *quando?, desde quando?, até quando?, durante quanto tempo?*

A natureza resplandece **na primavera.**
O fazendeiro colhe frutas **pela manhã.**
Pedro trabalha **todos os dias.**

c) Adjuntos Adverbiais modais (de modo): respondem à pergunta *como?, de que modo ou maneira?*

O aluno está escrevendo **bem.**
Entraram no estádio **aos empurrões.**
O fogo propagou-se **imperceptivelmente.**

d) Adjuntos Adverbiais de fim, de causa, de instrumento e de companhia: essas circunstâncias adverbiais não podem ser representadas por meros advérbios, mas sim por sintagmas preposicionados.

Ele estudou para médico.. (fim)
Tremiam de frio. (causa) (neste caso, a preposição pode ser substituída pelas locuções *por causa de, em virtude de, em razão de, devido a, graças a.*)
Fechou a porta com a chave. (instrumento) (na designação de instrumento incluem-se circunstâncias afins, como o **meio** (*Os amigos nunca viajaram de avião.*); o **utensílio** (*Prenderam o ladrão com a arma*); a **matéria** (*Escrever à máquina*), etc.
Saiu com Maria. / Gosto de viajar com meus pais. (companhia)

e) Adjuntos Adverbiais de quantidade: respondem a perguntas do tipo *quanto?, até quanto?, em que medida?* e se repartem-se em **intensivos (intensidade)** ou **gradativos** conforme a realidade designada.

Nesta região chove **mais** no verão.
Maria trabalha **muito** aos domingos.
Andaram **bastante** em busca de emprego.

f) Adjunto Adverbial de assunto ou matéria tratada: introduzido pelas preposições ***de, em*** ou ***sobre,*** ou das locuções prepositivas ***acerca de, a respeito de, em torno de*** e equivalentes.

Hoje o professor falou pouco **de história/ em moral / sobre tais fatos/ acerca do caso/ a respeito da crase.**

g) Adjunto Adverbial de adição ou inclusão, exclusão e concessão: os adjuntos adverbiais que expressam adição vêm introduzidos pela preposição *sobre*, por palavras de valor inclusivo (***mesmo, inclusive, etc***), mais freqüentemente, pelas locuções prepositivas ***além de***.

Além das notas ruins, faltava muito às aulas.
Os visitantes já se foram, *Daniel inclusive.*

Os que expressam exclusão vêm introduzidos por ***menos, salvo, exceto, fora, exclusive*** etc.

Todos saíram, *menos o culpado.*

Os que expressam concessão vêm introduzidos por ***malgrado,*** pela locução prepositiva ***apesar de***

O ginásio ficou lotado, **apesar da chuva.**
Malgrado a chuva, fomos ao passeio.
Diva ganhou o concurso, ***apesar da resistência da colega.***

Muitas outras circunstâncias, além das exemplificadas acima, podem ser expressas por adjuntos adverbiais. "A especificação precisa da circunstância, em cada caso, é um problema de natureza semântica e não sintática" (Abaurre, Pontara e Fadel, 2000, p. 172), já que o falante acrescenta à mensagem informações que julga indispensáveis ao conhecimento do seu interlocutor.

Observe o uso dos adjuntos adverbiais no exemplo extraído de (Abaurre, Pontara e Fadel, Op. cit., p. 172):

*Os exercícios **muito** difíceis ajudam-nos a compreender **mais rapidamente** as noções fundamentais que precisamos dominar para atingir, **durante o ano**, os objetivos do curso.*

muito: A. ADV. que intensifica o adjetivo "difíceis";

rapidamente: A. ADV. que acrescenta uma circunstância de modo ao verbo "compreender";

mais: A. ADV. que intensifica o advérbio "rapidamente";

durante o ano: A. ADV. que acrescenta uma circunstância de tempo ao verbo "atingir".

Veja, ainda, mais algumas explicações úteis retiradas de Ulisses Infante (2000, p. 234):

As locuções adverbiais consistem em expressões encabeçadas por uma preposição. Quando uma dessas locuções atua como adjunto adverbial numa oração, devemos prestar bastante atenção à preposição, pois, na expressão de circunstâncias adverbiais, essas partículas transmitem importantes conteúdos relacionais. Observe:

Estou voltando **de casa.** (A. ADV. de lugar – origem)
Estou voltando **para casa.** (A. ADV. de lugar – destino)

Vou sair **com meus amigos.** (A. ADV. de companhia)
Vou sair **sem meus amigos.** (A. ADV. de modo)

É útil esclarecer, também, que o adjunto adverbial pode referir-se ao contexto da frase toda ou "a todo conjunto da oração", como diz Mazzarotto (2000, p. 339).

Felizmente, os reféns foram libertados a tempo.
Infelizmente, o tema da redação foi difícil.

> **Lembrete sobre pontuação:** o adjunto adverbial tem grande mobilidade dentro da oração. Observe que, quando o adjunto adverbial estiver no final da oração, não será separado por vírgula, a não ser que haja dois ou mais adjuntos adverbiais coordenados. Se o adjunto adverbial estiver no início da oração ou entre os elementos formadores da oração, deverá estar separado por vírgula. *Na semana passada,* fui ao cinema. Fui, *na semana passada,* ao cinema. Fui ao cinema na semana passada.

Importante: não confunda o **predicativo com o adjunto adverbial de modo.** O predicativo, representado por um adjetivo ou equivalente, **concorda com o sujeito ou com o objeto;** o adjunto adverbial permanece **invariável:**

A moça caminhava apressada. (predicativo) – singular.
As moças caminhavam apressadas. (predicativo) – plural.
A moça caminhava apressadamente. (adjunto adverbial)
As moças caminhavam apressadamente. (adjunto adverbial)
Outro exemplo:
Os rapazes falavam alto. (adjunto adverbial)
Os rapazes chagaram "altos" do botequim. (predicativo)
(Mazzarotto, 2000, p. 340)

Que pena!!! Esta foi a nossa "última" aula!. Esperamos que você tenha acompanhado passo a passo e prazerosamente todos os conteúdos apresentados nas aulas dessa disciplina.

REFERÊNCIAS BIBLIOGRÁFICAS

ABAURRE, M. L. , PONTARA, M. N. , FADEL. T. Português Língua e Literatura. São Paulo: Moderna, 2000.

BECHARA, Evanildo. **Lições de português pela análise sintática.** 18 ed. Rio de Janeiro: Lucerna, 2006.

_____. **Moderna gramática portuguesa.** 37 ed. Rio de Janeiro: Lucerna, 2003.

HAUY, Amini Boainain. **Vozes verbais**: sistematização e exemplário. São Paulo: Ática, 1992.

INFANTE, Ulisses. **Textos: leituras e escritas.** Vol.3 São Paulo: Scipione, 2000.

MAZZAROTTO, Luiz Fernando. **Manual de gramática**: guia prático da língua portuguesa. São Paulo: DCL, 2000.

MESQUITA, Roberto Melo, MARTOS, Cloder Rivas. **Gramática pedagógica.** 26 ed. São Paulo: Saraiva, 1997.

SQUARI, Dad. **Dicas da Dad:** português com humor. 9 ed. São Paulo: Contexto, 2003.

SAUTCHUK, I. **Prática de morfossintaxe:** como e por que aprender análise (morfo) sintática. Barueri, São Paulo: Manole, 2004.

SAVIOLI, Francisco Platão. **Gramática e texto** – Português – livro-texto. São Paulo: Anglo, 2002.

ATIVIDADES

As atividades referentes a esta aula estão disponibilizadas na ferramenta "Atividades". Após respondê-las, enviem-nas por meio do Portfolio- ferramenta do ambiente de aprendizagem UNIGRAN Virtual. Em caso de dúvidas, utilize as ferramentas apropriadas para se comunicar com o professor.

Referências Bibliográficas

ABAURRE, M. L. , PONTARA, M. N. , FADEL. T. **Português Língua e Literatura**. São Paulo: Moderna, 2000.

AZEREDO, José Carlos de. **O texto**: suas formas e seus usos. In: PAULIUKONIS, M. A. L., SANTOS, W. dos (Orgs.). **Estratégias de leitura:** texto e ensino. Rio de Janeiro: Lucerna, 2006.

BAKHTIN, Mikhail (Volochinov). **Marxismo e filosofia da linguagem**. 8 ed. São Paulo: Hucitec, 1997.

_____. **Estética da Criação Verbal**. 4ª ed. Trad. Paulo Bezerra. São Paulo: Martins Fontes, 2003.

BECHARA, Evanildo. **Lições de português pela análise sintática.** 18 ed. Rio de Janeiro: Lucerna, 2006.

_____. **Moderna gramática portuguesa.** 37 ed. Rio de Janeiro: Lucerna, 2003.

BORBA, Francisco da Silva. **Introdução aos estudos lingüísticos**. 12 ed. Campinas, SP: Pontes, 1998.

CEREJA, W. R. e MAGALHÃES, T. C. **Gramática reflexiva: texto, semântica e interação.** 2 ed. São Paulo: Atual, 2005.

CIPRO NETO, Pasquale e INFANTE, Ulisses. **Gramática da língua portuguesa.** São Paulo: Scipione, 1999.

DUBOIS, Jean (et al). **Dicionário de Lingüística.** Direção e coordenação geral da tradução de Izidoro Blinstein. São Paulo: Cultrix, 1993.

GUIMARÃES, Elisa. **A articulação do texto.** 2 ed. São Paulo: Ática, 1992.

FRANCHI, Carlos. **Mas o que é mesmo "gramática"?** São Paulo: Parábola Editorial, 2006.

HAUY, Amini Boainain. **Vozes verbais**: sistematização e exemplário. São Paulo: Ática, 1992.

HENRIQUES, Cláudio Cezar. **Sintaxe:** estudos descritivos da frase para o texto. Rio de Janeiro: Elsevier, 2008.

INDIANI, M. Thereza, PINILLA, Aparecida, RIGONI, Cristina. **PEAD-** Português – Ensino a distância – UFRJ. Disponível em: <http://acd.ufrj.br/~pead/index.htm.>. Acesso em: 22 jun. 2008.

INFANTE, Ulisses. **Textos: leituras e escritas.** Vol.3 São Paulo: Scipione, 2000.

_____. **Curso de gramática aplicada aos textos** 5 ed. São Paulo: Scipione, 1996.

KOCH, Ingedore G. Villaça. **Argumentação e linguagem.** 4 ed. São Paulo: Cortez, 1996.

MAINGUENEAU, Dominique. **Análise de textos de comunicação**. Tradução Cecília P. de Souza e Silva, Décio Rocha. 3 ed. São Paulo: Cortez, 2004.

MAZZAROTTO, Luiz Fernando. **Manual de gramática**: guia prático da língua portuguesa. São Paulo: DCL, 2000.

MESQUITA, Roberto Melo, MARTOS, Cloder Rivas. **Gramática pedagógica.** 26 ed. São Paulo: Saraiva, 1997.

MICHAELIS: moderno dicionário da língua portuguesa. São Paulo: Companhia Melhoramentos, 1998.

MIRANDA, Simão de. **Escrever é divertido**: atividades lúdicas de criação literária. Campinas, SP: Papirus, 1999.

NEVES, Maria Helena de Moura. **Que gramática estudar na escola?** 2 ed. São Paulo: Contexto, 2004.

PERINI, Mário A. **Sofrendo a gramática:** ensaios sobre a linguagem. 3 ed. São Paulo: Ática, 2005.

_____. Princípios do estudo de gramática. In: **Gramática descritiva do Português**. 4 ed. São Paulo: Ática, 2003.

SACCONI, Luiz Antonio. **Nossa gramática:** teoria e prática. 18 ed. São Paulo: Atual, 1994.

SAUTCHUK, I. **Prática de morfossintaxe:** como e por que aprender análise (morfo) sintática. Barueri, São Paulo: Manole, 2004.

SAVIOLI, Francisco Platão. **Gramática e texto** – Português – livro-texto. São Paulo: Anglo, 2002.

SQUARI, Dad. **Dicas da Dad:** português com humor. 9 ed. São Paulo: Contexto, 2003.

Graduação a Distância

Letras
5º Semestre

ESTUDO DE TEXTOS V

Os direitos de publicação dessa obra são reservados ao Centro Universitário da Grande Dourados (UNIGRAN), sendo proibida a reprodução total ou parcial de acordo com a Lei 9.160/98.

Os artigos de sites e revistas indicados para a leitura foram registrados como nos originais.

ESTUDO DE TEXTOS V

Graduação a Distância

Maria Alice de Mello Fernandes

FERNANDES, Maria Alice de Mello. **Estudo de Textos V.** Maria Alice de Mello Fernandes. Dourados: UNIGRAN, 2020.

66 p.: 23 cm.

1. Estudos de Texto.

Apresentação da Docente

MARIA ALICE DE MELLO FERNANDES, Graduada em Letras pela Faculdade de Filosofia, Ciências e Letras de Tupã, Mestre em Educação pela UCDB de Campo Grande - MS (1998), e Doutora em Língua Portuguesa e Lingüística pela UNESP de Araraquara - SP (2006). É professora, na UNIGRAN, de Estudo de Textos, Língua Portuguesa, Português Instrumental e Linguagem e Argumentação, coordenadora de vestibulares e presidente da Avaliação Institucional da UNIGRAN, membro do Comitê de Ética da referida instituição e avaliadora Institucional pelo INEP.

Sumário

Introdução *09*

Aula 01
A correção de textos *11*

Aula 02
Como corrigir textos: oficina (1) *15*

Aula 03
Como corrigir textos: oficina (2) *23*

Aula 04
A avaliação de textos *31*

Aula 05
Artigo científico: o que é, como se faz *35*

Aula 06
Artigo científico: um exemplo *41*

Aula 07
Produção de um artigo científico (piloto): 1ª etapa *55*

Aula 08
Produção de um artigo científico (piloto): 2ª etapa *63*

Referências Bibliográficas *65*

Introdução

Caro(a) aluno(a), Quem bom recebê-lo outra vez para a disciplina **ESTUDO DE TEXTOS V**. Parabéns por ser persistente e permanecer no curso! Estamos felizes e temos certeza de que teremos um excelente relacionamento, visto que já iniciamos nosso convívio a distância há quatro semestres e que as dúvidas e medos os quais a maioria dos acadêmicos têm para escrever, poderão continuar sendo minimizados em nossas aulas.

Leitura e escrita são habilidades alcançadas por meio de treino, o que exige perseverança. Por isso, nesta nova etapa, avançaremos mais um pouco em relação ao processo das referidas habilidades.

Abraços.

Profª. Maria Alice de Mello Fernandes

Aula 01

A CORREÇÃO DOS TEXTOS

Caro(a) aluno(a),

Você sabe que a atividade de produção de textos só contribuirá de modo significativo para o desenvolvimento do aluno no que se refere a essa habilidade se a sua produção for corrigida e avaliada pelo professor?

Na disciplina Estudo de Textos V, pensaremos sobre tais momentos. Vamos, inicialmente, refletir um pouco sobre o processo de correção dos textos?

O professor precisa ter consciência de que a prática da produção textual é um processo que se desenvolve em diversas etapas e que a avaliação é uma delas, aliás imprescindível para que, aos poucos, o aluno possa ir se apossando das estratégias necessárias para essa produção.

Os professores que corrigem a produção dos alunos, baseando-se apenas no domínio dos aspectos lingüísticos, descuidando-se da organização e das características dos diversos tipos de textos, pouco contribuem para que o aluno melhore a qualidade desse texto.

É preciso ter presente que, por razões históricas, de caráter macroestrutural, e que comprometem a formação do professor, aliadas a outras - de caráter particular e individual, muitas vezes, o professor tem, ele próprio, sentimentos de medo, insegurança e incompetência em relação à leitura e, mais ainda, em relação à escrita. Por não se julgar devidamente preparado para auxiliar o aluno na reestruturação do texto, apega-se sempre aos chamados "erros gramaticais". É claro que aquele professor que faz a correção dessa forma, realiza uma avaliação classificatória, pois, mesmo que não atribua uma nota, está rotulando o aluno pelos seus erros.

Pior mesmo, é a situação em que o professor recolhe os textos e não faz o retorno, como muitos alunos afirmam acontecer. Quando não há comentários individuais, sugestões e incentivo para que o aluno perceba que suas falhas estão sendo acolhidas como meio para encontrar caminhos para melhorar a sua prática textual fica um vazio para o estudante, uma frustração por ter realizado uma atividade que não o auxiliou em nada com relação a essa mesma prática.

Não se pode esquecer de que a formação da maior parte dos professores é tradicionalista, o que torna ingênuo esperar que ele abandone as suas concepções (e práticas) por outras, como as construtivistas, se as conhece apenas superficialmente e, sobretudo, se não as vivenciou na sua própria formação. Mesmo o professor que, na graduação, ouviu, leu e discutiu um pouco sobre o Construtivismo nas disciplinas pedagógicas, mas sem articulação com a prática, não consegue trabalhar com o aluno, ajudando-o a se construir como produtor de textos.[1]

Hubner & Chiappini (1989) enfatizam a importância da reescrita coletiva de um texto registrado, com consentimento do autor, na lousa, em função de experiências realizadas por professores que, cansados de corrigir solitariamente textos e mais textos, sem chegar a um resultado positivo, resolveram experimentar esse "esforço coletivo para análise lingüística e correção ortográfica", conseguindo resultados satisfatórios. Penso ser importante e até

---

[1] Pelos mesmos motivos, os projetos voltados para a formação do professor em serviço devem ser planejados de forma que os participantes sejam levados a refletir sobre a própria prática, avaliá-la à luz das novas concepções (Construtivismo) e formular propostas para a superação das dificuldades constatadas. Essas propostas (na verdade hipóteses de trabalho) deverão ser levadas para a sala de aula e, num segundo momento, esses resultados voltarão a ser analisados, criticados, superados e a ação docente, replanejada. A propósito desta concepção de formação continuada, algumas Secretarias de Educação têm adotado o sistema de módulos que intercalam encontros (reflexão-teoria) e volta à sala de aula (práticas) e novos encontros para relato sobre os sucessos e insucessos, análise dos resultados, novas reflexões, novas decisões para voltar outra vez à prática. Como se vê, trata-se de adotar os princípios do construtivismo também no processo de formação do professor. De nada adiantam os pacotes que difundem autores e teorias "revolucionários", se a prática da sala de aula permanece intocada.

mesmo recomendável esse tipo de avaliação, desde que não sejam citados os nomes dos alunos, nem dadas "dicas" de quem possam ser os produtores, ou, identificando-se os autores, desde que seja com a sua aquiescência e que os aspectos críticos do texto não sejam motivo de chacota.

Para que a correção seja feita de forma positiva, num clima de confiança, o professor deve estar preparado para essa prática, passando para o aluno essa segurança. O trabalho em grupo, o interagir entre as pessoas, o partilhar conhecimentos é fundamental no processo de ensino e de aprendizagem e, a partir da atividade desenvolvida em grupo, o aluno poderá chegar ao desempenho individual.

Por outro lado, a correção, sendo realizada de forma que enseje o respeito pelas dificuldades do aluno, produzirá efeitos que não sejam o medo, a insegurança, a aversão pela atividade escrita.

Deve-se cuidar, então, da forma como se corrige e avalia um texto: se existem dificuldades e as falhas são muitas, deve existir, por parte do professor, uma atenção especial com relação ao tratamento dispensado aos erros. Primeiro, deve ser selecionado o que vai ser avaliado em cada texto proposto, pois é impossível corrigir todas as falhas de uma só vez, quando as deficiências são muitas. A seguir, o professor necessita compreender que, se o objetivo é levar o aluno a produzir textos, é incoerente que ele se preocupe em assinalar, num primeiro momento, os aspectos gramaticais em detrimento de uma avaliação que privilegie a organização e articulação do texto. Mais grave, ainda, é a situação em que os erros servem de motivos para depreciação do aluno, individualmente ou perante a classe, o que gera incômodo, frustração, medo e resistência à escrita. Estabelece-se, então, uma rejeição pela produção escrita que, muitas vezes, perdura por toda a escolaridade.

Ainda quanto aos erros nos textos produzidos pelo aluno, é importante ter presente que, embora a avaliação prevista pela escola se paute por notas ou conceitos, a prática avaliativa não deverá ter caráter classificatória. Isso significa que a atribuição da nota ou conceito não deve contribuir para "rotular" (e estigmatizar) o aluno. O professor deve explicitar ao aluno que essa nota não é definitiva e pode ser alterada à medida que o seu texto for sendo reelaborado. Fazer da correção e/ou avaliação um momento definitivo não é condizente com uma prática construtivista. Esse processo deve proporcionar direcionamentos de reescrita(s), numa constante troca de contribuições para que se alcance o produto final, como recomenda Serafini (1994).

O crescimento do aluno, no que se refere a essa capacidade, manifestar-se-á à medida que o professor se posiciona como efetivo interlocutor de seu texto e, num diálogo constante, mostra os caminhos para a superação dessas falhas.Essa prática em relação à prática da produção textual supõe a crítica aos pressupostos tradicionalistas que, embora camuflados, fundamentam a prática do professor e a disposição para buscar novas orientações para o trabalho pedagógico. Isso só se concretizará no momento em que a escola se preocupar em trabalhar com seus professores não somente as teorias, mas a prática, num constante intercâmbio de ação-reflexão-ação, pensando que realmente é possível mudar, fazer e mediar a construção da prática de produção textual de maneira significativa.

E, então, você concorda com o que foi dito? Analise...

ATIVIDADES

As atividades referentes a esta aula estão disponibilizadas na ferramenta "Atividades". Após respondê-las, enviem-nas por meio do Portfolio - ferramenta do ambiente de aprendizagem UNIGRAN Virtual. Em caso de dúvidas, utilize as ferramentas apropriadas para se comunicar com o professor.

Aula 02

COMO CORRIGIR TEXTOS: OFICINA (1)

Ânimo, meus alunos!
Vamos iniciar nossa reflexão sobre como realizar a correção de textos? Você já participou desse tipo de atividade? Como se sentiu?

Futuri professor, a correção de textos é uma atividade complexa e deve ser entendida pelo professor não como um momento de descoberta de "defeitos e erros", mas como a oportunidade que o professor tem para detectar as fragilidades do aluno em relação ao processo de produção de textos. Para tanto, não se pode ter sempre a mesma postura. Deve-se observar a quem pertence o texto, respeitando as diferenças individuais, assim como considerar o gênero textual a ser analisado.

À medida que a prática da correção de textos efetiva-se, o professor sente-se experiente e fortalecido, inclusive, para criar metodologia(s) diferenciada(s) de correção de textos.

Serafini (1994, 108) recomenda seis princípios para a correção de um texto:

a. *a correção não deve ser ambígua*, evitando-se o emprego de sinais que não cumprem a missão de "sinalizar" ao aluno o erro e sua extensão;

b. *os erros devem ser reagrupados e catalogados* em categorias, o que facilita a compreensão do estudante frente à correção, assim como à análise do professor;

c. *o aluno deve ser estimulado a rever as correções feitas, compreendê-las e trabalhar sobre elas;* para isso, o professor desempenha o papel de mediador no processo ensino-aprendizagem: incentiva o aluno a ler e a analisar o texto corrigido para, em seguida, reescrevê-lo parcial ou totalmente, conforme necessário.

d. *deve-se corrigir poucos erros em cada texto*, visto que o aluno poderá ter dificuldade em centrar-se num número grande de erros;

e. *o professor deve estar predisposto a aceitar o texto do aluno*, não sendo preconceituoso em relação ao assunto, às idéias, ao estilo e à variante lingüística selecionada;

f. *a correção deve ser adequada à capacidade do aluno*, incentivando-o a sentir-se seguro em relação ao processo de comunicação. Para alcançar essa segurança, o estudante passa por três fases (SERAFINI, apud Britton; Griffith,1979).

Você sabia que o professor deve, então, ter clareza de que desempenha papel fundamental para que o aluno alcance "familiaridade com o ato de escrever". Por mais erros que o texto apresente, deve-se elogiar, evitando constranger ou frustrar o estudante. Uma postura cooperativa é o comportamento recomendado ao professor.

Serafini (1994, p. 113), apoiando-se em um trabalho anterior (Applebee, 1981), destaca serem três as tendências para se corrigir textos. São elas: a indicativa, a resolutiva e a classificatória. As duas primeiras estudaremos nesta aula.

1. Indicativa: é um tipo de correção usada pela maioria dos professores e tem a função de mostrar o erro para o responsável pelo texto. Observa-se que esse tipo de correção ocorre tanto no "corpo da redação como na margem do texto do aluno".

O curioso é que na correção indicativa percebe-se uma tendência em apontar a(s) falha (s), não sendo comum alterações. A autora enfatiza: "(.....) há somente correções ocasionais, geralmente limitadas a erros localizados, como os ortográficos e lexicais". (Serafini, 1994, p. 113).

Observe, a seguir, exemplos retirados de Ruiz (2001, p. 53-80):

Estudo de Textos V - *Maria Alice de Mello Fernandes* - **UNIGRAN**

EXEMPLO 1 *(I. / pub. / Glauco / 7ª - T26)*
OBS. (1ª versão): *I. circunda es (em mês), toda a palavra deichou, e o i (de saido), para apontar os erros ortográficos. E traça um X após casa, para marcar a pontuação, a Glauco.*

EXEMPLO 2 *(I. / pub. / Joelma / 5ª - T55)*
OBS. (1ª versão): *Z. traça uma seta ao lado da expressão Parágrafo, acima de Era um dia, no início do texto de Joelma, para sinalizar a omissão da marca de parágrafo.*

EXEMPLO 3 *(C. / pub. / Robson / 5ª - T39)*
OBS. *(1ª versão):* I. traça um X, na margem do texto de Robson, para apontar o erro ortográfico em inteiro.

EXEMPLO 4 *(E. / par. / Rogério / 7ª - T118)*
OBS. *(1ª versão):* Faço asteriscos (acompanhados de outros símbolos), na margem do texto de Rogério, para fazer referência ao "bilhete" final, onde repito o sinal.

EXEMPLO 5 *(I. / pub. / Nelzita S. / 7ª - T7)*
OBS. *(1ª versão):* I. traça uma chave, na margem do texto de Nelzita, para indicar o segmento a que se refere o comentário Explique melhor, também na margem.

2. Resolutiva: é a correção que tem como meta apontar os erros, reformulando-os. Trata-se de um trabalho minucioso e paciente por parte do professor que assume pelo aluno. Ruiz (2004, 56) chama de "estratégias de adição de substituição, de deslocamento, de supressão, de resolutivas na margem do texto e resolutivas no pós-textos". Pesquisas mostram que elas ocorrem mais no corpo do texto. Geralmente, o professor, ao efetuar a correção do texto do aluno, mescla a correção resolutiva com a correção indicativa.

Você já fez correções de textos de alunos? Fez uso de um desses dois procedimentos?

Veja, a seguir, exemplos retirados de Ruiz (2001, p. 58):

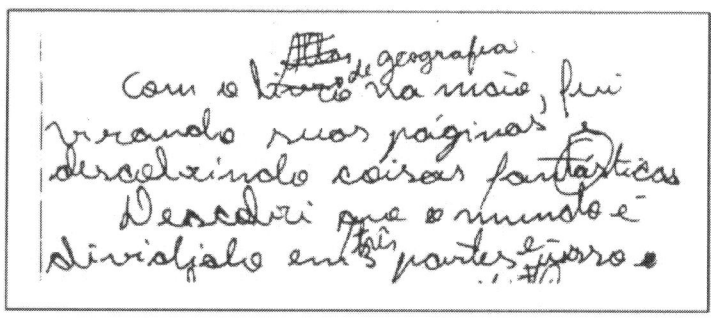

EXEMPLO 6 (I. / pub. / Nelzita S. / 7ª - T7)
OBS. (1ª versão): I. acrescenta de Geografia à seqüência Com o livro na mão, para especificar a referência feita por Nelzita.

EXEMPLO 7 (I. / pub. / Nelzita S. / 7ª - T6)
OBS. (1ª versão): I. acrescenta os morfemas modo-temporal (ra) e número-pessoal (m) a morrem, apresentando a alteração a ser feita.

EXEMPLO 8 (Z. / pub. / Joelma / 5ª - T6)
OBS. (1ª versão): Z. risca E o seu? (fazendo, neste caso, uma supressão) e o reescreve na linha anterior do texto de Joelma, apresentando o deslocamento a ser feito para alterar a paragrafação

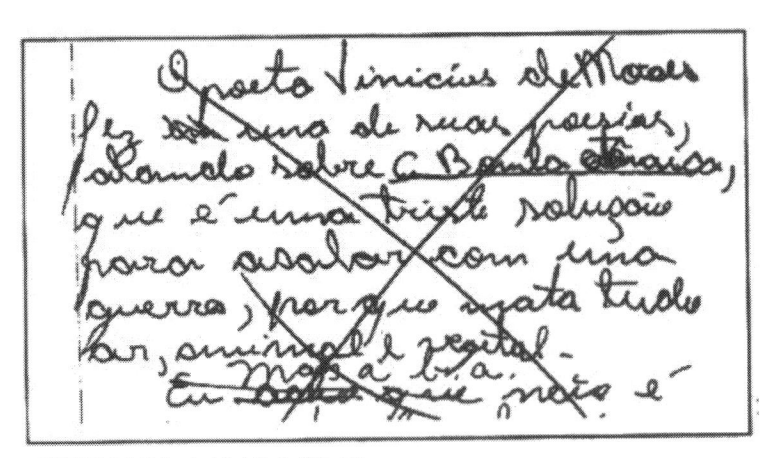

EXEMPLO 9 (I. / pub. / Nelzita S. / 7ª - T6)
OBS. (1ª versão): I. risca em (na seqüência O poeta Vinícius de Moraes fez em uma de suas poesias), para indicar a Nelzita a eliminação desse item lexical.

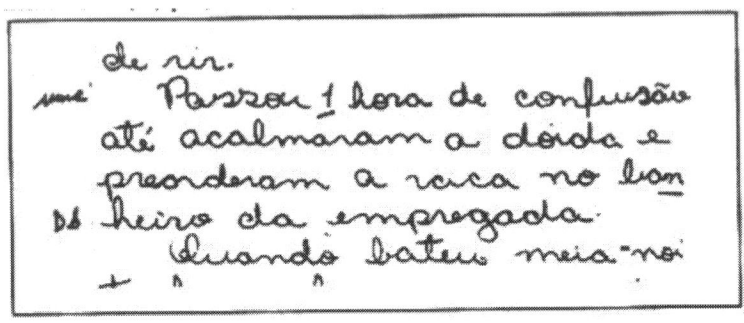

EXEMPLO 10 (N. / par. / Domitila / 5ª - T59)
OBS. (1ª versão): N. escreve uma por extenso, na margem do texto de Domitila, referindo-se ao numeral em Passou 1 hora.

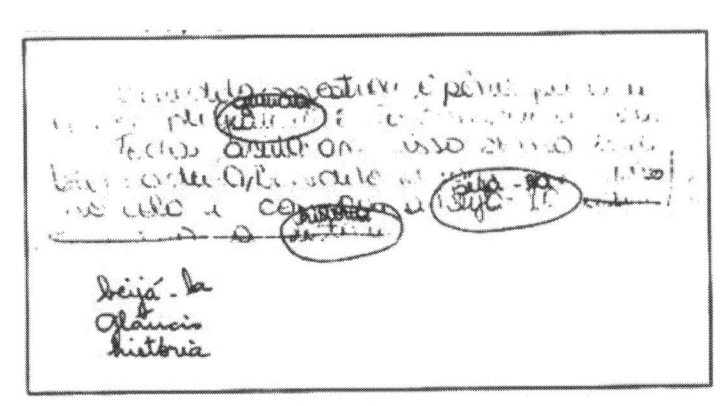

EXEMPLO 11 (C. / pub. / Patrícia / 5ª - T31)
OBS. (1ª versão): C. escreve corretamente, no "pós-texto", as palavras beijá-la, Gláucia e história, circundadas.

E, então, entenderam os primeiros tipos de correção, exemplificados por Serafini (1994). Qualquer dúvida, questione por e-mail ou no QUADRO DE AVISOS.

Gostou da aula? Entendeu as metodologias de correção?

Vamos, agora, participar de uma oficina, selecionando dois textos de aluno do ensino fundamental e realizando a prática das correções indicativa e resolutiva? Vamos lá!

ATIVIDADES

As atividades referentes a esta aula estão disponibilizadas na ferramenta "Atividades". Após respondê-las, enviem-nas por meio do Portfolio - ferramenta do ambiente de aprendizagem UNIGRAN Virtual. Em caso de dúvidas, utilize as ferramentas apropriadas para se comunicar com o professor.

Aula 03

COMO CORRIGIR TEXTOS: OFICINA (2)

Caro(a) Aluno(a),

Percebe que nos dois tipos de correção estudadas, indicativa e resolutiva, destaca-se uma "atitude descritiva"?

Observe que na primeira situação, apenas se "aponta" o erro e, na segunda, além de mostrar, o professor resolve-o.

Em continuidade à classificação apresentada por Serafini (1994, p, 193), a autora destaca a **correção classificatória(3)**, sobre a qual afirma:

> Tal correção consiste na identificação não-ambígua dos erros através de uma classificação. Em alguns desses casos, o próprio professor sugere as modificações, mas é mais comum que ele proponha ao aluno que corrija sozinho o seu erro. (Serafini, 1994, p. 114)

Ruiz (2001), em estudo realizado, esclarece que, normalmente, os professores fazem uso de "um conjunto de símbolos" para corrigir o texto do aluno, código comum entre os interlocutores, sendo que cada professor cria o seu. Costuma-se empregar as letras maiúsculas das palavras-chave referentes a cada tópico referendado no texto do aluno, fazendo-se uso, também, de outros sinais, cuja identificação seja objetiva, principalmente para o aluno. Tais registros marcam-se no corpo do trabalho ou à margem do texto.

Entendeu?

Para melhor compreensão, atente para a relação de símbolos apresentada pela autora:

SÍMBOLO	SIGNIFICADO	PROFESSOR USUÁRIO
A	Acentuação	A., C., E., I., Ml., Mt., N., S.
Amb	Ambigüidade	E.
D	Dubiedade	A.
Coes	Coesão	E.
Coer	Coerência	E.
?	Confuso	C., E., I., Mc., N., S.
CP/Col Pron	Colocação pronominal	E.
CN	Concordância nominal	E.
C	Concordância	I., Mc., Mt.
CV	Concordância Verbal	C., E.
Dg	Desvio Gramatical	A.
Cr	Crase	E.
DL	Desenho da letra	
TL	Traçado da Letra	
DD	Discurso Direto	E.
DI	Discurso Indireto	E.
DS	Divisão silábica	N.
EI	Erro de Informação	C.
EF	Estrutura da Frase	E.
Fr	Frase mal construída	C.
FN	Foco Narrativo	E.
Fv	Forma Verbal	A., E.
G	Grafia	E.

II	Impropriedade Lexical	Mc., Mt.
IV	Impropriedade Vocabular	A., E.
Voc	Vocabulário	C.
M	Maiúscula	C., E., N.
M	Minúscula	E.
LO	Linguagem Oral	A., E.
O	Ortografia	A., C., E., I., Mc., Mt., N., S.
Pfç	Paragrafação	C.
§ / *	Parágrafo	E., I., Mt., N., Z.
X	Ponto Final	C.
P	Pontuação	A., C., E., I., Mc., Ml., N., S., Z.
PDD	Pontuação do Discurso Direto	E.
DD	Discurso Direto	E., I.
PDI	Pontuação do Discurso Indireto	E.
Prep	Preposição	E.
Pron /Pr	Pronome	E.
Pron rel	Pronome Relativo	I.
Rd/Red	Redundância	A., E., Mc.
Rg	Regência	C., E., I.
R/Rep/Rp	Repetição	A., C., E., Mc., N.
S/Seq	Seqüenciação	A., E.
TV	Tempo Verbal	C., E.
X	Vírgula	C.
SÍMBOLO	SIGNIFICADO	PROFESSOR USUÁRIO

Observe, a seguir, a correção classificatória, mesclada à **textual-interativa(4)**, apresentada por Ruiz (2001, p. 63) em pesquisa que objetiva mostrar como se corrige redação na escola. Trata-se da interlocução entre professor e aluno por meio de "bilhetes". As funções básicas da metodologia é falar sobre "as falhas", direcionando o aluno à reescritura do texto, principalmente quando o professor realiza a primeira correção, no caso de existir(em) outra(s), ou comentar, "metadiscursivamente", a respeito da atividade de correção feita pelo professor.

Os bilhetes abordam diversos aspectos como o empenho do aluno, a necessidade de revisão textual, a cobrança pelo não realizado, o elogio pelo feito. Pode haver, ainda, a resposta do aluno ao professor, confirmando, assim, a possibilidade de manifestar-se, o que valoriza esse tipo de correção interlocutiva e, geralmente, produz uma afetividade entre professor e aluno.

Fernandes (1998), em sua dissertação de mestrado, esclarece que pesquisa realizada com acadêmicos de diversos cursos superiores, apontam que merece destaque o fato de que a importância do relacionamento sócio-afetivo, conforme afirma Wallon, entre professor e alunos é muito mais significativo no contexto da prática da produção textual do que se imagina. As marcas deixadas pela forma de organizar e conduzir o ensino nessa área, principalmente, no que se refere à maneira de corrigir/avaliar e de se lidar com o "erro" do aluno, constituem-se em sérios entraves para a formação desse aluno como produtor de textos.

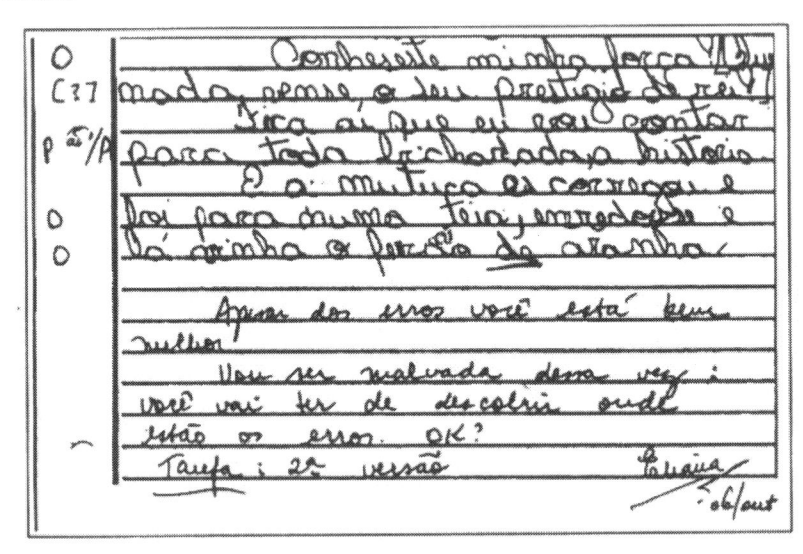

EXEMPLO 15 (E. / par. / Fernanda D. / 4ª - T 94).
Obs. (1ª versão): Neste "bilhete" refiro-me à forma como a correção se dá: exclusivamente classificatória, sem indicações. E desafio, de modo carinhoso, Fernanda a proceder a uma revisão sem tanto paternalismo.

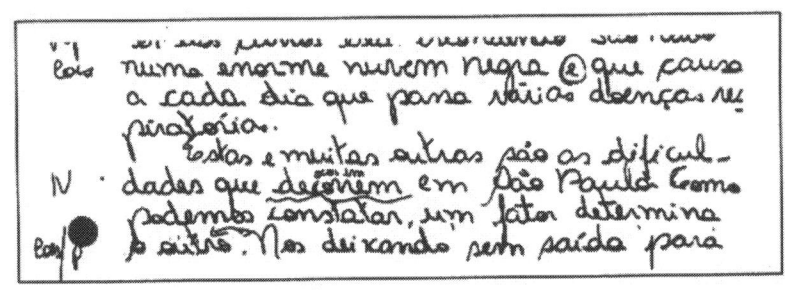

EXEMPLO 16 (E. / par. / Leandra I. / 2ª e.m. - T 135).
Obs. (1ª versão): Além de sublinhar decorrem, no corpo, e classificar com IV, na margem, produzo o "bilhete" resolutivo no "pós-texto".
Observa-se que, na maioria das correções, depara-se com mais de um tipo de correção, indicativo de que o professor pode e deve fazer a opção pela(s) metodologia(s) a ser(em) utilizadas.

EXEMPLO 12 (S. par. / M. Laura / 5º - T81).
Obs. (1ª Versão): Em 5 de abril S. escreve um "bilhete" e obtém uma resposta de M. Laura (Vou tentar melhorar). Em 10 e 11 de abril, escreve dois "bilhetes" e uma resposta surge (Obrigada).

EXEMPLO 13 (N./ par. / Roberta B. / 5ª - T61).
Obs. (1ª versão): O "bilhete" fala positivamente da macroproposição do texto, além de expressar um incentivo carinho de N. ao trabalho de Roberta.

[Texto manuscrito:]

Quando, Francisca, levou uma grande decepção com seus amigos, porque todos o desprezavam muito por causa de sua cor negra. Quando Francisco saía para o recreio, ele tentava fazer amizades com alguém, logo ele escutava: "Vá embora desta escola, isto é de indefesos, sai pra lá negrinho". Isto foi magoando muito Francisco, que resolveu sair da escola.

Isto é muito comum, no dia de hoje, nós sempre temos algum preconceito. O preconceito daquelas pessoas pelo Francisco, era devido a cor negra, e devido a ele ser pobre. Isto não deveria acontecer, porque se Francisco tem a capacidade de passar no vestibulinho, ele tem a capacidade, e o direito de estudar naquela escola, sem nenhum preconceito.

Márcio atenção é uma coisa muito importante para se aprender alguma coisa.

Para aprender a escrever corretamente, é preciso muita atenção também.

preconceito - no título -
Veja no texto como você escreveu - cuidado!

No vestibulinho o pessoal tem preconceito contra quem não escreve corretamente as palavras.

Você não corrigiu seus textos nem uma vez, isto faz com que você continue cometendo os mesmos erros desde o "começo".

Você vai me entregar 4 textos novos na 2ª feira e vai corrigir todos os outros textos, se quiser melhorar.

Isabel 20/11

EXEMPLO 14 (I. / pub. / Marcio h. 8ª - T9).
Obs. (1ª VERSÃO): I. chama a atenção de Márcio para o trabalho de revisão que não vem realizando com freqüência esperada, reclamando uma mudança de atitude.

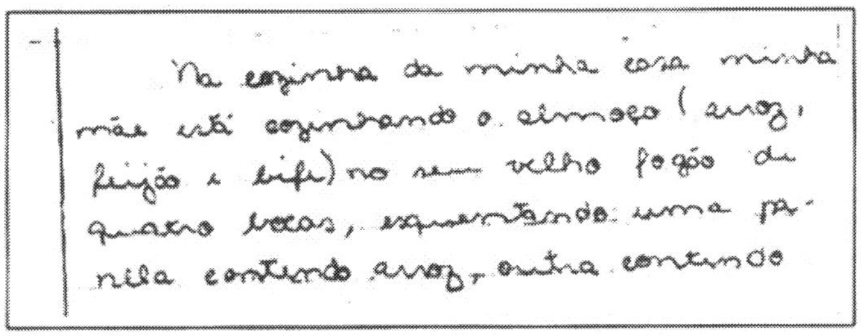

Estudo de Textos V - *Maria Alice de Mello Fernandes* - **UNIGRAN**

[manuscrito:]
Na cozinha da minha casa minha mãe está cozinhando o almoço (arroz, feijão e bife) no seu velho fogão de quatro bocas, experimentando uma panela contendo arroz, outra contendo

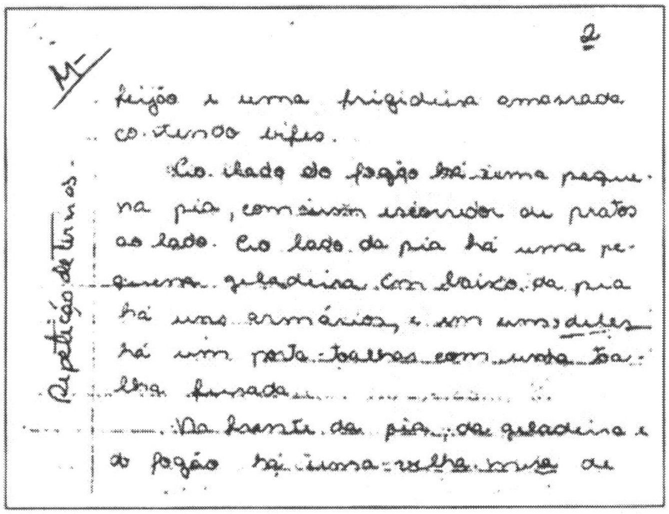

[manuscrito, página 2, margem: "Repetição de termos":]
feijão e uma frigideira amassada contendo bifes.
Ao lado do fogão há uma pequena pia, com sabão escorredor de pratos ao lado. Ao lado da pia há uma pequena geladeira. Em baixo da pia há uns armários, e em uns deles há um porta-toalhas com uma toalha furada.
Na frente da pia, da geladeira e do fogão há uma velha mesa de

EXEMPLO 17 (A. / par / Fernanda R. / 17ª - T65).
Obs. (1ª versão): O "bilhete" de A., na margem, refere-se à repetição de termos, por Fernanda, ao longo de todo texto.

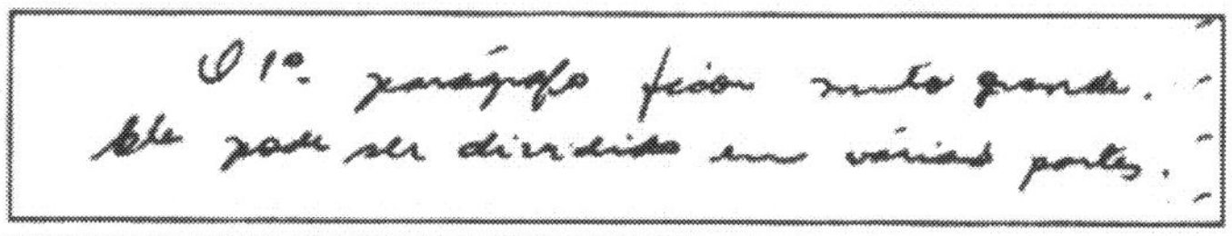

[manuscrito:]
O 1º. parágrafo ficou muito grande. Ele pode ser dividido em várias partes.

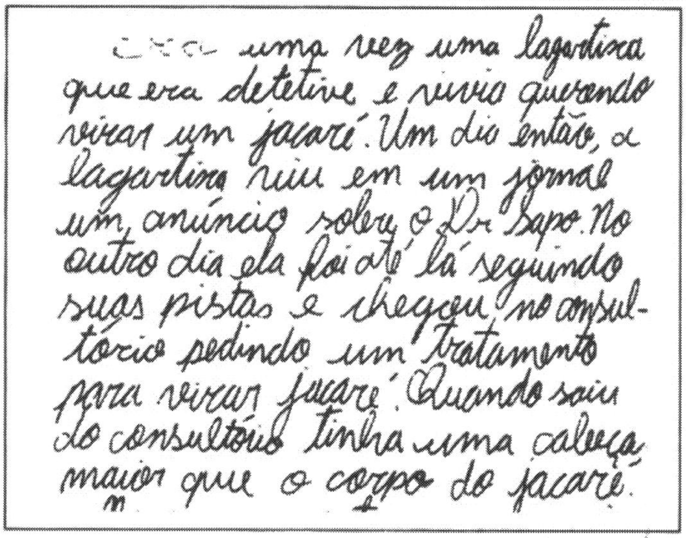

[manuscrito:]
Era uma vez uma lagartixa que era detetive e vivia querendo virar um jacaré. Um dia então, a lagartixa viu em um jornal um anúncio sobre o Dr. Sapo. No outro dia ela foi até lá seguindo suas pistas e chegou no consultório pedindo um tratamento para virar jacaré. Quando saiu do consultório tinha uma cabeça maior que o corpo do jacaré.

EXEMPLO 18 (N. / par / Pedro J. / 5ª - T 60).
Obs. (1ª versão): N. não intervém no corpo, nem usa código, apenas escreve o "bilhete" na margem (neste caso, na página em espelho, já que Pedro não utiliza o verso de seu espaço)

29

Tais bilhetes da correção interativa podem, inclusive, serem respondidos pelos alunos, quando o professor prpicia ao aluno a reescritura do texto. Trava-se, na verdade, um diálogo, o que é bastante significativo para o processo ensino-aprendizagem do aluno.

Gostou da aula? Entendeu as metodologias de correção?

Vamos, agora, participar de uma oficina, selecionando dois textos de aluno do ensino médio e realizando primeiro a prática da correção classificatória e do segundo, a textual-interativa?
Vamos lá!

ATIVIDADES

As atividades referentes a esta aula estão disponibilizadas na ferramenta "Atividades". Após respondê-las, enviem-nas por meio do Portfolio - ferramenta do ambiente de aprendizagem UNIGRAN Virtual. Em caso de dúvidas, utilize as ferramentas apropriadas para se comunicar com o professor.

Aula 04

A AVALIAÇÃO DOS TEXTOS

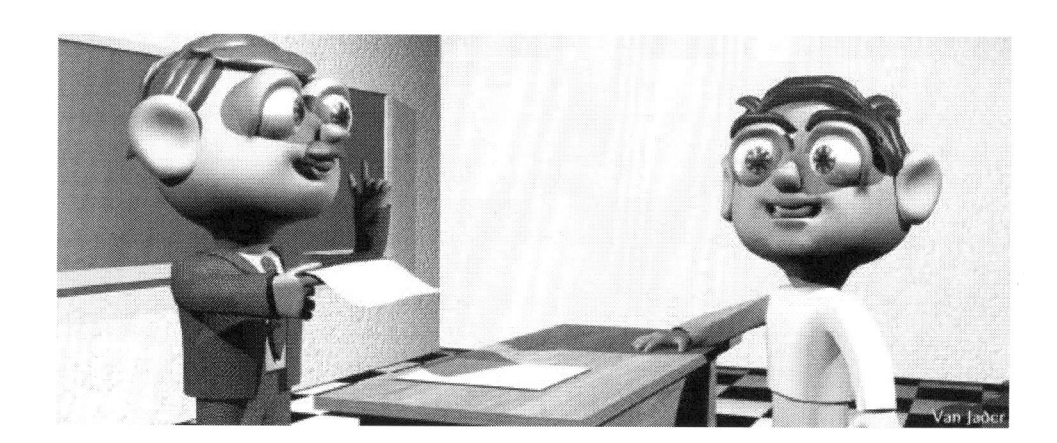

Querido(a) aluno(a),

Você tem conhecimento de que a CORREÇÃO e a AVALIAÇÃO são dois momentos distintos?

Na correção, o professor intervém no trabalho do aluno, evidenciando o que pode ser melhorado, colaborando para que o mesmo perceba suas falhas e possa corrigi-las. É nesse momento, após a correção, que se deve realizar o trabalho de reescritura do texto, pois, à medida que o produtor se distancia de seu texto e recebe orientações sobre esse texto, poderá reescrevê-lo de maneira mais eficiente.

Pesquisa realizada junto a alunos universitários do 1º ano de Letras/Lingüística do IEL/UNICAMP, no 1º semestre de 1989, comprova que a etapa de reescrita, após leituras realizadas pelos próprios colegas de sala, *"favoreceu um trabalho consciente deliberado, planejado e repensado."* (Fiad & Sabinson, 1996 p. 63) Já na avaliação, o professor faz um julgamento sobre o produto, expressando-o por meio de conceito, por nota ou por comentários, objetivando mostrar o crescimento do aluno. Trata-se de um momento da maior relevância na prática de produção textual, uma vez, dependendo da forma como é conduzida, pode favorecer ou dificultar o domínio de conhecimentos e habilidades para um bom desempenho na escrita.

Num momento em que as ciências da educação avançam, tornando possível ter uma melhor compreensão do processo de ensino e de aprendizagem e dos fatores que nele interferem, é inadmissível que as escolas continuem a enfatizar a avaliação classificatória. A avaliação praticada pela maioria dos atuais professores é a mesma adotada pelos seus professores: uma avaliação que, por ser autoritária e discriminatória, fez e faz uso abusivo do poder, intimidando, punindo ou premiando. A avaliação, portanto, não tem sido um meio, mas um fim. Luckesi (1995, p. 27) critica essa forma de entender e praticar a avaliação, assinalando que *"o ato de avaliar não serve como uma parada para pensar a prática e retornar a ela, mas sim como um meio de julgar a prática e torná-la estratificada."*, o que aponta como inadmissível.

Com relação aos professores de Língua Portuguesa, a realidade é a mesma e isso pode ser comprovado à medida que são analisadas as informações fornecidas pelos alunos sujeitos da pesquisa nos questionários e nas memórias, em que são registradas as experiências marcantes do aprendizado da referida disciplina, principalmente quando se referem ao período de alfabetização e de prática de produção textual, particularmente no que diz respeito à avaliação. No entanto, o que se observa quando se dialoga com os professores em geral é o caráter contraditório do seu discurso, pois, insatisfeitos com o que realizam, tendem a expressar adesão a uma concepção de avaliação que se evidencia mais progressista do que conservadora. Parece que a insatisfação com os resultados alcançados conduz o professor a um discurso que nem sempre corresponde à prática.

As avaliações da produção escrita são, sobretudo, classificatórias, não favorecendo a superação das dificuldades nem o crescimento do aluno. Sendo assim, contribuem para a discriminação e a seleção, provocando, inclusive, a evasão e a repetência, que são fenômenos os quais se tornam mais evidentes à medida que o final do ano aproxima-se e que acabam, muitas vezes, determinando a exclusão do aluno. Dos que permanecem na escola, vários referem-se a traumas e a receios de escrever, quando são solicitados para tal.

Aqueles professores que procuram desenvolver uma prática de avaliação mais coerente com a idéia de uma escola democrática deixam de encarar a "correção" (como mecanismo de atribuição de nota) como o "eixo" do processo de ensino e aprendizagem. Para esses professores os "erros" e as dificuldades constatadas são importantes porque indicam onde e como o aluno precisa ser ajudado para superar as dificuldades, desenvolvendo mais adequadamente suas capacidades e habilidades para a produção textual. Além disso, os professores de "perfil progressista" postulam a importância de se analisar/avaliar o texto não apenas do ponto de vista formal, privilegiando os recursos lexicais e lingüísticos mas, também, do conceitual, observando, então, a coesão e a coerência.

O professor de Língua Portuguesa deve estabelecer, junto aos seus alunos, quais os critérios que serão utilizados para a correção do texto solicitado, pois nem todos os tipos de textos apresentam as mesmas dificuldades. Observar a idade do aluno é fundamental, pois alguns textos só devem ser trabalhados a partir de uma certa idade; é o caso da dissertação (texto argumentativo) que, de acordo com Lowery (apud Serafini. op. cit. 1994, 123), *"requer uma capacidade classificatória e hierarquizante que não se desenvolve antes dos quinze-dezesseis anos"* e por isso *"julga absurdo criticar uma criança por ter apresentado os dados de maneira pouco sistemática."*

Ao trabalhar a produção textual, é necessário que o professor investigue se o aluno já conhece a superestrutura do texto desejado. De acordo com Nascimento (1994, p. 123) a noção de superestrutura foi desenvolvida por Van Dijk e é caracterizada, conforme se afirmou anteriormente, como *"a estrutura global do texto, que define sua ordem e as relações entre seus fragmentos"*, esclarecendo que o indivíduo que não adquiriu a estrutura esquematizada mental do tipo solicitado não conseguirá organizar o seu texto, mesmo que respeite todas as etapas do processo de escritura. Estabelecer a "racional" do texto, compreendendo-o de maneira articulada, progressiva, contínua e não contraditória, é fundamental para tal aprendizagem, e isso só se torna possível quando o aluno atinge o estágio de abstração do pensamento formal, que lhe possibilita operar com abstrações hipotéticas, conseguindo efetuar as relações necessárias para uma boa argumentação. Vale lembrar, no entanto, que a estrutura do texto não acontece "de repente" aos 16 anos, sendo necessário construí-la.

A sensibilidade do professor para identificar as características do pensamento dos alunos, em função do seu estágio de desenvolvimento, merece ser mais trabalhada durante a graduação ou nos cursos complementares realizados por ele. Somente assim, conhecedor e convicto dos preceitos construtivistas, é que poderá efetuar uma prática que auxilie o educando em seu crescimento individual, articulado com o coletivo social, fazendo das pessoas indivíduos em condições de se comunicar pela escrita.

E, então, percebe como é importante que você, futuro professor, sinta-se seguro para realizar o processo de avaliação de produções textuais de seus alunos? Para tanto, é preciso ler, refletir, fundamentar-se teoricamente.

ATIVIDADES

As atividades referentes a esta aula estão disponibilizadas na ferramenta "Atividades". Após respondê-las, enviem-nas por meio do Portfolio - ferramenta do ambiente de aprendizagem UNIGRAN Virtual. Em caso de dúvidas, utilize as ferramentas apropriadas para se comunicar com o professor.

Aula 05

ARTIGO CIENTÍFICO: O QUE É, COMO SE FAZ

Caro(a) aluno(a)

Tudo bem com você? Foram interessantes as quatro primeiras aulas? Percebeu a importância de se trabalhar com a correção de produção textual?

Pois bem, as últimas aulas da disciplina Estudo de Texto V, tem como objetivo explicar a você como produzir um artigo científico. Não é interessante?

Pois bem, vamos lá!

ARTIGO CIENTÍFICO

De acordo com Baruffi (2004, 170), artigo é:

um trabalho técnico científico, escrito por um ou mais autores, oriundo de pesquisas experimentais, pesquisas descritivas ou de campo ou de revisão bibliográfica, que seguem as normas editoriais do periódico a que se destina

Diversos são os motivos para se redigir um artigo científico:

a) mostrar dados obtidos por meio de pesquisas e discussões de forma objetiva sobre um tema num certo periódico;
b) comunicar o já estudado numa nova visão;
c) esclarecer termos ainda controvertidos.

A estruturação de um artigo científico deve respeitar os quesitos exigidos pela revista na qual se pretende publicar, como se pode observar nas normas editoriais da revista eletrônica **INTERLetras** da **UNIGRAN** que já tem mais de 05 edições publicadas.

Normas Editoriais
Revista Transdisciplinar de Letras, Educação e Cultura da UNIGRAN, Dourados - MS, V.1 N.6 e 7 Jan/Jul. 2008

Normas para apresentação de trabalhos na INTERLetras da UNIGRAN-MS

1. Os artigos e ensaios devem ser INÉDITOS, sendo digitados em Word 6.0, fonte VERDANA, tamanho 12. Para as citações destacadas, com mais de 4 linhas, usar a mesma fonte em tamanho 10. Usar parágrafo moderno, isto é, sem deslocamento na primeira linha, espaço simples entre linhas e duplo entre parágrafos. Não numerar as páginas. Estas devem ser configuradas no formato A4. A publicação do periódico é SEMESTRAL, com acesso GRATUITO.

2. Os trabalhos (artigos, ensaios, resenhas) deverão ser enviados, EXCLUSIVAMENTE, por e-mail, em anexo sgarbi@unigran.br e junior@unigran.br . Em separado, colocar os dados do autor: Nome completo, Endereço completo (com CEP), e-mail, Titulação e Instituição. Os textos serão enviados para pareceristas integrantes da Comissão Editorial da revista eletrônica. A cada número, será organizado um dossiê. Os artigos e ensaios deverão ter no mínimo 08 páginas e no máximo 15 páginas, resumo em português e em outra língua estrangeira, de no máximo 250 palavras e 03 palavras-chave, também em português e na outra língua escolhida. As resenhas deverão ter, no máximo, 03 páginas. Os artigos não aceitos para publicação NÃO serão devolvidos.

3. A primeira página deve incluir: a) o título centralizado, em caixa alta, com negrito; o(s) nome(s) do(s) autor(es), com letras maiúsculas somente para as iniciais, duas linhas

abaixo do título à direita, com um asterisco que remeterá ao final do texto para identificação da instituição a que pertence(m) o(s) autor(es) e da função que nela ocupa(m); b) resumo e abstract: colocar as palavras RESUMO e ABSTRACT (ou outra designação na língua escolhida) em caixa alta, seguidas de dois pontos. Colocar o resumo três linhas abaixo do autor ou autores e separar o ABSTRACT do resumo por espaço duplo; os textos-resumo deverão ser feitos em itálico, corpo 10, seguidos de dois pontos; c) palavras-chave e keywords: colocar as PALAVRAS-CHAVE e KEYWORDS em caixa alta, seguidas de dois pontos; colocar as palavras-chave três linhas abaixo do abstract e separar as keywords das palavras-chave por espaço duplo; as palavras-chave e as keywords deverão ser digitadas em itálico, corpo 10.

4. Subtítulos: sem adentramento, em maiúsculas, numerados em algarismos arábicos; a numeração não inclui a introdução, a conclusão e a bibliografia.

5. Notas: devem aparecer ao final do artigo, utilizando-se os recursos do Word 6.0, corpo 10 e numeradas na ordem de aparecimento; a chamada (o número referente à nota) deve estar sobrescrita; os destaques (livros, autores, artigos, categorias, etc.) devem ser colocados em itálico, conforme a necessidade.

6. Referências: seguir normas da ABNT: a) Para títulos de livros, usar negrito; b) Subtítulos, sem negrito; Capítulos de livros do mesmo autor, usar a expressão In:, seguida de 5 travessões: In: _____. c) Para Organizadores e Coordenadores (Org.). ou (Coord.).; d) Após a citação, colocar o sobrenome do(a) autor(a) em caixa alta, seguido do ano e do nº. da página. P. ex.: (SCHWARZ, 1986, p. 85).

7. Anexos: caso existam, devem ser colocados antes das referências, precedidos da palavra ANEXO, sem adentramento e sem numeração.

8. Só serão aceitos artigos de autores que tenham seu currículo cadastrado e atualizado na Plataforma Lattes do CNPq.

OBS.: Os textos que não apresentarem as normas estipuladas para publicação, notadamente as de formatação das referências, NÃO serão avaliados.

Observadas as normas da InterLETRAS, observe a orientação estrutural para a escritura de um artigo científico:

1. Cabeçalho:

a. título do artigo;
b. nome do autor(es);
c. credenciais do(s) autor(es) e local das atividades.

2. Resumo:
Contém a síntese analítica do trabalho: a relevância, objetivo, a metodologia, os

resultados e as conclusões, devendo oferecer condições ao leitor de lê-lo e julgar se há interesse em consultá-lo na íntegra. O resumo deve priorizar períodos curtos, o emprego da terceira pessoa e um único parágrafo e ser transcrito, a seguir em outra língua, ou seja, em língua inglesa (*abstract*); em língua francesa (*résumé*), em língua espanhola (*resumen*). O resumo, normalmente, contém até 200 palavras.

3. Palavras-chave:

As palavras-chave são as que refletem o conteúdo do artigo e, geralmente são em número de três a cinco. Em inglês diz-se *Keywords* e têm como objetivo facilitar a elaboração de um índice por assunto, caso seja necessário.

4. Corpo do artigo

Trata-se o corpo do artigo do texto propriamente dito com três partes fundamentais: introdução, desenvolvimento e conclusão.

A introdução centra-se na justificativa, nos objetivos e na relevância do trabalho. O desenvolvimento apresenta a revisão de literatura, ou resultados e a discussão dos resultados. Finalmente, a conclusão contém deduções a respeito da pesquisa, apresentando comentários e sugestões para trabalhos futuros (novos enfoques).

5. Referências

Deve-se elencar todas as consultadas para realizar o artigo. Para tanto, é necessário consultar as normas da ABNT (Associação Brasileira de Normas Técnicas).

Entendeu como se organiza um artigo científico?

Para melhor compreensão, realize uma leitura de: BARUFFI, Helder. Descrição das partes de um artigo científico. In: Metodologia da Pesquisa: orientações metodológicas para a elaboração da monografia. 4 ed. Dourados: HBedit, 2004. p. 171-174.

Descrição das partes de um artigo científico

Título e identificação dos autores. O **título** do artigo deve estar em negrito, maiúsculo, centrado. Após espaço duplo, deve aparecer o nome(s) do(s) autor(es), centralizado, com sobrescrito indicando o número de referência para a respectiva identificação do(s) mesmo(s) na nota de rodapé da página.

Na **identificação** do(s) autor(es), deverá(ão) constar a(s) entidade(s) de filiação, endereço para correspondência, telefone, fax e e-mail, sempre no rodapé da página, separado por uma linha do texto principal, em fonte tamanho 10.

Após dois espaços, inicia-se o **Resumo** ocupando todo espaço entre as margens, após a palavra Resumo em negrito. O mesmo deve ocorrer com relação ao ***Abstract***.

Resumo e Palavras-Chave (*Abstract, Keywords*): O resumo deverá conter no máximo 250 palavras, seguido da respectiva versão em inglês.

O conteúdo do resumo de **artigos gerados por pesquisas experimentais ou pesquisas de campo** deve conter as seguintes informações: objetivos do estudo, procedimentos básicos empregados (materiais e métodos, amostragem, metodologia, análise dos dados), resultados principais do estudo (dados concretos e estatísticos) e conclusões, destacando os aspectos mais relevantes da pesquisa.

O conteúdo do resumo de **artigos de revisão bibliográfica** deve conter as seguintes informações: objetivos, justificativa da escolha e relevância científica do estudo, resultados principais do estudo (dados concretos e estatísticos) e conclusões do estudo, destacando os aspectos mais relevantes da pesquisa.

Após o resumo devem ser indicadas **as palavras-chave** (unitermos ou *Keywords*) que facilitem a indexação do artigo (normalmente são indicadas três ou quatro palavras-chave).

Introdução: Na Introdução o autor deve apresentar de forma clara as razões da escolha da temática, a relevância da pesquisa desenvolvida em relação ao referencial teórico utilizado e o(s) objetivo(s) a ser(em) atingido(s) ao final da realização do trabalho.

Revisão de Literatura: A revisão de literatura deverá abordar os principais tópicos relacionados com o tema do artigo, de modo a demonstrar que o autor conhece as formas como o assunto em estudo foi ou vem sendo tratado e que sirva de suporte para discussão de resultados. Apresenta a moldura conceitual do artigo. É importante frisar que nesta parte do artigo, como nas demais, deve ser evitada a transcrição das palavras dos autores sob forma de citação. As abordagens dos posicionamentos desses autores devem ser feitas sob a forma de referencias, nas quais deve ser usado um dos sistemas de referência (**autor-data ou numérico**), sempre em acordo com as orientações da instituição a cargo de quem está a responsabilidade de publicação do artigo.

Materiais e Métodos: Nessa parte do artigo deve-se descrever como o estudo foi conduzido, de tal modo que permita a outro pesquisador replicá-lo, se o desejar. Deverá conter as características da amostra, seus critérios de escolha e forma de amostragem, os equipamentos e recursos utilizados com as respectivas especificações, o âmbito da pesquisa bibliográfica, as condições de realização da pesquisa, os procedimentos de coleta dos dados, a forma de tratamento dos dados e ainda o tipo de abordagem feita pelo pesquisador (descritiva e/ou estatística).

Resultados e Discussões: Os resultados tanto em pesquisas experimentais e de campo como em pesquisas bibliográficas podem ser apresentados em tabelas, gráficos e/ou de forma descritiva. A discussão apresentará a interpretação analítica feita pelo descritor dos resultados, fundamentada em dados existentes na literatura, ou seja, os resultados do estudo devem ser confrontados com dados existentes na literatura.

Conclusões: Nas conclusões o autor, baseado em tudo que estudou e nos resultados da sua pesquisa, deve apresentar suas deduções lógicas. As conclusões deve/devem ser sucintas e deve/devem estar fundamentadas na apresentação e discussão dos resultados.

Pode o autor, ainda, apresentar recomendações e sugestões de procedimentos, de novos estudos ou ainda ampliação de sua pesquisa sob outros pontos de vista ou considerando outras variáveis.

Referências Bibliográficas: As referências às publicações mencionadas no trabalho deverão seguir as orientações da ABNT.

Organização de Figuras, Tabelas e abreviaturas: As TABELAS e FIGURAS deve/devem ser numeradas sequencialmente e de forma independente. Como regra geral, só deverão ser utilizados abreviaturas e símbolos padronizados.

Entendeu, agora, como se organiza um artigo científico?

ATIVIDADES

As atividades referentes a esta aula estão disponibilizadas na ferramenta "Atividades". Após respondê-las, enviem-nas por meio do Portfolio - ferramenta do ambiente de aprendizagem UNIGRAN Virtual. Em caso de dúvidas, utilize as ferramentas apropriadas para se comunicar com o professor.

Aula 06

ARTIGO CIENTÍFICO: UM EXEMPLO

Querido(a) aluno(a),

Agora que já teve uma aula em que se destaca o conhecimento sobre o artigo científico: o que é, como redigi-lo e como estruturá-lo, faz-se importante que você leia um artigo publicado em nossa revista eletrônica, a INTERLetras.

Selecionei um artigo de minha autoria, já lido por você em semestre anterior. Tenho certeza, no entanto, de que um outro olhar será dado a ele, visto que o conhecimento adquirido sobre o referido conteúdo proporciona-lhe tais condições. Observe, então, todos os aspectos mencionados na aula anterior a fim de que possa escrever "o piloto" ou partes de um artigo nas próximas aulas.

A COESÃO DE TEMPOS VERBAIS EM TEXTOS DE ALUNOS INGRESSANTES NO ENSINO SUPERIOR

*Maria Alice de Mello Fernandes**

RESUMO: Este estudo analisou os tempos verbais em textos produzidos por alunos ingressantes no ensino superior, observando a relação entre esses tempos e o tipo de texto, além de sua importância coesiva. Após apresentar um breve histórico sobre lingüística textual, um estudo sobre coesão e o tempo verbal com função coesiva, comentou-se a tipologia textual, enfatizando na dimensão lingüística de superfície as marcas efetuadas pelos tempos verbais predominantes para, finalmente, realizar a análise dos textos. Para tanto, foram retomados os estudos realizados, principalmente, por Weirinch (1974), Koch & Fávero (1987) e Koch (2000).

ABSTRACT: This study analyzed verbal tenses in texts produced by students who entered the higher education, observing the relation between these tenses and the kind of texts beyond their cohesive importance. After presenting a brief background about textual linguistics, a study about cohesion and the verbal tense with cohesive function, the typology of text was commented, emphasizing the linguistic dimension of the surface the marks performed by the predominant verb tenses to the analysis of the texts. To do that, the analyses lied on Weinrich (1974), Koch & Fávero (1987) and Koch (2000) studies.

PALAVRAS-CHAVE: Coesão, tempo verbal, tipologia textual.

KEY WORDS: Cohesion, verbal tense, text typology.

1. LINGÜÍSTICA TEXTUAL

Os estudos lingüísticos, até o início da década de 60, fixavam-se em torno das gramáticas de frase que apresentam falhas por não darem conta da explicação de alguns fenômenos como referências, ordenação das palavras, concordância de tempos verbais, relações entre sentenças sem conjunções, que só podem ser justificados por meio de textos ou de contextos referenciais.

Multiplicaram-se a partir dessa década, os estudos sobre a lingüística textual, destacando-se, a partir de 1970, o enfoque da "análise transfrásica" que, apesar de já ter a preocupação em explicar os fenômenos sintático-semânticos, ainda não diferencia quais fenômenos estão relacionados à coesão e quais à coerência. Sobressai-se também a

---

*UNIGRAN-MS. Professora titular de Língua Portuguesa, Práticas de Leitura e Produção textos e Linguagem e Argumentação nos cursos de Letras, Educação Física, Biomedicina, Fisioterapia, Administração Rural. Doutora pela UNESP/Araraquara.

denominada "gramática gerativa", preocupada com a construção de uma gramática de texto, já que as gramáticas de frase não conseguem explicar diversos fenômenos lingüísticos. Finalmente, na década de 80, é que tomam grande impulso as "teorias de texto", ou a lingüística de texto que têm como objeto não a palavra ou frase, mas o texto que, de acordo com autores conceituados como Halliday & Hasan, Beaugrande & Dressler, é a "unidade básica de manifestação da linguagem".

O texto não se constitui pela somatória de diversas frases, como afirma Fávero (1995, p. 07):

> Consiste em qualquer passagem falada ou escrita que forma um todo significativo independente de sua extensão. Trata-se pois, de um contínuo comunicativo contextual caracterizado pelos fatores de textualidade: contextualização, coesão, coerência, intencionalidade, informatividade, aceitabilidade, situacionalidade e intertextualidade.

e Koch & Travaglia (1998, p. 10):

> é uma unidade lingüística concreta (perceptível pela visão ou audição), que é tomada pelos usuários da língua (falante, escritor/ouvinte, leitor), em uma situação de interação comunicativa reconhecível e reconhecida, independentemente da sua extensão.

É por intermédio de textos que o homem comunica-se e se faz imprescindível a ele saber ler e escrever para que possa participar, efetivamente, da construção e da re-construção da sociedade em que vive. Ler significa buscar sentido(s) no texto escrito, enquanto escrever retrata a capacidade de produzir um texto que apresente significado(s) para o leitor.

2. A COESÃO COMO FATOR DE TEXTUALIDADE

Entre os fatores de textualidade, é à coesão que se deseja dar maior relevância neste trabalho, uma vez que é responsável pela conexão entre as partes e as idéias do texto. Embora haja autores que não distingam coesão e coerência, ou destaquem apenas uma delas ou, ainda, refiram-se apenas aos seus determinantes, sem mencioná-las, achou-se por bem, mais uma vez, enfatizar os estudos feitos por Fávero (1995, p. 11) e Koch & Travaglia (1998, p. 42) que explicam existirem textos coerentes e sem coesão[1] e outros coesivos, mas sem coerência. São, portanto, fatores independentes, embora relacionados um ao outro.

A coesão de um texto determina-se pelos elementos responsáveis pela articulação entre as passagens do texto. Segundo Halliday & Hasan (1976, p. 04):

> a coesão ocorre quando a interpretação de algum elemento no discurso é dependente da de outro. Um pressupõe o outro, no sentido de que não se pode ser efetivamente decodificado a não ser por recurso ao outro.

---

[1] São situações especiais onde a coerência é garantida não pelos recursos coesivos, mas sim pela textualidade mais abrangente.

Entende-se, assim, que a coesão existe quando um elemento do texto retoma outro elemento ou uma expressão já dita ou explicitada anteriormente; é uma relação semântica que se faz por intermédio do sistema léxico-gramatical.

Diversas são as propostas de classificação dos elementos de coesão, sendo que Halliday & Hasan apontam cinco mecanismos de coesão, que são: a) referência (pessoal, demonstrativa, comparativa); b) substituição (nominal, verbal, frasal); c) elipse (nominal, verbal, frasal); d) conjunção (aditiva, adversativa, causal, temporal); e) coesão lexical (repetição, sinonímia, hiperonímia, uso de nomes genéricos, colocação).

Beaugrande & Dressler (apud Fávero, 1995, p. 10) explicam a coesão como a maneira como os componentes — palavras e frases — da superfície do texto estão ligados entre si, numa linearidade, por meio de operadores gramaticais.

Para Marcuschi (1983, p. 31), diferentemente de Halliday & Hasan, há textos em que, apesar de não existirem elementos coesivos, a continuidade faz-se presente pelo sentido. O autor esclarece, também, que existem textos que apresentam uma seqüência de elementos coesivos entre acontecimentos isolados, que permanecem dessa maneira, não tendo como formar uma textura.

Fávero (op. cit., p. 13) analisa e questiona as propostas de classificação de vários autores, propondo a seguinte reclassificação dos tipos de coesão: a) referencial; b) recorrencial e c) seqüencial stricto sensu . A autora explica que a coesão referencial obtém-se por substituição e por reiteração, enquanto a coesão recorrencial dá-se por paralelismo, que se faz por recorrência de estruturas; por paráfrase, que é a recorrência semântica; e por recursos fonológicos segmentais e supra-segmentais. A coesão seqüencial stricto sensu pode ocorrer por seqüenciação temporal e por conexão.

Koch (1994, p. 27), observando a função dos mecanismos de coesão no texto, apresenta somente duas grandes classificações de coesão, ou seja, a referencial (referenciação e remissão) e a seqüencial (seqüenciação). A coesão referencial acontece quando um componente da superfície do texto realiza remissão a outro elemento do texto, denominando, ao primeiro, de forma referencial ou remissiva e , ao segundo, de referência ou referente textual. A coesão seqüencial ou seqüenciação faz-se por intermédio de segmentos do texto: enunciados, partes de enunciados, parágrafos e seqüências textuais, de relações semânticas e/ou pragmáticas, responsáveis pela progressão textual. Finalmente, apoiada em Castilho (1988), que apresenta a rematização frástica e a rematização parafrástica , a autora classifica a coesão seqüencial em seqüenciação frástica (não tem procedimentos de recorrência estrita) e seqüenciação parafrástica (tem procedimento de recorrência).

3. O TEMPO VERBAL E A FUNÇÃO COESIVA

Entre os recursos de seqüenciação parafrástica , Koch (1994) destaca o estudo sobre tempos verbais feito por Weinrich (1974), em sua obra Estructura y función de los tiempos em el lenguaje. Declara que nas línguas estudadas (o francês, o espanhol e o alemão) há, ligadas à situação comunicativa, três dimensões: a) na atitude comunicativa do falante – distinção entre o mundo comentado e o mundo narrado; b) na perspectiva comunicativa – tempos de grau (sem perspectiva) e tempos com perspectiva (prospecção e retrospecção) e c) no relevo – 1º plano e 2º plano (são detectados apenas em alguns setores do sistema temporal).

O autor esclarece que os tempos do mundo comentado indicam comprometimento, pois conduzem o ouvinte a uma atitude receptiva, tensa, atenta e que pertencem ao mundo comentado todas as situações comunicativas que não sejam relatos como a lírica, o drama, o ensaio, o diálogo, o comentário, sendo seus tempos **o presente do indicativo, o pretérito perfeito (simples e composto) e o futuro do presente**. Quanto ao mundo narrado, explica ser um convite ao ouvinte, para relaxar, não desejando sua manifestação. Todos os tipos de relato, sejam literários ou não, são do mundo narrado, pois se trata de eventos relativamente distantes. São tempos desse mundo **o pretérito perfeito simples, o pretérito imperfeito, o pretérito-mais-que-perfeito e o futuro do pretérito do indicativo.**

Weinrich explica, também, que, analisando a perspectiva, o presente é o tempo-zero do mundo comentado, o pretérito perfeito é o retrospectivo e o futuro do presente, o prospectivo. No mundo narrado, aponta serem dois tempos-zero, ou seja, o pretérito perfeito e o pretérito imperfeito, enquanto é retrospectivo o pretérito–mais–que–perfeito e, prospectivo, o futuro do pretérito com relação aos tempos zero.

Quanto ao relevo, comenta o autor que só é indicado por meio do tempo verbal no mundo narrado, manifestando o 1º plano pelo perfeito e o 2º plano (pano de fundo) pelo imperfeito.

De acordo com Bastos (2001), merece ainda destaque o conceito de Weinrich sobre as transições temporais, isto é, as passagens de um tempo para outro na seqüência linear do texto. As passagens são classificadas como homogêneas quando há repetição do mesmo tempo, e como heterogêneas, quando se subdividem em: de primeiro grau, quando muda o grupo temporal ou a perspectiva; de segundo grau, quando mudam o grupo temporal e a perspectiva.

Koch (1994) encerra os comentários sobre coesão, afirmando:

> Assim, a recorrência de tempo verbal tem função coesiva, indicando ao leitor/ouvinte que se trata de uma seqüência de comentário ou de relato de perspectiva retrospectiva, prospectiva ou zero, ou ainda, de primeiro ou segundo plano, no relato.

Os elementos de coesão, quando usados com propriedade, garantem, então, a articulação entre as partes do texto; caso contrário, provocam a sua diluição desse texto. Enquanto a coerência diz respeito às correlações existentes entre as diversas partes do texto, atribuindo-lhe um significado global, a coesão responsabiliza-se pelas ligações, pelas costuras, pelas relações que se estabelecem entre as passagens do texto em sua superfície.

4. UMA TIPOLOGIA TEXTUAL

Estabelecer uma tipologia textual tem sido uma busca constante dos estudos lingüísticos e diversos são os autores que tentaram fazê-lo. Beaugrande e Dressler (apud Elias, 1994, p. 150) destacam que o tipo de texto sobressai-se na medida em que é relevante para determinada situação. Definem também alguns tipos de textos tradicionais, segundo sua contribuição para a interlocução, apontando serem os textos descritivos aqueles que têm o controle de objetos ou situações e nos quais sobressaem-se os atributos, estados, exemplos e especificações nas relações conceptuais empregadas. Os textos narrativos são os que ordenam "ações e eventos" numa seqüência particular, nos quais destacam-se as relações de causa, razão, objetivo, capacitação e possibilidade temporal. Mostram, ainda, serem os textos argumentativos os que têm como objetivo aceitar ou avaliar certas idéias ou crenças como corretas ou erradas, favoráveis ou desfavoráveis, enfatizando as seguintes relações conceptuais: "razão, significância, volição, valor e oposição".

Num estudo sobre tipologia de textos, Koch e Fávero (1987, p. 03) apontam três dimensões, interdependentes:

> dimensão pragmática, que diz respeito aos macro-atos de fala que o texto realiza e aos diversos modos de atualização em situações comunicativas; dimensão esquemática global, ou seja, os modelos cognitivos ou esquemas formais, culturalmente adquiridos; dimensão lingüística de superfície, isto é, marcas (sintático-semânticas) encontradas no texto que facilitam ao alocutário o esforço de compreensão, permitindo-lhe formular, a partir delas, hipóteses sobre o tipo de texto.

Observa-se, portanto, que as autoras apóiam-se nas interlocuções e nas diversas e atualizadas situações comunicativas, em suas superestruturas e nos aspectos formais e semânticos dos textos e fazem, à luz desses critérios, um minucioso estudo dos tipos de texto que a literatura apresenta: narrativo, descritivo, expositivo ou explicativo, argumentativo **stricto** *sensu*, injuntivo ou diretivo e predetivo, esclarecendo que poderiam ser acrescentados o conversacional e o retórico (ou poético), que, juntamente com o escrito não-poético, "são considerados macrotipos de que todos os outros fazem parte". Assinalam para o leitor que se trata de uma tipologia provisória, visto que alguns desses tipos, menos reconhecidos, ainda não estão bem caracterizados.

Atualmente, estudos como os da obra Gêneros Textuais & Ensino organizados por Dionísio, Machado & Bezerra (2002), esclarecem as diferenças entre gêneros e tipos textuais. Marcuschi, num artigo introdutório, cita como tipos textuais as seguintes categorias: narração, argumentação, exposição, descrição e injunção.

Merece destaque, nesse estudo, o tipo predominantemente narrativo. Koch e Fávero (1987) afirmam que, relacionados à dimensão pragmática no tipo narrativo, destacam-se os enunciados de ação, tendo como atitude comunicativa o mundo narrado, que se manifesta nas seguintes situações comunicativas: romances, contos, novelas, reportagens, noticiários, depoimentos, relatórios etc. Com referência à dimensão esquemática global, apresentam eventos em sucessão temporal e causal, existindo o antes e o depois. Suas categorias são: orientação, complicação, ação ou avaliação, resolução, moral ou estado final e as marcas (dimensão lingüística da superfície) são tempos verbais predominantemente do mundo narrado. Há, ainda, os circunstancializadores e a presença do discurso relatado.

Vale lembrar, finalmente, que todos os estudos esclarecem que uma modalidade textual pode conter excertos de outras tipologias, isto é, um texto narrativo pode conter fragmentos descritivos e comentários como se observará nas análises que serão mostradas a seguir.

5. ANÁLISE DOS TEXTOS

Foram analisados textos essencialmente narrativos (humor e/ou terror), dos quais foram selecionados 5 (cinco) para este trabalho. Observou-se, nos referidos textos, a relação entre os tempos verbais e a tipologia textual, além da função coesiva sugerida por esses tempos. Faz-se importante esclarecer que os textos foram produzidos antes de explicações sobre tipologia textual e suas marcas, bem como do estudo/análise de outros textos. O aluno teve a liberdade de identificar-se ou não.

Texto 01 - O SUSTO

Havia um casal de namorados que tinham programado de ir ao baile num sábado a noite. A moça, com seu carro, passou na casa do seu namorado para irem juntos.

Ao chegar lá, eles beberam bastante, dançaram muito e se divertiram com os seus amigos que estavam lá.

Era já madrugada, mais ou menos três horas da manhã, quando resolveram ir embora. Os dois entraram no carro, quando de repente alguém começou a atirar na direção do carro, o rapaz tentava dar partida, mas o carro não funcionava.

Foram uns seis tiros e nenhum acertou neles. A garota ficou tão assustada que até hoje não vai mais em baile.

Disto tudo pude perceber a "mão" de Deus sobre eles.

Estrela

Análise do texto 01

Trata-se de um texto narrativo, pois apresenta orientação, conflito ou complicação, ação ou busca de solução e desfecho ou resolução. Segundo Weinrich (1974), há predominância do mundo narrado, uma vez que a atitude do locutor é descompromissada em relação ao que é dito, pois preocupa-se apenas em relatar fatos, sem interferir diretamente. Nesta direção, Benveniste (apud Koch : 2000) afirma que "na história" os fatos narravam-se como a si mesmos. São considerados tempos do mundo narrado o pretérito imperfeito, o pretérito mais que perfeito, o pretérito perfeito e o futuro do pretérito.

O primeiro parágrafo é introduzido pelo verbo haver, empregado no pretérito imperfeito (tempo-zero): " *Havia* um casal..." seguido de "... *tinha(m) programado* ..." – pretérito mais que perfeito – indicativo de uma retrospectiva em relação ao tempo-zero. Manifestam-se como o segundo plano (pano de fundo ou "background") quanto ao relevo. No segundo período do primeiro parágrafo, o tempo verbal empregado é o pretérito perfeito simples, tempo-zero do mundo narrado, seguido do ir no infinitivo, cuja oração desenvolve-se em "para que *fossem* juntos" – oração subordinada adverbial final.

A oração "Ao *chegar* lá..." (no segundo parágrafo), reduzida de infinitivo, desenvolve-se em oração subordinada adverbial temporal (quando *chegaram* lá). Continuando, segue-se o emprego dos verbos "beber", "dançar" e "divertir-se" no pretérito perfeito, tempo-zero do mundo narrado, para, a seguir, retomar o pretérito imperfeito "... *estavam lá*" (retrospectiva).

O terceiro parágrafo é introduzido com uma descrição: "*Era* já madrugada...", pois o verbo "ser" no pretérito imperfeito do indicativo denota um verbo de estado/situação, procedimento comum quando há, no texto, predominância de tempos do mundo narrado, seguido por "quando *resolveram ir* embora...", expressão iniciada pelo pretérito perfeito, tempo-zero do mundo narrado, seguido do ir no infinitivo, que se desenvolve em "que *iriam* embora..." (prospectiva) - oração subordinada substantiva. A seguir, emprega-se, novamente, o pretérito perfeito "... *entraram* no carro quando de repente alguém *começou* a atirar...", para, finalmente, ainda no 3º parágrafo, retomar o emprego do pretérito imperfeito (pano de fundo): "... *tentava* dar partida, mas o carro não *funcionava* ". Observa-se, nesse momento, que o autor passa do pretérito perfeito para o pretérito imperfeito, provavelmente com o objetivo de prolongar a ação, que é o clímax da narração, imprimindo, assim, um suspense maior.

O quarto parágrafo apresenta os verbos no pretérito perfeito: "foram", "acertou" e "ficou", tempo sem perspectiva do mundo narrado e representativo do 1º plano (ação propriamente dita), seguido do presente "não *vai* mais...", tempo sem perspectiva no mundo comentado. Nota-se, aí, a metáfora temporal, ou seja, "emprego de um tempo de um dos mundos no interior do outro."

Para encerrar, a autora tece uma opinião, empregando novamente o tempo presente, característica do mundo comentado.

Texto 02 - UM DOMINGO NÃO LEGAL

Naquela madrugada de domingo, estávamos todos dormindo, pois é um dia especial para o descanso. Quando de repente ouço batidas na porta, muito amedrontada, mas curiosa vou abri-la. Quando abri a porta deparei-me com dois caras enormes e com armas na mão. Me pediram para fazer silêncio pois só queriam as jóias, o carro, o micro-computador, os eletro-eletrônicos. Fiquei boquiaberta e tremendo de medo.

Os caras são muito ágeis, quando eu consegui cair em mim, eles já estavam longe, escapei com vida e meus familiares continuavam dormindo.

Maria Lucineide

Análise do texto 02

O texto "Um domingo não legal" é uma narração que se inicia com um adjunto adverbial de tempo, seguido pelo verbo "estar", empregado no pretérito imperfeito (modo indicativo), tempo-zero do mundo narrado e constituinte do "background". Em seguida há inserção de um comentário do produtor: "... pois *é* um dia especial de descanso.", com o emprego do tempo-zero do mundo comentado, isto é, o presente.

No segundo período do primeiro parágrafo, é usado o tempo presente – "ouço", "vou abri-la" –, marcando um dos momentos mais relevantes da narrativa. Segundo a teoria de Weinrich, trata-se da metáfora temporal, ou seja, o emprego de um tempo de um dos mundos no interior do outro. Este recurso imprime maior atenção, maior engajamento, uma vez que consiste no uso de um tempo do mundo comentado no interior do mundo narrado.

O momento de maior tensão, denominado "clímax", acontece no 3º período do 1º parágrafo, onde o verbo "abrir" também é empregado no presente, para a seguir surgir "... *deparei* -me...", expressão no pretérito perfeito, tempo-zero do mundo narrado.

No período seguinte o verbo "pedir" encontra-se no pretérito perfeito e o verbo "querer", no pretérito imperfeito, tempos sem perspectiva do mundo narrado que manifestam ação propriamente dita, 1º plano, passando para "pano de fundo" ou "background" ("me *pediram* para... pois só *queriam* as jóias,..."). Interessante perceber que o pano de fundo, normalmente registrado no início do texto, neste aparece no clímax, quando o autor apresenta o motivo que desencadeou a ação principal.

No segundo e último parágrafo, o emprego do verbo "ser" no presente denota um aspecto descritivo dos personagens "... *são* muito ágeis,...", mesmo recurso utilizado em: "..., pois *é* um dia especial para descanso." para, novamente, serem empregados o pretérito perfeito "...eu *consegui* cair..." e "... *escapei* com vida e..." seguido do pretérito imperfeito "estavam" e "continuavam", repetindo o que já foi explicado no final do primeiro parágrafo.

Finalmente, é preciso destacar que se trata de um texto de curta extensão, o que resulta em uma rápida ação para chegar ao desfecho.

Texto 03 - O MEDO

Ontem quando o relógio marcou meia noite acordei. Derrepente comecei a escutar passos que surgiram da sala. Meu coração acelerou naquela hora, senti meu corpo se arrepiar e minhas mãos suavam frio como nunca.

Os passos viam em direção do meu quarto, com isso meu medo aumentava e me angustiava. Eu não sabia realmente o que fazer. Se eu gritasse à procura de socorro acordaria minha família inteira e com certeza não iriam acreditar em mim. Se eu corresse iria certamente dar de cara com a assombração.

Olhei para a porta e percebi que a fechadura estava mescendo. Pronto chegou o momento. Fechei os meus olhos e cubri minha cabeça com o cobertor. E notei que alguém me chamava e que tinha voz conhecida.

Tomei coragem e olhei lentamente para saber quem estava ali. Não, não podia ser. Era apenas a minha mãe perguntando se eu estava bem.

Andréia Cristina

Análise do texto 03

O texto "O medo" inicia-se com marcas de texto narrativo, isto é, o primeiro parágrafo é introduzido por um advérbio de tempo – "ontem" – seguido de verbos empregados no pretérito perfeito ("marcou", "acordei", "comecei a escutar"), tempo-zero do mundo narrado – também denominado de tempo base ou sem perspectiva – indicando a ação propriamente dita ou o 1º plano da narração. Intercalando o pretérito perfeito, observa-se o emprego do pretérito imperfeito "surgiam" e "suavam", indicativos de mudança para o 2º plano – também conhecido como "pano de fundo" no texto narrativo.

Nos dois primeiros períodos do segundo parágrafo permanece o emprego do pretérito imperfeito ("vinham" (=viam), "aumentava", "me angustiava"), destacando, ainda, a ação de "pano de fundo". A partir da metade do terceiro período do segundo parágrafo, os verbos usados encontram-se no imperfeito do subjuntivo (suposições), seguidos do futuro do pretérito, o que nos mostra que as relações entre os tempos verbais tornam-se particularmente importantes, pois é por meio delas que há o encadeamento, a progressão temporal, que de acordo com Bastos (2001), contribuem para "que se reproduza lingüisticamente uma realidade dinâmica".

Nos parágrafos seguintes (3º e 4º) permanece o emprego alternado do pretérito perfeito e do pretérito imperfeito, indicativos da presença de 1º e 2º planos, o que é comum no texto narrativo. No último período, surge o emprego de uma forma nominal – gerúndio ("perguntando") – que pode ser desenvolvida em uma oração subordinada adjetiva: "...que perguntava...".

O texto apresenta, então, eventos em sucessão temporal e causal, existindo o "antes" e o "depois", assim como as categorias orientação, complicação, ação ou avaliação e resolução e as marcas de tempos verbais predominantemente do mundo narrado, de circunstancializadores.

Texto 04 - *QUE MANHÃ ENGRAÇADA!*

Eram seis horas da manhã, e o barulho do dispertador de Teotônio deu-lhe um susto, que foi ainda maior quando viu a hora, pois constatara que estava atrasado. Pulou da cama, jogou água no rosto se vestiu às pressas, pegou sua pasta e saiu correndo para o ponto de seu ônibus.

Seu coração parecia que ia saltar do peito, e enquanto esperava começou a perceber que as pessoas olhavam para ele e riam sem parar. Em seus pensamentos martelava dois problemas, um era o seu chefe que já lhe havia avisado que não aceitaria mais atrasos e o outro a dúvida, pois não conseguia entender porque ele estava sendo motivo de riso. Chegando em seu serviço o seu chefe já lhe chamou na sala, com uma espressão de nervosismo; mas derrepente uma gargalhada assombrou todos pois seu chefe acabara de ver que ele estava calçando em um pé um tênis e no outro um sapato.

    Teotônio gostou pois foi essa confusão de sapatos que mudou o humor de seu chefe fazendo com que ele continuasse ali trabalhando.

Lua

Análise do texto 04

    O texto "Que manhã engraçada!" é uma narração, pois apresenta a superestrutura desse tipo de texto: orientação, complicação, ação e resolução. Observa-se, também, eventos com marcas de anterioridade e posterioridade, circunstancializadores e os tempos verbais característicos do mundo narrado.

    O parágrafo inicial é introduzido por uma descrição com uma expressão temporal acompanhando o verbo "ser" no pretérito imperfeito, que mostra um estado/situação, procedimento comum nesta modalidade textual. A seguir, o autor faz uso do pretérito perfeito, tempo-zero do mundo narrado (*"deu*-lhe", *"foi"*, *"viu"*) e, em seguida utiliza-se do pretérito mais que perfeito, fazendo, então, uma retrospectiva, alterando o relevo de 1º plano para 2º plano. No segundo período do 1º parágrafo retoma o pretérito perfeito (tempo-zero): "pulou", "jogou", "se vestiu", "pegou" e "saiu".

    No segundo parágrafo, o autor retoma o pano de fundo, utilizando-se dos verbos no pretérito imperfeito (*"parecia"*, *"esperava"*, *"olhavam"*, *"riam"*, *"artelava"*, *"era"*, *"conseguia"* e *"estava sendo"*), tempo-zero do mundo narrado. Entremeado a eles, aparece a expressão verbal " *começou* a perceber" no pretérito perfeito, seguida de *"havia* avisado" (pretérito-mais-que-perfeito composto), indicativo de retrospecção. Logo depois surge a forma negativa "não *aceitaria*", manifestando uma prospectiva. O último período desse parágrafo é introduzido pelo verbo *"chegar"*, no gerúndio, podendo ser desenvolvido em uma subordinada adverbial temporal – "quando chegou em seu serviço" marcando uma prospecção. Os dois verbos seguintes *"chamou"* e *"assombrou"* retomam o tempo-zero do mundo narrado: pretérito perfeito. A seguir, há utilização da forma verbal "acabara", que indica uma retrospectiva, que é seguida por *"estava* calçando" (pretérito imperfeito), marcando o pano de fundo da narração.

    Finalizando, o texto apresenta os verbos *"gostou"*, *"mudou"*, novamente no pretérito perfeito, para, em seguida, empregar orações reduzidas, caracterizadas pelos gerúndios: *"fazendo"* e *"trabalhando"*.

Texto 05 - INGENUIDADE

    A história que eu vou contar aconteceu com meu irmãozinho, que na época tinha doze anos, chama-se Carlos Eduardo.

    Carlos sempre gostou muito de cachorro quente, aliás, lanches de um modo geral.

Um dia passando em frente a uma padaria leu uma placa com letras bem grandes: cachorro quente especial: R$ 0,10. Entrou na padaria, mais do que depressa, e pediu dois.

Chegando em casa foi direto para a cosinha e eu, que estava na sala, comecei a ouvir alguns palavrões: droga, porcaria... fui até lá e perguntei: afinal o que foi que aconteceu? e ele respondeu: eu comprei um cachorro quente de dez centavos, mas ele não tem nem salsicha, nem maionese, nem nada. Eu lhe expliquei que dez centavos era o preço do pão de cachorro quente, mas ele disse: lá estava escrito "cachorro quente especial. R$ 0,10".

Fiquei com muita pena, mas também achei muito engraçado porque ele comprou dois e afinal não quis comer nenhum.

Luiza Pereira da Silva

Análise do texto 05

"Ingenuidade" é um texto que se inicia com uma prospecção *"vou contar"*, que caracteriza o mundo comentado, pois corresponde a *"que contarei"*, para, em seguida, transferir-se para o mundo narrado por meio do emprego do verbo *"aconteceu"* (pretérito perfeito), tempo sem perspectiva de ação propriamente dita. O terceiro período do referido parágrafo foi construído com a utilização do presente do indicativo (tempo-zero do mundo comentado).

O segundo parágrafo apresenta no primeiro período o tempo-zero do mundo narrado (*"gostou"*). A seguir, destaca-se o uso do gerúndio *"passando"* que pode ser desenvolvida em uma oração subordinada adverbial temporal: "quando passava", retornando, a seguir, o pretérito perfeito ("*leu*", "*entrou*", "*pediu*"), manifestador do 1º plano.

O terceiro parágrafo inicia-se, também, com uma oração reduzida de gerúndio, indicativa de tempo, para depois, usar o tempo-zero (*"foi"*), seguido do pretérito imperfeito *"estava"*, indicador de "background". Vários verbos empregados, em seguida, no pretérito perfeito manifestam a predominância do tempo-zero do mundo narrado e do 1º plano. Registra-se, ainda, neste parágrafo a presença do discurso direto, caracterizador do texto narrativo: "...perguntei: afinal o que foi que aconteceu? e ele respondeu: eu comprei um cachorro quente...".

O desfecho do texto é construído com a utilização das formas verbais: "fiquei", "achei", "comprou" e "quis", marcando a predominância do tempo-zero do mundo narrado.

CONSIDERAÇÕES FINAIS

Apesar de preliminares, os estudos e as análises sobre tempos verbais e a tipologia textual levaram-nos a uma reflexão sobre a importância de se conhecer a expressão do tempo para a produção de textos.

Vale lembrar que os textos produzidos pelos alunos ingressantes no ensino superior foram elaborados sem um trabalho prévio sobre a tipologia textual, as marcas dos tempos verbais e a importância do emprego desses tempos verbais para o estabelecimento da coesão.

Estudados e analisados, nesse trabalho, 05 (cinco) textos, sendo eles narrativos (humor e/ou terror), pôde-se concluir que os produtores dos textos os constroem, respeitando, em sua maioria, a superestrutura; usam as marcas dos tempos verbais adequadas, existindo poucas exceções; diferenciam mundo comentado de mundo narrado, empregando tempos verbais adequados; fazem uso satisfatório dos tempos verbais, mostrando conhecer a possibilidade de um mesmo tempo para situações diversas; efetuam retrospectivas e prospectivas correntes em relação ao tempo – zero; diferenciam, por meio dos tempos verbais, as ações de 1º plano e as de 2º plano e estabelecem a coesão temporal adequada, empregando corretamente os tempos verbais.

Tais apontamentos fazem-nos refletir sobre a importância que o professor desempenha no processo ensino-aprendizagem quando proporciona ao aluno a oportunidade de contato com o texto desde as séries iniciais. Realizar atividades diversas como leitura, dramatização, análise de textos, fazem com que o aluno internalize a superestrutura, bem como apreenda os mecanismos necessários para a construção da modalidade narrativa.

Ao constatar que os alunos ingressantes no ensino superior produzem textos narrativos, empregando as formas verbais e os circunstancializadores de maneira satisfatória a ponto de estabelecerem coesão adequada, com raros desvios, parece-nos, então, que o ensino fundamental e médio cumprem o seu papel nessa atividade de produção.

O resultado do presente trabalho torna-nos desejosos de realizar uma outra pesquisa sobre o mesmo tema, mas com outros tipos textuais, entre eles o argumentativo "stricto-sensu", a fim de constatar se a realidade é a mesma.

REFERÊNCIAS BIBLIOGRÁFICAS

BASTOS, L.K. **Coesão e coerência em narrativas escolares**. São Paulo: Martins Fontes, 2001.

ELIAS, R. M. P. **A organização do texto: estudo das relações produtor e produto**. Tese de doutoramento. Universidade Estadual Paulista de Araraquara, 1994.

FÁVERO, L. L. **Coesão e coerência textuais**. 3. ed. São Paulo: Ática, 1995.

FIORIN, J. L. & PLATÃO, F.P. **Para entender o texto**: leitura e redação . 8. ed. São Paulo: Ática, 1994.

_____. Gêneros textuais: definição e funcionalidade. In: DIONISIO, A. P.; MACHADO, A. R.; BECERRA, M. A. (Org.) Gêneros textuais & ensino. Rio de Janeiro : Lucerna, 2002.

KOCH, I.G.V. A coesão textual. 7. ed. São Paulo: Contexto, 1994.

_____, I.G.V. A inter-ação pela linguagem. 5. ed. São Paulo: Contexto, 2000.

_____, I.G.V. Argumentação e linguagem. 4. ed. São Paulo: Cortez, 1996.

_____, I.G.V. Principais mecanismos de coesão textual em português. Cadernos de Estudos Lingüísticos. Campinas, jul./dez. 1988, p. 73-80.

KOCH, I.G.V. & FÁVERO L.L. **Contribuição a uma tipologia textual**. Letras & Letras. Universidade Federal de Uberlândia, Departamentos de Letras. Uberlândia, 1987.

MARCUSCHI, L. A. **Lingüística de texto**: o que é e como se faz. Recife: Universidade Federal de Pernambuco, 1983. (Série Debates I)

MIRA MATEUS, M.H. et al. **Gramática da Língua Portuguesa**: elementos para a descrição da estrutura, funcionamentos e uso do português atual. Coimbra: Almedina, 1983.

SÁ, M. P. M. **O tempo e os tempos em 'O relógio do hospital'**. Cadernos de Estudos Lingüísticos. Campinas, jul./dez. 1988, p. 163-177.

WEINRICH, H. *Estructura y función de los tiempos en el lenguage*. Tradução de Federico Latorre. Madrid: Biblioteca Románica Hispánica/Editorial Gredos, 1974.

Realizou a leitura? Teve uma visão mais reflexiva em relação ao artigo?

ATIVIDADES

As atividades referentes a esta aula estão disponibilizadas na ferramenta "Atividades". Após respondê-las, enviem-nas por meio do Portfolio - ferramenta do ambiente de aprendizagem UNIGRAN Virtual. Em caso de dúvidas, utilize as ferramentas apropriadas para se comunicar com o professor.

Aula 07

PRODUÇÃO DE UM ARTIGO CIENTÍFICO (PILOTO): 1ª ETAPA

Caro(a) acadêmico(a),

Diante do exposto na aula 6 e exemplificado na aula 7, que tal fazer um "piloto" de um artigo científico nestas últimas aulas?

Aproveite os textos que você corrigiu como atividades solicitadas nas aulas 02 e 03 e produza, por etapas, o esboço de um artigo. Escolha entre as do ensino fundamental ou as do ensino médio para desenvolver a pesquisa: análise de algum aspecto textual. Por exemplo: coesão, coerência, informatividade...

Observe, com atenção, os tópicos iniciais e as referências do artigo da Revista INTERLetras e, a partir deles, crie, de maneira resumida, um esboço que contenha título, cabeçalho, resumo, palavras-chave e referências. Lembre-se de que seu texto precisa apresentar uma linguagem concisa, objetiva, coerente.

Para melhor compreensão da atividade que deve realizar, leia, mais uma vez, um artigo de minha autoria da INTERLetras

O PROCESSO DA PRODUÇÃO TEXTUAL ESCRITA

*Maria Alice de Mello Fernandes**

RESUMO: *Este trabalho propõe-se a discutir o processo de produção textual escrita. Para isso, promove uma reflexão sobre a importância do planejamento, da textualização e da revisão/reescritura do texto para uma atividade de produção textual significativa.*

ABSTRACT: *This work aims to discuss the process of written textual production. Thus, it promotes a reflection about the importance of text planning, text writing/ rewriting as revision for a significant textual production activity.*

PALAVRAS-CHAVE: *produção textual, planejamento, revisão/reescritura.*

KEY WORDS: *textual production, planning, revision/rewriting.*

INTRODUÇÃO

Trabalhar com produção de textos escritos requer do professor predisposição e conhecimento para valorização do processo e maturidade para avaliar, o que nem sempre acontece em sala de aula.

Objetiva-se com este trabalho ressaltar a prática da produção de texto escrito em que são valorizadas as diferentes etapas do processo de produção textual: planejamento, textualização e revisão/reescritura.

1. A PRÁTICA DA PRODUÇÃO TEXTUAL ESCRITA

Apesar do atual discurso pedagógico valorizar a produção textual no ensino da Língua Portuguesa, percebe-se que o tradicionalismo impõe-se a todas as tendências e tentativas de mudanças na prática. Professores têm privilegiado, no ensino de Língua Portuguesa, os conteúdos gramaticais de maneira sistematizada, esquecendo-se de que, somente no desenvolvimento da produção de texto, quando o escritor direciona a sua própria escrita, esses conhecimentos são úteis.

O conhecimento dos aspectos gramaticais e discursivos não faz do aluno um bom escritor. É preciso que as dificuldades e problemas sejam trabalhados, objetivando contribuir

---

*Professora do curso de Letras da UNIGRAN – Centro Universitário da Grande Dourados. Doutora em Lingüística e Língua Portuguesa – UNESP/Araraquara.

para a capacitação dos alunos na produção de textos que atendam aos critérios de clareza, precisão, correção e organização.

À medida que as bancas de vestibulares foram-se apercebendo de que os candidatos não conseguiam expressar suas idéias de maneira organizada, a redação passou a ter um peso maior na seleção, chegando mesmo a ser considerada uma prova eliminatória. A partir de então, a produção de textos passou a ser mais enfatizada em todas as séries, principalmente no ensino médio, em que o vestibular tornou-se um dos principais objetivos/alvos da escola, do professor, do aluno e da família.

Diversos estudos e manuais sobre tal aprendizado foram produzidos; no entanto, quase nada se modificou. A dificuldade permanece e, em muitas escolas, *"modelos"* ou *"receitas"* são ensinados aos alunos, principalmente nas terceiras séries do ensino médio e nos cursinhos, com propósitos imediatistas, não proporcionando oportunidades ao aluno/vestibulando para o desenvolvimento de habilidades que verdadeiramente favoreçam a maturidade e a criatividade na produção textual.

Muitos alunos são reprovados por causa das dificuldades para redigir um texto, pois não conseguem organizar e expressar as idéias de forma clara, precisa e coerente. Sem dúvida, boa parte dessa dificuldade está relacionada com a não utilização das estratégias necessárias para elaborar um texto, bem como com a falta de conhecimento sobre superestrutura textual[1] e fatores de textualidade como coesão e coerência. A retenção, no entanto, não tem resolvido o problema, pois, ao final de mais um ano, pouco progresso é observado.

Na verdade, parece que a dificuldade não é só dos alunos, mas também dos professores, que, em sua maioria, não se sentem preparados suficientemente para ensinar ou desenvolver tal atividade de maneira eficaz. Boa parte desses professores acredita que trabalhar com produção de texto significa determinar, toda semana, um tema para que os alunos desenvolvam e que o aluno que tem domínio das regras gramaticais consegue redigir um texto em que as idéias estejam articuladas.

Escrever é uma habilidade e, para que ela se desenvolva, há necessidade de que o indivíduo participe de um processo que envolve três etapas[2]: planejamento, textualização e revisão/reescritura, o que exige bastante empenho. Serafini (1994, p. 22) expressa a convicção de que "é possível ensinar a compor porque é possível dividir o processo da composição em atividades básicas e utilizar, para cada uma delas técnicas e procedimentos específicos."

É comum professores estabelecerem que em uma aula ou, no máximo, em duas, os alunos devem escrever seus textos, cujos temas são indicados por eles ou escolhidos pelo(s) aluno(s), imaginando ser possível, nesse tempo exíguo, passar por todas as etapas que o processo de produção textual exige. Redigindo nessas circunstâncias, com certeza, escrever tornar-se-á uma atividade estressante e bloqueadora e não criativa e prazerosa como deve ser.

---

[1] Entende-se por superestrutura textual um "esquema mental".
[2] Compreende-se por etapas ou fases do processo de produção de textos: a primeira seria planejar o texto mentalmente, esquematizando-o; a segunda seria a escritura do texto e a terceira seria revisar o texto, lendo e reescrevendo-o.

Jolibert (1994, p. 16) considera que:

> a produção de um escrito pode proporcionar: prazer de inventar, de construir um texto, prazer de compreender como ele funciona, prazer de buscar as palavras, prazer de vencer as dificuldades encontradas (o prazer do 'Ah! Sim! ...), prazer de encontrar o tipo de escrita e as formulações mais adequadas à situação, prazer de progredir, prazer da tarefa levada até o fim, do texto bem apresentado.

Além do prazer, o aluno precisa saber que a escrita tem outras funções e é bastante *"útil"* para sua vida, diferentemente do que pensa, pois a prática da escola apenas o leva a valorizar o texto escrito para o professor. Deve ser conduzido, ainda, a perceber que o domínio da escrita proporciona-lhe *"poder"*, contribuindo, como fator decisivo, para que seja ouvido, respeitado, compreendido, pois a escrita é uma das formas pelas quais manifesta a sua visão de mundo.

Toda produção de texto deve ser planejada e o tempo disponível precisa ser bem distribuído, quaisquer que sejam as situações de escritura do texto. As fases do processo de produção textual podem ser trabalhadas e desenvolvidas em momentos diferentes. Ao iniciar a primeira etapa, a do "planejamento textual", é necessário ter presente alguns parâmetros da situação comunicativa que irão nortear o texto, ou seja: identificar o destinatário[3], percebendo qual é o tipo de interlocutor; normalmente, quando o texto é produzido como dever da escola, é o professor, mas, dependendo do tema, o destinatário poderá ser outro; perceber o *"eu como enunciador"*, ou seja, quem o escritor está representando naquele momento de interlocução; ter clareza do objetivo do texto; se o mesmo quer convencer, quer divertir, quer relatar ou quer ser avaliado. Professor e aluno devem, antes de ser iniciado o processo, esclarecer qual/quais a(s) prioridade(s) do texto a ser escrito; identificar o objeto do texto a ser produzido, que pode ser percebido pelo tema, ou por intermédio de explicações do professor, quando se trata de redação escolar.

Serafini (1994, p. 26) assinala que outros elementos devem ser esclarecidos antes de ser iniciado o processo de escrita: a tipologia do texto: dificilmente é esclarecida pelo professor. Sabe-se que no ensino médio, nos vestibulares e no ensino superior o texto argumentativo é o mais solicitado, mas um tema pode oportunizar a escrita de outros gêneros e, por isso, o professor deve explicar ao aluno, qual deles será trabalhado; a extensão do texto: não é pelo tamanho do texto que se confirma a habilidade de escrever. O texto sintético, sem dados supérfluos, mostra maior competência do escritor do que um texto longo e exaustivo; os critérios de avaliação: esclarecidos ao aluno, facilitam seu trabalho no sentido de direcionar todo seu empenho para o resultado esperado.

Observando as etapas do "planejamento textual", pode-se constatar que esse tipo de trabalho, na maioria das situações, não é feito e, muitas vezes, desconhecido pelo professor.

---

[3] Jolibert (1994, p. 24) afirma que "um destinatário não é um mero receptor, mas um verdadeiro co-elaborador de um texto."

Fica claro que o professor de Língua Portuguesa nem sempre está preparado para desenvolver, junto aos alunos, esse processo cuja importância é indiscutível quando se pretende formar escritores competentes[4].

Após a reflexão sobre a tarefa de escrita a ser desenvolvida, o produtor deverá buscar, em sua memória a longo prazo[5], todos os conhecimentos que já possui a respeito do assunto, qual o tipo de texto que se justifica entre as opções possíveis, assim como qual a melhor forma de apresentá-lo para seu *"auditório"* ou *"destinatário"*. Realizado tal procedimento, o aluno deverá organizar as idéias e associá-las para que possa redigir o seu texto.

Antes, porém, julga-se ser fundamental que se organizem essas idéias em um "esquema/esqueleto" de tal maneira que, ao expressá-las no texto, possam se apresentar articuladas, sem contradições e, progressivamente. Considera-se essa atividade de organização inicial como resultante de todas as citadas anteriormente e, caso não seja efetuada, corre-se o risco de todo o planejamento perder o seu verdadeiro sentido.

Há estudiosos de produção textual escrita que recomendam ao aluno que, antes de fazer o "esquema/esqueleto" do texto, seja efetuada uma coleta de idéias, fatos e observações que possam ajudar na elaboração do texto, escrevendo num papel os *"pontos-chave"* ou perguntas para que se possa ter um direcionamento.

Serafini (1994, p. 47) indica que deve ser usada a técnica dos grupos associativos, quando as idéias são reunidas em grupos, do geral para o particular ou vice-versa. Inicia-se, depois, a fase de organização, seleção e decisão, podendo ser feita uma subdivisão esclarecedora que aponte causas, conseqüências e soluções ou, para melhor visualização, fazer uso de mapas[6] que contenham, num primeiro momento, a idéia central e, a partir dela, os grupos; num segundo momento as idéias expostas já devem estar organizadas de acordo com o texto que se pretende redigir. Finalmente, necessita-se ainda decidir sobre a tese ou ponto de vista, quando se trata de argumentativo para que, finalmente, seja feito "esquema/esqueleto" e, a seguir, o texto.

A autora afirma: "com o mapa, visualizamos espacialmente um resumo sintético de nosso texto; com o roteiro, vamos decidir a ordem seqüencial das idéias e dos argumentos a serem usados no texto."

O mapa, na verdade, proporciona a possibilidade de se distinguir as idéias principais das secundárias, o que facilita a articulação do texto, enquanto o roteiro significa a hipótese do texto, que se verifica à medida que se realiza a escritura desse texto, devendo as partes estarem inter-relacionadas umas às outras.

Tem-se consciência de que essa etapa inicial do planejamento da organização do

---

[4] Escritor competente não se refere ao escritor profissional, mas ao aluno com competência para produzir o texto.
[5] Conforme modelo explicativo para produção de texto proposto por de J. R. Hayes e L. S. Flower (JOLIBERT, 1994, p. 25).
[6] O recurso do mapa foi utilizado nos Estados Unidos até com crianças das escolas primárias e com alunos que apresentavam dificuldades graves para escrever. Pode também ser usado para se compreender melhor um texto (BUCHLEY *apud* SERAFINI, 1994).

texto, se realizada da maneira como foi descrita, demandará bastante tempo do produtor, mas defende-se a importância e a necessidade da mesma, pois, se o aluno tem dificuldade para organizar o seu texto, realizar essas atividades estimula reflexões que favorecem a organização das idéias para a produção do texto solicitado. Por meio do "esquema/esqueleto", ao estabelecer a "racional do texto", o aluno estará compreendendo de forma significativa, organizada e articulada as idéias envolvidas na abordagem.

De que adianta o professor trabalhar exigindo do aluno uma redação a cada aula, se ele não investe no desenvolvimento das habilidades necessárias? Para que serve o professor ter pilhas e mais pilhas de textos para serem corrigidos e avaliados se esse "produto" das aulas não revela o crescimento do aluno? Com tantos textos, como o professor poderá corrigi-los e avaliá-los de forma que os *"erros"* sejam meios de perceber as insuficiências a serem superadas?

A segunda etapa é a denominada de "textualização" e ocorre quando o produtor do texto interiorizou todas as fases da primeira etapa e começa a redigi-lo com base no esquema, observando a articulação, a progressão e a conservação de informações durante a feitura do texto.

Vários são os fatores de textualidade que devem ser respeitados quando o aluno propõe-se a produzir um texto e, como a maioria dos autores, que abordam o estudo do texto, deseja-se destacar a importância, nesse segundo momento, da coerência e da coesão, responsáveis, respectivamente, pelo sentido do texto e pela conexão entre as partes.

Ao terminar a escritura do texto, o processo ainda não acabou. A terceira etapa, "revisão/reescritura do texto", processa-se durante ou após a leitura. É relevante como as anteriores, pois já se constatou que à medida que o autor distancia-se do produto para depois retomá-lo, há um amadurecimento em relação ao que foi escrito e uma fácil percepção das modificações necessárias.

2. A CORREÇÃO E A AVALIAÇÃO DA PRODUÇÃO TEXTUAL

A atividade de produção de textos só contribuirá de modo significativo para o desenvolvimento do aluno no que se refere a essa habilidade se a sua produção for, ainda, corrigida e avaliada pelo professor. São dois momentos distintos, ou seja, na correção, o professor intervém no trabalho do aluno, evidenciando o que pode ser melhorado, colaborando para que o mesmo perceba suas falhas e possa corrigi-las. É nesse momento, após a correção, que se deve realizar o trabalho de reescritura do texto, pois à proporção que o produtor se distancia de seu texto e recebe orientações sobre esse texto, poderá reescrevê-lo de maneira mais eficiente. Já na avaliação, o professor faz um julgamento sobre o produto, expressando-o por meio de conceito, por nota ou por comentários, objetivando mostrar o crescimento do aluno.

Num momento em que as ciências da educação avançam, tornando possível ter uma melhor compreensão do processo de ensino e de aprendizagem e dos fatores que nele interferem, é inadmissível que as escolas continuem a enfatizar a avaliação classificatória. A avaliação praticada pela maioria dos atuais professores é a mesma adotada pelos seus professores: uma avaliação que, por ser autoritária e discriminatória, fez e faz uso abusivo do poder, intimidando, punindo ou premiando. A avaliação, portanto, não tem sido um meio, mas um fim. Luckesi (1995, p. 27) critica essa forma de entender e praticar a avaliação, assinalando que "o ato de avaliar não serve como uma parada para pensar a prática e retornar a ela, mas sim como um meio de julgar a prática e torná-la estratificada", o que aponta como inadmissível.

Com relação aos professores de Língua Portuguesa, a realidade é a mesma. As avaliações da produção escrita são sobretudo classificatórias, não favorecendo a superação das dificuldades nem o crescimento do aluno. Sendo assim, contribuem para a discriminação e a seleção, provocando, inclusive, a evasão e a repetência.

Aqueles professores que procuram desenvolver uma prática de avaliação mais coerente com a idéia de uma escola democrática deixam de encarar a "correção" (como mecanismo de atribuição de nota) como o "eixo" do processo de ensino e aprendizagem. Para esses professores os "erros" e as dificuldades constatadas são importantes porque indicam onde e como o aluno precisa ser ajudado para superar as dificuldades, desenvolvendo mais adequadamente suas capacidades e habilidades para a produção textual. Além disso, os professores de "perfil progressista" postulam a importância de se analisar/avaliar o texto não apenas do ponto de vista formal, privilegiando os recursos lexicais e lingüísticos, mas, também, do conceitual, observando, então, a coesão e a coerência.

O professor de Língua Portuguesa deve, ainda, estabelecer, junto aos seus alunos, quais os critérios que serão utilizados para a correção do texto solicitado, pois nem todos os tipos de textos apresentam as mesmas dificuldades.

CONSIDERAÇÕES FINAIS

Toda essa explanação de como se deve processar a produção textual deve servir como referência para o professor organizar as atividades de redação; a realidade, no entanto, é bem diferente, pois o professor, mesmo conhecendo as etapas, ou parte delas, nem sempre, propõe-se a trabalhar dessa forma, o que contribuiria para minimizar as dificuldades do aluno.

Faz-se necessário que ao professor seja oportunizado participar de cursos de educação continuada a fim de que se mantenha atualizado, entendendo que ensinar a língua portuguesa é trabalhar com a linguagem e que o ensino só trará resultados satisfatórios quando tiver como objeto de estudo o texto, não com o fim de se avaliar o produto, mas sim o processo.

REFERÊNCIAS BIBLIOGRÁFICAS

JOLIBERT, Josette e Colaboradores. **Formando crianças produtoras de textos**. Tradução de Walkiria M. F. Settineri e Bruno Charles Magne. Porto Alegre: Artes Médicas, 1994.

LUCKESI, Cipriano. **Avaliação da aprendizagem escolar:** estudos e proposições. 2. ed. São Paulo: Cortez, 1995.

SERAFINI, Maria Teresa. **Como escrever textos.** Tradução de Maria Augusta Bastos de Mattos. 6. ed. São Paulo: Globo, 1994.

ATIVIDADES

As atividades referentes a esta aula estão disponibilizadas na ferramenta "Atividades". Após respondê-las, enviem-nas por meio do Portfolio - ferramenta do ambiente de aprendizagem UNIGRAN Virtual. Em caso de dúvidas, utilize as ferramentas apropriadas para se comunicar com o professor.

Aula 08

PRODUÇÃO DE UM ARTIGO CIENTÍFICO (PILOTO): 2ª ETAPA

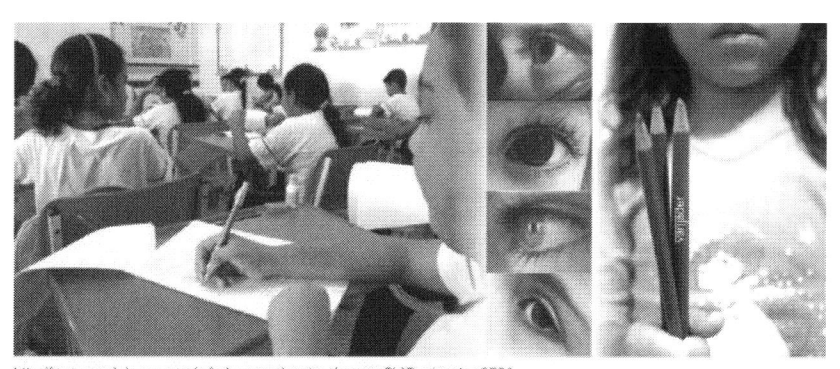

Caro(a) acadêmico(a),

Estamos encerrando mais uma disciplina. Espero ter contribuído para seu conhecimento e, como conteúdo final, desejamos que leia, novamente, o corpo do artigo de minha autoria para que possa, como atividade desta aula, redigir o esboço dessa parte de seu artigo, assim como outros da mesma revista e de outras eletrônicas. Não se esqueça de que o estilo deve ser preciso e simples. Rodeios, repetições e explicações descabidas devem ser evitados. Não deve ser longo. Trata-se de um "piloto".

Lembro de que o corpo do artigo é construído de:

a) Introdução.
b) Desenvolvimento.

c) Conclusão.

Terminamos com essa atividade mais uma etapa do curso. Parabéns e sucesso!!

ATIVIDADES

As atividades referentes a esta aula estão disponibilizadas na ferramenta "Atividades". Após respondê-las, enviem-nas por meio do Portfolio - ferramenta do ambiente de aprendizagem UNIGRAN Virtual. Em caso de dúvidas, utilize as ferramentas apropriadas para se comunicar com o professor.

Referências Bibliográficas

ANDRADE, Maria Margarina de. **Como preparar trabalhos para cursos de pós-graduação:** noções práticas. São Paulo: Atlas, 1995.

BARUFFI, Helder. **Metodologia da Pesquisa**: orientações metodológicas para a elaboração da monografia. 4. ed. rev. e atual. Dourados: HBedit, 2004.

FERNANDES, Maria Alice de Mello. **O desafio da construção da escrita e a prática da escola:** um estudo sobre a organização textual de alunos ingressantes no ensino superior 1998. 148p. Dissertação (Mestrado em Educação). Universidade Católica Dom Bosco. Campo Grande: MS.

FERREIRA, Eliane F. C.; LIMA, Terezinha Bazé de. **Iniciação à pesquisa Educacional.** Dourados: UNIGRAN, 2005.

GRESSLER, Lori Alice. **Introdução à pesquisa**: projetos e relatórios. São Paulo: Loyola, 2003.

MARCONI, Marina de Andrade. **Metodologia Científica**: para o curso de direito. São Paulo: Atlas, 2000.

MEZZAROBA, Orides. **Manual de metodologia da pesquisa no direito**. 3. ed. rev. São Paulo: Saraiva, 2006.

RUIZ, Eliana Maria Severino Donaio. **Como se corrige redação na escola.** Campinas, SP: Mercado de Letras, 2001.

SERAFINI, Maria Teresa. **Como escrever textos**. Tradução Maria Augusta Bastos de Matos; adaptação Ana Maria Marcondes Garcia. São Paulo: Globo, 1994.

SEVERINO, Antônio Joaquim. **Metodologia do trabalho científico.** 22. ed. rev. e ampl. de acordo com a ABNT. São Paulo: Cortez, 2002.

TAFNER, Malcon Anderson. **Metodologia do trabalho acadêmico**. 1. ed. 2. tir. Curitiba: Juruá, 1999.

Graduação a Distância

Letras
5º Semestre

LITERATURA INFANTOJUVENIL

UNIGRAN - *Centro Universitário da Grande Dourados*
Rua Balbina de Matos, 2121 - CEP 79.824 - 9000
Jardim Universitário
Dourados - MS
Fone: (67) 3411-4141 / Fax: (67) 3411-4167

Os direitos de publicação desta obra são reservados ao Centro Universitário da Grande Dourados (UNIGRAN), sendo proibida a reprodução total ou parcial de acordo com a Lei 9.160/98.

Os artigos de sites e revistas indicados para a leitura foram registrados como nos originais.

Graduação a Distância

Letras

LITERATURA INFANTOJUVENIL

Andréia de Oliveira Alencar Iguma

IGUMA, Andréia de Oliveira Alencar. **Literatura Infantojuvenil**. Andréia de Oliveira Alencar Iguma. Dourados: UNIGRAN, 2020.

82 p.: 23 cm.

1. Literatura. **2**. Infantojuvenil.

Apresentação da Docente

Meu nome é Andréia de Oliveira Alencar Iguma. Sou graduada em Letras (Português-Literatura) (2007) e mestra em Literatura e Práticas Culturais (2012) pela Universidade Federal da Grande Dourados – UFGD. Trabalhei como professora na rede pública e privada de Dourados nos anos de 2008 e 2009 e, ingressei como docente no ensino superior no ano de 2011, tendo experiência na área de Literatura e Ensino, Literatura Infantojuvenil e Literatura Brasileira, o que contribui com o desenvolvimento do meu campo de atuação enquanto pesquisadora. Também atuo como membra do comitê do Proler na cidade de Dourados e professora formadora. Na UNIGRAN, sou coordenadora do Departamento de Revisão e Correção Ortográfica da EAD e professora dos cursos de Letras e Pedagogia.

Sumário

Conversa Inicial 9

Aula 01
Literatura infantil em terras brasileiras 11

Aula 02
Monteiro Lobato: Um homem a frente do seu tempo 23

Aula 03
Políticas Públicas em prol da construção do leitor literário 35

Aula 04
O papel do mediador: Em cena o professor(a) 43

Aula 05
Principais autores e obras da Literatura Infantojuvenil Contemporânea 51

Aula 06
Contos de Fada 53

Aula 07
A poesia infantil 63

Aula 08
A ilustração dos livros infantis e infantojuvenis 73

Referências 81

Conversa Inicial

Caros(as) alunos(as),

É muito gratificante encontrá-los(as) nessa disciplina, pois trabalhar com Literatura Infantojuvenil, para mim, é extremamente significante, haja vista que muitas das minhas reflexões enquanto docente nasceram e nascem deste chão.

Desse modo, nossas aulas foram divididas pensando em propiciar a vocês um panorama geral da gênese desse subsistema literário e as discussões que circunscrevem sua permanência no âmbito das Letras.

A partir da nossa primeira aula teremos conhecimento do surgimento da Literatura Infantil brasileira, a influência política; as marcas históricas; as ideologias apregoadas, e na sequência, iremos emergir em alguns textos literários datados da época.

LITERATURA INFANTIL EM TERRAS BRASILEIRAS

Olá pessoal, tudo bem?

Começaremos a primeira aula; confesso que estou bastante animada e espero que vocês possam aproveitar a disciplina e aprofundarem o conhecimento nessa área que é tão cara na nossa construção enquanto professores.

Para isso, dividimos essa aula em dois momentos: primeiro iremos entender como surgiu a Literatura Infantil; seu contexto histórico e a influência política. Na sequência, iremos entender a partir da crítica o que os teóricos da área entendem como Literatura Infantil.

Vamos lá!?

Abraços literários,

Professora Andréia.

Objetivos de aprendizagem

Ao final desta aula, vocês serão capazes de:

• conhecer a história da formação da Literatura Infantil brasileira;
• entender conceitos de Literatura Infantil?

Seções de estudo

• **Seção 1** - *Historiografia da Literatura Infantil*
• **Seção 2** – *O que é Literatura Infantil?*

Seção 1 – Historiografia da Literatura Infantil

Quando será que surge em terras brasileiras uma Literatura destinada ao público infantil? O que estava acontecendo no Brasil naquela época? Quais as influências recebidas? E as temáticas abordadas? Com o intuito de responder tais indagações, convido vocês a lerem três textos extraídos do site Memorial de Leitura – IEL (UNICAMP) sob coordenação de duas grandes profissionais da área, Marisa Lajolo e Márcia Abreu.

Contexto histórico
Século XIX

Durante a Segunda metade do século XIX, a sociedade brasileira passou por mudanças fundamentais nos campos políticos, sociais e consequentemente na forma de ver e entender a nova realidade que estavam vivendo.

Foi nesse período que se mudou a forma de governo, foi feita a Constituição, se iniciou a substituição do trabalho escravo pelo trabalho assalariado e as fazendas de café e outras lavouras brasileiras modernizaram-se. As cidades cresceram e nelas as primeiras indústrias se instalaram.

Para se ter ideia dessas mudanças sabemos que entre 1850 e 1860 ocorreu o que podemos chamar de surto industrial no Brasil, pois foram inauguradas no Brasil 70 fábricas que produziam chapéus, sabão, tecidos de algodão e cerveja, artigos que até então vinham do exterior. Além disso, foram fundados 14 bancos, três caixas econômicas, 20 companhias de navegação a vapor, 23 companhias de seguro, oito estradas de ferro. Criaram-se, ainda, empresas de mineração, transporte urbano, gás, etc.

Este processo de industrialização proporcionou, através dos anos, que províncias como São Paulo, Rio de Janeiro e Minas Gerais se tornassem polos de atração para que os colonos que, espremidos pelo latifúndio, se deslocassem para a cidade à procura de uma vida melhor, mais confortável financeiramente. Isto quer dizer que para os grandes fazendeiros, a vinda para a cidade significava que seus filhos poderiam frequentar escolas e faculdades, tomar contato com os jornais e revistas em circulação. Surgiram, neste período, as primeiras grandes greves, pois o Operariado, cujas condições de trabalho eram bastante precárias, tenta desenvolver uma ação política independente de oposição através das greves. A jornada de trabalho podia chegar a 16 horas e a mão de obra infantil e feminina era usada de maneira indiscriminada, não havendo nenhuma regulamentação salarial.

> É claro que essas transformações ocorrem de forma lenta e não atingiram nem todas as regiões do país e nem todas das partes das províncias. Regiões do Nordeste, por exemplo, poderiam ser descritas como imensas terras cercadas com trabalhadores escravos, somente pequenos núcleos urbanos, nos quais os únicos edifícios de destaque eram a igreja e a câmara municipal. Lugares marcados pelo poder dos proprietários de terras.
>
> O Rio de Janeiro, por exemplo, era uma cidade heterogênea, com mansões e palacetes ao lado de bairros miseráveis. Na rua do Ouvidor podiam-se encontrar as últimas novidades de Paris, mas a febre amarela e a varíola periodicamente dizimavam a população pobre. Uma aristocracia culta e exigente povoava os salões e os espetáculos de ópera, enquanto o desemprego empurrava milhares de pessoas para uma vida incerta de pequenos trabalhos avulsos, quando não para o baixo meretrício e a malandragem. Nos palacetes de Laranjeiras falava-se francês nas noites de gala, enquanto não longe dali, nos cortiços, a fome e a miséria faziam estragos na população.

Perceberam o cenário que compunha o Brasil? É notório por meio de a leitura vislumbrar a discrepância social existente; e ainda mais, a forte influência europeia na vida elitizada. De fato, estávamos vivendo um grande marco da história, o Brasil deixava de ser Império e tornava-se República. Para isso, mudanças aconteciam, tais como a substituição do trabalho escravo pelo assalariado; o surto industrial; as primeiras greves do proletariado.

Em consonância, era interessante que um modelo idealizado de nação fosse pregado, com o objetivo de silenciar os barulhos que ecoavam diante de tantas mudanças ocorridas. Para isso, pensaram que uma estratégia infalível seria "investir" na educação, ampliando as vagas públicas e "facilitando" a entrada de novas crianças no contexto educacional.

Observem o texto que segue:

> **Contexto Educacional**
>
> A instrução pública no Brasil do final do século XIX estava ainda dando os seus primeiros passos. Embora desde 1854 algumas leis a favor da educação tenham sido elaboradas, na prática a imensa maioria da população permanecia analfabeta. Verdade é que faltava de quase tudo para que as leis saíssem do papel. Em 1859, por exemplo, devido ao aumento do custo de vida e ao desinteresse do poder público, o salário dos professores se desvalorizou, desestimulando os mestres atuantes. Não havia escolas normais para capacitação de novos professores, o que fez surgir os chamados adjuntos, tanto mal pagos, quanto mal preparados. Nem mesmo os prédios escolares eram os mais adequados, visto que foram, de início, alugados.
>
> **Número de brasileiros alfabetizados**
>
> | População Brasileira | 1872 | 1890 | 1900 | 1920 |
> |---|---|---|---|---|
> | Sabem ler e escrever | 1.564.481 | 2.120.559 | 4.448.681 | 7.493.357 |
> | % sobre o total de habitantes considerados | 16% | 15% | 25% | 24% |

Não sabem ler e escrever	8.365.997	12.213.356	12.989.753	23.142.248
Total de habitantes considerados	9.930.478	14.333.915	17.438.434	30.635.605

Apud Razzini, 2000: 21.

A administração do ministro João Alfredo Correa de Oliveira, responsável pela instrução pública na década de 1870, parece alertar o Império para a questão educacional, conforme o relatório do sucessor de João Alfredo ao ministério, Conselheiro José Bento da Cunha e Figueiredo:

Em 1869, havia apenas, em todo o Império, 3.516 escolas públicas e particulares de instrução primárias. Em 1876, o número destas escolas, conforme as mais recentes informações, era mais de 6.000.

Em 1869, as escolas primárias existentes haviam recebido 115.935 alunos de ambos os sexos. Em 1876 havia, nas escolas primárias, cerca de 200.000 alunos.

Em 1869 havia uma escola primária para 2.394 habitantes livres. Em 1876, havia uma para cada 1.250 habitantes livres.

Em 1869, havia uma escola primária para 541 crianças livres, em idade escolar (6 a 15 anos). Em 1876 havia uma para 314 crianças, nas mesmas condições. (Almeida, 1989:177).

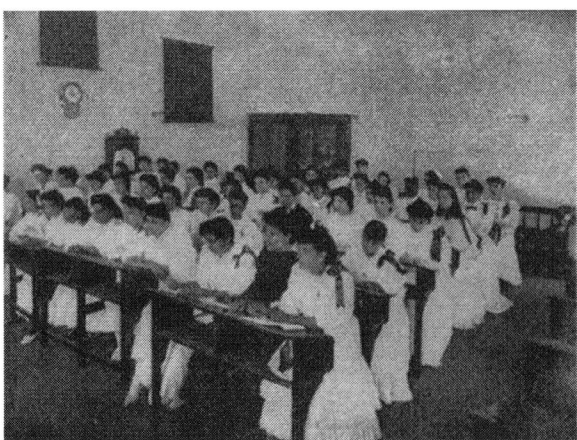

Fonte: https://www.google.com/imghp?hl=pt-BR&gws_rd=ssl

Assim, na província do Rio de Janeiro, juntamente com o crescente processo de urbanização, o número de escolas aumentou e as particulares acompanharam esse crescimento, pois viram despontar, no ensino, um mercado em ascensão, impulsionado pelos investimentos da burguesia. Os emergentes do século XIX, embora aceitassem os valores retrógrados da monarquia - ainda presentes muito tempo depois da proclamação da República - , procuravam a modernidade, sobretudo importando os modelos franceses e as formas modernas de civilização europeias. Criaram, então, uma atmosfera ilusória de modernidade, que em nada condizia com a sociedade aristocrática e escravocrata da época.

Nas outras províncias, inclusive nas cidades do interior, formaram-se associações "não governamentais", com altos investimentos a favor da cultura, como mostra Almeida, com dados de 1874:

Belém	Sociedade Amantes da Instrução: fornecia roupas e calçados às crianças pobres, incentivando-as a frequentar a escola. (obrigação, aliás, do governo, prevista em lei e esquecida desde 1854).
Campinas	Sociedade Culto à Ciência, colégio de ensino primário e secundário, inaugurado em 12 de janeiro de 1874.
Mogi Mirim	Associação da Instrução Mogiana; União e Fraternidade; Sociedade Propagadora da Instrução Popular, todas de ensino gratuito.
Cidade de Cunha	Sociedade Literária nova Arcádia
Lorena	Sociedade Auxiliar da Instrução Pública

Além dessas associações, outras iniciativas culturais foram tomadas, como a Biblioteca Francana, em Franca; o Clube Literário de Bragança Paulista e o Gabinete de leitura de Pindamonhangaba.

No entanto, o Brasil precisava de homens diplomados para os altos escalões do serviço público civil e militar (devido a Guerra do Paraguai) e para o clero, além de profissionais liberais, que eram em número mínimo. Havia apenas as Faculdades de Medicina do Rio de Janeiro e da Bahia, fundadas por D. João VI; as Faculdades de Direito de São Paulo e do Recife, fundadas em 1827; três cursos superiores militares; a Escola Central do Rio (Ciências Físicas e Matemáticas), reinaugurada em 1870; a Escola Politécnica; a escola de Minas (voltada para a mineração); além dos Seminários Episcopais. Para o ingresso, essas instituições de ensino superior não exigiam o curso secundário, mas aplicavam um Exame Preparatório, muitas delas montavam cursos para os exames.

O ensino secundário, dessa forma, estava totalmente condicionado aos exames, desde o currículo de disciplinas até a caracterização dos privilegiados alunos que apenas almejavam entrar no curso superior para alcançarem cargos públicos. Colégios, liceus, ginásios e ateneus disputavam os alunos oferecendo um corpo docente que tivesse alguma participação na correção dos exames, ou livros didáticos cobrados nos exames, cursos mais rápidos, enfim, propagavam o número de aprovados para atrair novos alunos, tanto os públicos, como os privados, e sempre sob o controle estatal.

Número de alunos matriculados nas escolas secundárias no ano 1870:

Instituições	Número de escolas	Número de alunos
públicas	104	2.490
particulares	338	5.881

Mas nenhum deles competia com a imponência do Imperial Colégio de Pedro II, fundado em 1837 e que, inclusive, fornecia o diploma de bacharel em Letras e dava o direito aos seus alunos de entrar em qualquer Faculdade do Império sem passar pelo exame.
O livro Antologia Nacional elaborado por dois professores, um deles do Pedro II é um dos símbolos da importância do colégio: "uma das compilações mais lidas pelos brasileiros que passaram pela escola secundária até a década de 1960" (Razzini, 2000: 15).

Como já era de imaginar, pouquíssimos alunos chegavam ao ensino secundário. Que dirá ao superior. E como apenas a elite tinha acesso a tais privilégios e o governo fazia vista grossa à empresa dos exames, a corrupção corria solta.

Mesmo com as tentativas de se instituir uma legislação específica para o ensino secundário e os exames preparatórios, o caso tanto fugiu ao controle, que em 1911, o governo teve de acabar com os exames, instituindo o vestibular. Será que deu certo?

"O mau preparo dos filhos da elite não era resultado apenas dos exames preparatórios, mas de todo o sistema educacional brasileiro que penalizava a maior parte da população com o analfabetismo, enquanto facilitava o acesso da elite aos cursos superiores, quer seja com a não obrigatoriedade da conclusão do curso secundário, quer seja com os exames de ingresso pouco sérios"(Razzini, 2000:30).

Legislação vigente

Ano	Leis
1854	Decreto 1.331 A de 17 de fevereiro: instituía as Bancas de Exames Preparatórios.
1856	Portaria de 4 de maio: centralização do curso secundário e dos Exames Preparatórios. Regulamento das aulas preparatórias das Faculdades de Direito.
1869	Decreto 4.430 de 30 de outubro: O português passou a ser cobrado nos Exames Preparatórios.
1873	Decreto 5.249 de 2 de outubro: Instituía mesas gerais de Exames nas Províncias onde não havia Faculdades.
1890	Decreto 981 de 8 de novembro: Dentro da Reforma Benjamin Constant, instituía o Exame de madureza após o término do curso secundário.
1891	Decreto 668 de 14 de novembro: Regulamentação das disciplinas dos Exames Preparatórios, a saber: português, francês, inglês, alemão, latim, aritmética e álgebra, geometria e trigonometria, geografia especialmente do Brasil, história universal, física e química e historia natural.
1896	Decreto 9.647 de 2 de outubro: Condicionava a realização das provas das demais disciplinas à aprovação em Português.
1911	Reforma Rivadávia Correia (Lei Orgânica): Instituía o vestibular.

Quanta informação, não!? Perceberam o trajeto do ensino no Brasil? Observaram que era de interesse do governo que novos cursos de ensino superior fossem implantados a fim de suprirem as urgências para a constituição de uma República?

Agora, chamo a atenção de vocês para a segunda tabela. Notaram que diferente da contemporaneidade, o maior número de escolas eram privadas? O que corrobora que o ensino ainda era de uma minoria.

Em consonância, iniciava-se a constituição de um novo campo: a docência; no entanto, a história nos mostra que a nossa profissão não nasce sob prestígio, mas como necessidade para reproduzirem em sala de aula os discursos instituídos pelos governantes. De fato, um corpo docente mau preparado seria mais fácil de ser manipulado e, assim, transferir as ordens em formato de ensinamentos.

Uma forma encontrada para isso foi a Literatura; não a Literatura com a perspectiva artística, mas sim didatizante, como nos mostra o texto que segue:

Características gerais dos textos infantis da época

O livro infantil brasileiro, na sua gênese, possui intenção claramente pedagógica, pois são os livros de leitura usados nas escolas, a primeira manifestação consciente da produção de literatura específica para crianças. Por isso "nem sempre será possível estabelecer-se uma separação nítida entre os livros de entretenimento puro e o de leitura para aquisição de conhecimentos e estudo nas escolas, durante o século passado. Percebe-se que a literatura infantil propriamente dita partiu do livro escolar, do livro útil e funcional, de objetivo eminentemente didático." (ARROYO, 1968, p. 93-94)

Os livros de histórias infantis eram usados como "pretexto" para ensinar outros pontos da matéria tornando a escola, destinatária privilegiada da produção desses textos. A importância da escola para o desenvolvimento da literatura infantil no período deve-se ao seu fortalecimento enquanto instituição e às campanhas de escolarização (com aumento de vagas, principalmente primárias). Além disso, o meio escolar era e é o melhor lugar para a disseminação dos valores da classe dominante entre as classes subalternas.

Devido às grandes mudanças do período, e à preocupação em transmitir uma ideia de país em modernização, muitos valores dessa sociedade foram passados adiante através dos livros infantis. Assim, estes possuem muitas características em comum, centradas na ideia de civismo, tendo uma missão formadora e patriótica para as crianças.

Dessa forma, os "temas" predominantes nesses livros são:

1) Nacionalismo: em função da necessidade das classes dominantes de difundir entre a classe média imagens da grandeza e modernidade do país. Isso acontece de três formas principais:

a) exaltação da natureza: as belezas naturais do país, o amor à terra que é extremamente fértil, idealização da vida rural.

b) exaltação dos vultos e história do Brasil: origens, história e os grandes homens do país.

c) exaltação da língua: preocupação e culto da língua nacional, apuro na linguagem expondo as crianças a bons textos, daí também o culto de grandes autores e grandes obras.

2) Intelectualismo: além da valorização dos grandes autores como modelo de língua, também eram valorizados como modelo de cultura a ser imitada; o livro e o estudo

eram extremamente valorizados como meios essenciais de realização social; a escola ocupa papel de grande importância nas histórias.

3) Moralismo e religiosidade: valores que todo bom cidadão deveria ter como honestidade, bondade, respeito aos mais velhos, cumprir os deveres, caráter reto, obediência aos preceitos cristão, caridade, dedicação ao trabalho e à família, etc.

Depois da leitura deste excerto ficam ainda mais evidentes as intenções políticas na construção da Literatura Infantil em território brasileiro. De fato, os três temas apresentados por meio do texto mostram os eixos norteadores dos livros que eram entregue as nossas crianças.

SABER MAIS Esta discussão é energizada por meio de um trabalho singular escrito a quatro mãos, intitulado Literatura infantil brasileira: história e histórias (LAJOLO; ZILBERMAN, 1986), em que as autoras registram informações de extrema relevância para a historiografia da literatura infantil brasileira, como bem anunciada no título da obra:

Ela não teve origem popular, nem aparecimento espontâneo: seu surgimento foi induzido, patrocinado pelos autores que escreveram livros para crianças no período de transição entre os séculos XIX e XX. Desde então, [...] as editoras começaram a prestigiar o gênero, motivando seu aumento vegetativo ao longo dos anos 20 e 30, bem como a adesão progressiva de alguns escritores da nova e atuante geração modernista [...] o regime ofereceu aos escritores para as crianças temas e posicionamentos que asseguraram suas incursões na rede escolar que, ampliada, retribuiu com um contingente maior de leitores (LAJOLO; ZILBERMAN, 1986, p.61-62).

As estudiosas asseveram que os primeiros textos escritos neste chão cultural foram encomendados com o propósito de difundir a imagem de um país moderno, que se encontrava em desenvolvimento. Era o final do século XIX, o Brasil estava em processo de transição de regime político. A República, adotada a partir de 1889, substituía a monarquia após o longo reinado de D. Pedro II, imperador desde 1840. Nesse período, o que circulava sob a rubrica de infantil eram textos adaptados e/ou traduzidos do continente europeu.

OLIVEIRA – IGUMA, Andréia Alencar. *Representações de leitura na literatura infantojuvenil:* um estudo do PNBE/2009. Dissertação de mestrado apresentada ao programa de letras UFGD.

Perceberam que o nascer da nossa Literatura Infantil foi bastante conturbado? Ademais, nossa preocupação é vislumbrar o que os teóricos entendem, de fato, como Literatura Infantil. No que ela se "difere" da literatura "para" adultos?

Avante!!

Seção 2 – O que é Literatura Infantil?

O que vocês entendem como Literatura Infantil? Há uma Literatura própria para crianças e outra para adultos? Idosos? Homens? Mulheres? Se eu for leitor(a) de uma determinada "literatura" não poderei ser de "outra"? Certamente, os questionamentos que circunscrevem esse subsistema literário são muitos, o que de fato, contribuem com a crítica que produz artigos, palestras, programas de pós-graduação com o propósito de entenderem o porquê de tais limitações ou preocupações.

Nesse sentido, o que posso afirmar a vocês é que existe um mercado que lucra muito com as divisões feitas no que tange esse assunto, e que a Literatura Infantil existe e continuará existindo, pois hoje ocupa um lugar de destaque nas compras governamentais (assunto da nossa terceira aula). No entanto, é preciso ter clareza para separar "o joio do trigo", pois a Literatura Infantil é rica e vasta e precisa ser democratizada, entretanto, há no mercado muitos textos sem qualidade estética rotulados como literatura e que nada possuem de artístico.

Para tanto, é preciso entender o que é **Literatura Infantil**.

> Os textos que no início do século traziam o rótulo de "Literatura Infantil" eram sisudos e exemplares, o que faz do criador da irreverente Emília o reintrodutor do riso como arma crítica, nos livros destinados a criança. **(SANDRONI, 2011, p.67).**

A literatura infantil brasileira mesmo com uma trajetória consolidada ainda é motivo de muitas discussões, seja no mercado editorial, ou nos programas de graduação e pós-graduação em Literatura e Educação e, principalmente, na produção crítica que ajuda aquecer debates acerca de sua existência que há tempos saiu do anonimato, tendo um crescimento veloz mediado pelas políticas públicas.

Efetivamente, para Nelly Novaes Coelho (1984, s/p), "literatura infantil é, antes de tudo, literatura; ou melhor, é arte: fenômeno de criatividade que representa o mundo, o homem, a vida, através da palavra". Entretanto, a discussão em torno do adjetivo "infantil" justifica-se por conta de um surgimento conturbado e marcado por intenções políticas. De tal modo, é possível assegurar que as mazelas atribuídas a sua formação em território brasileiro deixaram resquícios, o que compromete ainda hoje sua estadia no âmbito escolar e cultural.

[...]

Convém ressaltarmos que muitas vezes ocorre uma apropriação equivocada da literatura destinada aos menores de idade, tornando-a limitada e com prazo de validade, o que levou o poeta mineiro Carlos Drummond de Andrade a questionar sua existência ao retorquir se haverá nas outras esferas da arte tal distinção:

> O gênero "literatura infantil" tem, a meu ver, existência duvidosa. Haverá música infantil? Pintura infantil? A partir

> de que ponto uma obra literária deixa de construir alimento para o espírito da criança ou do jovem e se dirige ao espírito do adulto? Qual o bom livro de viagens ou aventuras, destinado a adultos, que não possa ser dado à criança, desde que vazado em linguagem simples e isento de matéria de escândalo? (ANDRADE, 1944, s/p).
>
> Todavia, a ideia de não haver uma literatura específica para criança, e sim uma que seja de seu interesse, já foi motivo de muitas discussões entre especialistas do assunto. Em vista disso, as considerações acuradas pela estudiosa Ligia Cadermatori (2010, p.16-17) nos levam ao entendimento que:
>
>> A literatura infantil se caracteriza pela forma de endereçamento dos textos ao leitor. A idade deles, em suas diferentes faixas etárias, é levada em conta. Os elementos que compõem uma obra do gênero devem estar de acordo com a competência de leitura que o leitor previsto já alcançou. Assim, o autor escolhe uma forma de comunicação que prevê a faixa etária do possível leitor, atendendo seus interesses e respeitando suas potencialidades. A estrutura e o estilo das linguagens verbais e visuais procuram adequar-se às experiências da criança. Os temas são selecionados de modo a corresponder às expectativas dos pequenos, ao mesmo tempo em que o foco narrativo deve permitir a superação delas. Um texto redundante, que só articula o que já é sabido e experimentado, pouco tem a oferecer [...] As obras infantis que respeitam seu público são aquelas cujos textos têm potencial para permitir ao leitor infantil possibilidade ampla de atribuição de sentidos àquilo que lê. A literatura infantil digna do nome estimula a criança a viver uma aventura com a linguagem e seus efeitos, em lugar de deixá-la cerceada pelas intenções do autor, em livros usados como transporte de intenções diversas, entre elas o que se passou a chamar de "politicamente correto", a nova face do interesse pedagógico, que quer se sobrepor ao literário.
>
> Compactuando dessa reflexão, elucidamos para a compreensão de que a literatura infantil é um terreno fértil, com possibilidade de diferentes estudos, ao abarcar contextos sociais, políticos e educacionais. Esta, como toda arte, é um meio de fruição capaz de suscitar reflexões a seus apreciadores. Além disso, "só porque o texto se destina a leitores supostamente "inocentes" não basta que ele seja em si mesmo inocente" (HUNT, 2010, p.37).
>
> OLIVEIRA – IGUMA, Andréia Alencar. *Representações de leitura na literatura infantojuvenil:* um estudo do PNBE/2009. Dissertação de mestrado apresentada ao programa de letras UFGD.

Por isso, nos cabe aclamar pela sua presença na sociedade, a começar pelos bancos escolares, tão carentes de fabulação. Nessa perspectiva, conheceremos na nossa próxima aula o irreverente Monteiro Lobato, que inicia uma produção estética da Literatura Infantil e cria um novo universo, bem maior que o Sítio do Pica Pau Amarelo.

Retomando a conversa inicial

RELEMBRANDO

Muitas informações, não!?
Pois bem, a intenção era apresentar a vocês um panorama geral acerca da literatura infantil e as possíveis definição dos teóricos acerca desse subsistema.

• **Seção 1 - Historiografia da literatura infantil brasileira**

Nesta seção foi abordado o conturbado surgimento da literatura infantil em terras brasileiras, as intenções políticas presentes na escrita dos primeiros textos escritos para as crianças e os temas predominates que precisavam ser inculcados na população em geral. Ademais, vislumbramos alguns acontecimentos históricos que se fizeram presentes em todo esse processo.

• **Seção 2 – O que é literatura infantil?**

Nesse momento, foi possível entendermos que a Literatura Infantil é ARTE e precisa ser democratizada aos nossos alunos, uma vez que seu nascimento foi marcado por intenções pedagógicas e didatizantes; no entanto, esse subsistema apresentar caráter estético e intelectual e necessita ser estudado e repensado constatemente com o intuito de contribuir com a formação crítica das crianças.

Sugestões de leituras e *sites*

Livros téoricos

CADERMATORI, Ligia. *O que é literatura infantil*. 2.ed. São Paulo: Brasiliese, 2010.
COELHO, Nelly Novaes. Literatura Infantil: teoria, análise, didática. 1.ed. São Paulo: Moderna, 2000.

Textos literários

• O patinho aleijado – Figueiredo Pimentel
• Hino à Pátria – Francisca Júlia
• O galo – Francisca Júlia
• O patinho – Francisca Julia
• A pobre cega – Júlia Lopes de Almeida
• Carta – Júlia Lopes de Almeida

Sites Vamos ler o excerto abaixo:

- http://www.unicamp.br/iel/memoria/Ensaios/LiteraturaInfantil/Contexto.htm

MONTEIRO LOBATO: UM HOMEM A FRENTE DO SEU TEMPO

Olá turma, tudo bem?
Ficaram assustados(as) com o surgimento da Literatura Infantil?
Pois bem, depois do nascimento conturbado, ganhamos um aliado poderoso: Monteiro Lobato, que modifica a produção literária infantil; e torna-se o pioneiro desse subsistema literário.
Vamos (re)conhecê-lo!?
Abraços literários,
Professora Andréia

Objetivos de aprendizagem

Ao final desta aula, vocês serão capazes de:

- conhecer o escritor Monteiro Lobato;
- identificar as características literárias de Monteiro Lobato.

Seções de estudo

- **Seção 1** – *Monteiro Lobato: quem foi?*
- **Seção 2** - *Além do Sítio encontra-se um mundo*

Seção 1 – Monteiro Lobato: quem foi?

No Brasil há uma grande estudiosa da vida e obra de Monteiro Lobato, a professora e pesquisadora Marisa Lajolo. Ela é responsável por manter o autor sempre vivo, instaurando reflexões e possibilidades de leituras do acervo de Lobato. E é por meio da obra *Monteiro Lobato:* um brasileiro sob medida (2000) de sua autoria que iremos nos aproximar do pai da irreverente Emília.

> Na noite de 18 de abril de 1882 nasce em Taubaté o primogênito do proprietário das fazendas Paraíso e Santa Maria. O recém-nascido é o primeiro filho de José Bento Marcondes Lobato e dona Olímpia Augusta Monteiro Lobato. [...]
> Nas visitas à casa do avô – conta mais tarde – fascina-o a biblioteca: os livros, em particular os ilustrados, seduzem-no ainda mais do que a figura do imperador Pedro II, que conhece como hóspede do avô numa das últimas viagens imperiais a São Paulo [...].
> [...] Aprovado, matricula-se como interno no Instituto Ciências e Letras, onde permanece ao longo de três anos e uma reprovação em latim [...] Atrás do pseudônimo Gustavo Lannes, Monteiro Lobato colabora nos jornais estudantis O Patriota e A Pátria até que funda seu próprio jornal – H2O -, um pasquim manuscrito. Participa também do Grêmio Literário Álvares de Azevedo, onde, como então faziam os alunos com veleidades intelectuais, declama poesia, faz discursos e disputa torneios oratórios (LAJOLO, 2000, p.12-17).

Figura 1: Monteiro Lobato
Disponível em: https://www.google.com.br/search?q=monteiro+lobato. Acesso em 01/03/2015

A partir da leitura do excerto da obra da pesquisadora Marisa Lajolo é possível conhecermos um pouco mais sobre a vida de Monteiro Lobato. Em consonância a leitura destaco para vocês a formação acadêmica do escritor:

direito. No entanto, a formação é a contragosto, pois de fato, sua grande paixão sempre foi os livros; ao certo, a área jurídica era apenas exigência familiar, haja vista que era área de prestígio social.

Todavia, não são apenas as personagens lobatianas que são contestadores, o escritor também era. Lobato não abriu mão de seus anseios e viveu toda a sua vida de literatura. Ele brinca que os livros eram suas vaquinhas, e por isso, precisava vendê-los. Buscava estratégias, tais como parcerias e consignados, e pouco a pouco foi galgando espaço no campo literário. Seu apogeu foi no momento que consegue adentrar o mercado livreiro destinado às escolas públicas.

Abaixo, um quadro ilustrativo com as principais obras do autor.

Livros
Suas principais obras infantis são "A Menina do Nariz Arrebitado", "O Saci", "Fábulas do Marquês de Rabicó", "Aventuras do Príncipe", "Noivado de Narizinho", "O Pó de Pirlimpimpim", "Reinações de Narizinho", "As Caçadas de Pedrinho", "Emília no País da Gramática", "Memórias de Emília", "O Poço do Visconde", "O Pica-Pau Amarelo" e "A Chave do Tamanho".
Além de seus livros infantis, também escreveu outras obras como "O Choque das Raças", "Urupês", "A Barca de Gleyre" e "Escândalo do Petróleo".

Jeca Tatu
Em seu livro "Urupês", Monteiro Lobato retrata a imagem do caipira brasileiro, destacando sua pobreza e ignorância que o tornava incapaz de auxiliar na agricultura. Este personagem tornou-se símbolo nacionalista e foi usado por Rui Barbosa em sua campanha presidencial em 1918.

Crítico
Monteiro Lobato escreveu ainda muitas críticas, entre elas "Jeca Tatu" e "Negrinha", que retratam a visão que o autor tinha do país. Os contos falam sobre o trabalho do menor, parasitismo da burocracia, a violência contra os negros, imigrantes e mulheres, da empáfia dos que mandam, do crescimento desordenado das cidades e outros assuntos da crise de 30.

Disponível em: http://www.estudopratico.com.br/biografia-de-monteiro-lobato/. Acesso em: 05/02/2015.

Seção 2 - Além do Sítio encontra-se um mundo

Diante dessa precariedade no cenário literário infantil, surge na década de 1920, Monteiro Lobato que, ao resgatar a fantasia em suas histórias, engaveta o que até então circulava em formato de livros endereçados as crianças. Sua presença é de

Sobre Monteito Lobato ver: LAJOLO, Marisa. Monteiro Lobato: um brasileiro sob medida. São Paulo: Moderna, 2000. LAJOLO, Marisa; CECCANTINI, João Luís. Monteiro Lobato, livro a livro: Obra infantil. São Paulo: UNESP, 2008.

> Acerca dos "herdeiros do Sítio do Pica Pau Amarelo" ver: ZILBERMAN. Regina. *Como e por que ler a literatura infantil brasileira*. Rio de Janeiro: Objetiva, 2005.

> tamanha relevância que a partir de então, passa a servir de referência para os novos escritores, apresentados hoje como herdeiros do *Sítio do Pica Pau Amarelo.*
>
> Com uma escrita peculiar, Lobato cria um universo capaz de romper "com o círculo da dependência dos padrões literários provindos da Europa" (FERREIRA, 2008, p. 427) o que lhe concede o título de pai da literatura infantil brasileira. Transformando esse campo até então pantanoso em um lugar frutífero tendo como proposta "educar seus leitores para o direito da liberdade e questionarem o que lhes era dado" (VIEIRA, 1999, p.48).
>
> A estudiosa lobatiana Adriana Silene Vieira (1999) retoma no artigo *O livro e a leitura nos textos de Lobato* fragmentos da correspondência enviada a Godofredo Rangel compiladas no volume *A barca de Gleyre*, para demonstrar a preocupação que o autor tinha com a formação dos próprios filhos diante dos textos que circulavam no período, ao referir a literatura infantil como "pobre e besta". Diante disso, a proposta de Lobato era a de romper com a tradição de textos didáticos ou de formação moral e cívica para crianças, "seu projeto era outro: queria justamente educar seus leitores para exercerem o direito da liberdade e questionarem o que lhes era dado" (VIEIRA, 1999, p.48).
>
> O criador da (nova) literatura infantojuvenil brasileira teve êxito em sua produção. Após seu surgimento, a escrita didática e moralizante deixou de ser vista com bons olhos. No entanto, resquícios de sua permanência em nossa história de leitura perpassaram o ensino até os dias atuais. Para muitos, a função da literatura infantil continua sendo a de ensinar. Assim, sua permanência dentre os muros acadêmicos é dividida em dois sistemas: o literário e o educacional, "no sistema literário, é espécie de primo pobre. No sistema da educação, ocupa lugar mais destacado, graças ao seu papel na formação de leitores, que cabe à escola assumir e realizar" (CADERMATORI, 2010, p.5).
>
> OLIVEIRA-IGUMA, Andréia Alencar. Representações de leitura na literatura infanto-juvenil: um estudo do acervo do PNBE/2009. Dissertação de Mestrado apresentada ao Programa de Pós-Graduação em Letras pela UFGD.

Após a leitura de um excerto da minha dissertação de Mestrado fica mais fácil de identificar os preceitos e ideologias do nosso autor em questão. Todavia, Monteiro Lobaro era um "Desiludido com os adultos, acredita-se que só as crianças poderão modificar o mundo, torna-se suas interlocutoras privilegiadas" (SANDRONI, 2011, p.50). Por isso, sua obra é aclamada até a contemporaneidade, e eu ouso dizer que será imortalizada, pois é mola motora para as discussões que circunscrevem o campo educacional no que tange a Literatura na sua função artística.

Ainda falando de Monteiro Lobato, convido-os(as) a lerem o texto que segue, com o propósito de compreendermos as características preponderantes na escrita do paulista.

Avante!

> **As características do texto literário e a brasilidade na obra de Lobato**
>
> No conjunto de textos que compõem a obra lobatiana, alguns têm afinidades que permitem agrupá-los para efeito de análise. O mais importante para o presente trabalho é aquele em que preponderam o lúdico e a fantasia, embora esteja sempre presente o desejo de transmitir ensinamentos. Dele fazem parte *Reinações de Narizinho, Caçadas de Pedrinho, Viagem ao céu, O Picapau amarelo, A reforma da natureza, A chave do tamanho e Memórias de Emília*. Colocamos no mesmo grupo as histórias inspiradas no folclore brasileiro: *O Saci, Histórias de Tia Nastácia, Emília no País da Gramática, História do mundo para crianças, O Minotauro, Os doze trabalhos de Hércules*.
>
> Outro grupo é o das adaptações de obras clássicas com que Lobato presenteou as crianças brasileiras, libertando-as das "traduções galegais" que tanto atacava (cf. A barca de Gleyre): Dom Quixote para crianças, Aventuras de Hans Staden, Peter Pan, Pinóquio, Robinson Crusoe, Contos de Grimm, Alice no país das Maravilhas. Em alguns Lobato fazia de Dona Benta a narradora e até mesmo criava uma pequena trama paralela (como em Peter Pan), visando aproximar ainda mais a criança brasileira do universo narrativo (SANDRONI, 2011, p.55).

O texto de Laura Sandroni, também estudiosa de Lobato, divide a obra de Lobato em dois campos: a parte da fantasia e folclórica e as obras adaptadas dos clássicos universais. Nesses diálogos intertextuais a troca de experiências era (é) grande, pois tira o leitor da zona limitada e expande suas possibilidades de leituras, uma vez que "um livro puxa o outro", e assim, o arcabouço é alimentando e expandido.

De fato, é possível afirmar sem medo de errar que Monteiro Lobato foi o primeiro escritor brasileiro que não subestimou a capacidade estética, crítica e intelectual do público menor de idade. O escritor almejava "influir na formação de um Brasil melhor através das crianças" (SANDRONI, 2011, p.61). Por meio de sua escrita, a literatura infantil deixa se ser vista e entendida como um "instrumento de dominação do adulto e de uma classe, modelo de estruturas que devem ser reproduzidas. Passa a ser fonte de reflexão, questionamento e crítica" (SANDRONI, 2011, p.61).

Então, após termos informações sobre o nosso escritor, convido-os(as) a lerem a Lobato:

Boa leitura!

> **Negrinha**
> **Monteiro Lobato**
>
> Negrinha era uma pobre órfã de sete anos. Preta? Não; fusca, mulatinha escura, de cabelos ruços e olhos assustados.
>
> Nascera na senzala, de mãe escrava, e seus primeiros anos vivera-os pelos cantos escuros da cozinha, sobre velha esteira e trapos imundos. Sempre escondida, que a patroa não gostava de crianças.

Excelente senhora, a patroa. Gorda, rica, dona do mundo, amimada dos padres, com lugar certo na igreja e camarote de luxo reservado no céu. Entaladas as banhas no trono (uma cadeira de balanço na sala de jantar), ali bordava, recebia as amigas e o vigário, dando audiências, discutindo o tempo. Uma virtuosa senhora em suma — "dama de grandes virtudes apostólicas, esteio da religião e da moral", dizia o reverendo.

Ótima, a dona Inácia.

Mas não admitia choro de criança. Ai! Punha-lhe os nervos em carne viva. Viúva sem filhos, não a calejara o choro da carne de sua carne, e por isso não suportava o choro da carne alheia. Assim, mal vagia, longe, na cozinha, a triste criança, gritava logo nervosa:

— Quem é a peste que está chorando aí?

Quem havia de ser? A pia de lavar pratos? O pilão? O forno? A mãe da criminosa abafava a boquinha da filha e afastava-se com ela para os fundos do quintal, torcendo-lhe em caminho beliscões de desespero.

— Cale a boca, diabo!

No entanto, aquele choro nunca vinha sem razão. Fome quase sempre, ou frio, desses que entanguem pés e mãos e fazem-nos doer...

Assim cresceu Negrinha — magra, atrofiada, com os olhos eternamente assustados. Órfã aos quatro anos, por ali ficou feito gato sem dono, levada a pontapés. Não compreendia a idéia dos grandes. Batiam-lhe sempre, por ação ou omissão. A mesma coisa, o mesmo ato, a mesma palavra provocava ora risadas, ora castigos. Aprendeu a andar, mas quase não andava. Com pretextos de que às soltas reinaria no quintal, estragando as plantas, a boa senhora punha-a na sala, ao pé de si, num desvão da porta.

— Sentadinha aí, e bico, hein?

Negrinha imobilizava-se no canto, horas e horas.

— Braços cruzados, já, diabo!

Cruzava os bracinhos a tremer, sempre com o susto nos olhos. E o tempo corria. E o relógio batia uma, duas, três, quatro, cinco horas — um cuco tão engraçadinho! Era seu divertimento vê-lo abrir a janela e cantar as horas com a bocarra vermelha, arrufando as asas. Sorria-se então por dentro, feliz um instante.

Puseram-na depois a fazer crochê, e as horas se lhe iam a espichar trancinhas sem fim.

Que idéia faria de si essa criança que nunca ouvira uma palavra de carinho? Pestinha, diabo, coruja, barata descascada, bruxa, pata-choca, pinto gorado, mosca-morta, sujeira, bisca, trapo, cachorrinha, coisa-ruim, lixo — não tinha conta o número de apelidos com que a mimoseavam. Tempo houve em que foi a bubônica. A epidemia andava na berra, como a grande novidade, e Negrinha viu-se logo apelidada assim — por sinal que achou linda a palavra. Perceberam-no e suprimiram-na da lista. Estava escrito que não teria um gostinho só na vida — nem esse de personalizar a peste...

O corpo de Negrinha era tatuado de sinais, cicatrizes, vergões. Batiam nele os da casa todos os dias, houvesse ou não houvesse motivo. Sua pobre carne exercia para os cascudos, cocres e beliscões a mesma atração que o ímã exerce para o aço. Mãos em cujos nós de dedos comichasse um cocre, era mão que se descarregaria dos fluidos em sua cabeça. De passagem. Coisa de rir e ver a careta...

A excelente dona Inácia era mestra na arte de judiar de crianças. Vinha da escravidão, fora senhora de escravos — e daquelas ferozes, amigas de ouvir cantar o bolo e estalar o bacalhau. Nunca se afizera ao regime novo — essa indecência de negro igual a branco e qualquer coisinha: a polícia! "Qualquer coisinha": uma mucama assada ao forno porque se engraçou dela o senhor; uma novena de relho porque disse: "Como é ruim, a sinhá!"...

O 13 de Maio tirou-lhe das mãos o azorrague, mas não lhe tirou da alma a gana. Conservava Negrinha em casa como remédio para os frenesis. Inocente derivativo:

— Ai! Como alivia a gente uma boa roda de cocres bem fincados!...

Tinha de contentar-se com isso, judiaria miúda, os níqueis da crueldade. Cocres: mão fechada com raiva e nós de dedos que cantam no coco do paciente. Puxões de orelha: o torcido, de despegar a concha (bom! bom! bom! gostoso de dar) e o a duas mãos, o sacudido. A gama inteira dos beliscões: do miudinho, com a ponta da unha, à torcida do umbigo, equivalente ao puxão de orelha. A esfregadela: roda de tapas, cascudos, pontapés e safanões a uma — divertidíssimo! A vara de marmelo, flexível, cortante: para "doer fino" nada melhor!

Era pouco, mas antes isso do que nada. Lá de quando em quando vinha um castigo maior para desobstruir o fígado e matar as saudades do bom tempo. Foi assim com aquela história do ovo quente.

Não sabem! Ora! Uma criada nova furtara do prato de Negrinha — coisa de rir — um pedacinho de carne que ela vinha guardando para o fim. A criança não sofreou a revolta — atirou-lhe um dos nomes com que a mimoseavam todos os dias.

— "Peste?" Espere aí! Você vai ver quem é peste — e foi contar o caso à patroa.

Dona Inácia estava azeda, necessitadíssima de derivativos. Sua cara iluminou-se.

— Eu curo ela! — disse, e desentalando do trono as banhas foi para a cozinha, qual perua choca, a rufar as saias.

— Traga um ovo.

Veio o ovo. Dona Inácia mesmo pô-lo na água a ferver; e de mãos à cinta, gozando-se na prelibação da tortura, ficou de pé uns minutos, à espera. Seus olhos contentes envolviam a mísera criança que, encolhidinha a um canto, aguardava trêmula alguma coisa de nunca visto. Quando o ovo chegou a ponto, a boa senhora chamou:

— Venha cá!

Negrinha aproximou-se.

— Abra a boca!

Negrinha abriu a boca, como o cuco, e fechou os olhos. A patroa, então, com uma colher, tirou da água "pulando" o ovo e zás! na boca da pequena. E antes que o urro de dor saísse, suas mãos amordaçaram-na até que o ovo arrefecesse. Negrinha urrou surdamente, pelo nariz. Esperneou. Mas só. Nem os vizinhos chegaram a perceber aquilo. Depois:

— Diga nomes feios aos mais velhos outra vez, ouviu, peste?

E a virtuosa dama voltou contente da vida para o trono, a fim de receber o vigário que chegava.

— Ah, monsenhor! Não se pode ser boa nesta vida... Estou criando aquela pobre órfã, filha da Cesária — mas que trabalheira me dá!

— A caridade é a mais bela das virtudes cristãs, minha senhora — murmurou o padre.

— Sim, mas cansa...

— Quem dá aos pobres empresta a Deus.

A boa senhora suspirou resignadamente.

— Inda é o que vale...

Certo dezembro vieram passar as férias com Santa Inácia duas sobrinhas suas, pequenotas, lindas meninas louras, ricas, nascidas e criadas em ninho de plumas.
Do seu canto na sala do trono, Negrinha viu-as irromperem pela casa como dois anjos do céu — alegres, pulando e rindo com a vivacidade de cachorrinhos novos. Negrinha olhou imediatamente para a senhora, certa de vê-la armada para desferir contra os anjos invasores o raio dum castigo tremendo.

Mas abriu a boca: a sinhá ria-se também... Quê? Pois não era crime brincar? Estaria tudo mudado — e findo o seu inferno — e aberto o céu? No enlevo da doce ilusão, Negrinha levantou-se e veio para a festa infantil, fascinada pela alegria dos anjos.
Mas a dura lição da desigualdade humana lhe chicoteou a alma. Beliscão no umbigo, e nos ouvidos, o som cruel de todos os dias: "Já para o seu lugar, pestinha! Não se enxerga"?

Com lágrimas dolorosas, menos de dor física que de angústia moral — sofrimento novo que se vinha acrescer aos já conhecidos — a triste criança encorujou-se no cantinho de sempre.

— Quem é, titia? — perguntou uma das meninas, curiosa.

— Quem há de ser? — disse a tia, num suspiro de vítima. — Uma caridade minha. Não me corrijo, vivo criando essas pobres de Deus... Uma órfã. Mas brinquem, filhinhas, a casa é grande, brinquem por aí afora.

— Brinquem! Brincar! Como seria bom brincar! — refletiu com suas lágrimas, no canto, a dolorosa martirzinha, que até ali só brincara em imaginação com o cuco. Chegaram as malas e logo:

— Meus brinquedos! — reclamaram as duas meninas.

Uma criada abriu-as e tirou os brinquedos.

Que maravilha! Um cavalo de pau!... Negrinha arregalava os olhos. Nunca imaginara coisa assim tão galante. Um cavalinho! E mais... Que é aquilo? Uma criancinha de cabelos amarelos... que falava "mamã"... que dormia...

Era de êxtase o olhar de Negrinha. Nunca vira uma boneca e nem sequer sabia o nome desse brinquedo. Mas compreendeu que era uma criança artificial.

— É feita?... — perguntou, extasiada.

E dominada pelo enlevo, num momento em que a senhora saiu da sala a providenciar sobre a arrumação das meninas, Negrinha esqueceu o beliscão, o ovo quente, tudo, e aproximou-se da criatura de louça. Olhou-a com assombrado encanto, sem jeito, sem ânimo de pegá-la.

As meninas admiraram-se daquilo.

— Nunca viu boneca?

— Boneca? — repetiu Negrinha. — Chama-se Boneca?

Riram-se as fidalgas de tanta ingenuidade.

— Como é boba! — disseram. — E você como se chama?

— Negrinha.

As meninas novamente torceram-se de riso; mas vendo que o êxtase da bobinha perdurava, disseram, apresentando-lhe a boneca:

— Pegue!

Negrinha olhou para os lados, ressabiada, como coração aos pinotes. Que ventura, santo Deus! Seria possível? Depois pegou a boneca. E muito sem jeito, como quem pega o Senhor menino, sorria para ela e para as meninas, com assustados relanços de olhos para a porta. Fora de si, literalmente... era como se penetrara no céu e os anjos a rodeassem, e um filhinho de anjo lhe tivesse vindo adormecer ao colo. Tamanho foi o seu enlevo que não viu chegar a patroa, já de volta. Dona Inácia entreparou, feroz, e esteve uns instantes assim, apreciando a cena.

Mas era tal a alegria das hóspedes ante a surpresa extática de Negrinha, e tão grande a força irradiante da felicidade desta, que o seu duro coração afinal bambeou. E pela primeira vez na vida foi mulher. Apiedou-se.

Ao percebê-la na sala Negrinha havia tremido, passando-lhe num relance pela cabeça a imagem do ovo quente e hipóteses de castigos ainda piores. E incoercíveis lágrimas de pavor assomaram-lhe aos olhos.

Falhou tudo isso, porém. O que sobreveio foi a coisa mais inesperada do mundo — estas palavras, as primeiras que ela ouviu, doces, na vida:

— Vão todas brincar no jardim, e vá você também, mas veja lá, hein?

Negrinha ergueu os olhos para a patroa, olhos ainda de susto e terror. Mas não viu mais a fera antiga. Compreendeu vagamente e sorriu.

Se alguma vez a gratidão sorriu na vida, foi naquela surrada carinha...

Varia a pele, a condição, mas a alma da criança é a mesma — na princesinha e na mendiga. E para ambos é a boneca o supremo enlevo. Dá a natureza dois momentos divinos à vida da mulher: o momento da boneca — preparatório —, e o momento dos filhos — definitivo. Depois disso, está extinta a mulher.

Negrinha, coisa humana, percebeu nesse dia da boneca que tinha uma alma. Divina eclosão! Surpresa maravilhosa do mundo que trazia em si e que desabrochava, afinal, como fulgurante flor de luz. Sentiu-se elevada à altura de ente humano. Cessara de ser coisa — e doravante ser-lhe-ia impossível viver a vida de coisa. Se não era coisa! Se sentia! Se vibrava!

Assim foi — e essa consciência a matou.

Terminadas as férias, partiram as meninas levando consigo a boneca, e a casa voltou ao ramerrão habitual. Só não voltou a si Negrinha. Sentia-se outra, inteiramente transformada.

Dona Inácia, pensativa, já a não atazanava tanto, e na cozinha uma criada nova, boa de coração, amenizava-lhe a vida.

Negrinha, não obstante, caíra numa tristeza infinita. Mal comia e perdera a expressão de susto que tinha nos olhos. Trazia-os agora nostálgicos, cismarentos.

Aquele dezembro de férias, luminosa rajada de céu trevas adentro do seu doloroso inferno, envenenara-a.

Brincara ao sol, no jardim. Brincara!... Acalentara, dias seguidos, a linda boneca loura, tão boa, tão quieta, a dizer mamã, a cerrar os olhos para dormir. Vivera realizando sonhos da imaginação. Desabrochara-se de alma.

Morreu na esteirinha rota, abandonada de todos, como um gato sem dono. Jamais, entretanto, ninguém morreu com maior beleza. O delírio rodeou-a de bonecas, todas louras, de olhos azuis. E de anjos... E bonecas e anjos remoinhavam-lhe em torno, numa farândola do céu. Sentia-se agarrada por aquelas mãozinhas de louça — abraçada, rodopiada.

Veio a tontura; uma névoa envolveu tudo. E tudo regirou em seguida, confusamente, num disco. Ressoaram vozes apagadas, longe, e pela última vez o cuco lhe apareceu de boca aberta.

Mas, imóvel, sem rufar as asas.

Foi-se apagando. O vermelho da goela desmaiou...

E tudo se esvaiu em trevas.

Depois, vala comum. A terra papou com indiferença aquela carnezinha de terceira — uma miséria, trinta quilos mal pesados...

E de Negrinha ficaram no mundo apenas duas impressões. Uma cômica, na memória das meninas ricas.

> — "Lembras-te daquela bobinha da titia, que nunca vira boneca?"
>
> Outra de saudade, no nó dos dedos de dona Inácia.
>
> — "Como era boa para um cocre!..."

Para mim, esse conto, é um dos mais forte que já li em toda minha vida. Não irei comentá-lo agora com vocês. Peço apenas, que reflitam e sintam o que a Literatura pode nos propiciar.

Retomando a conversa inicial

RELEMBRANDO

Alunos e alunas,
Na nossa segunda aula caminhamos entre a vida e obra de Monteiro Lobato, o pai da nossa Literatura Infantil brasileira. Espero que tenham se aventurado em tal expedição.
Abraços e até a nossa terceira aula.

• **Seção 1 – Monteiro Lobato: Quem foi?**

A nossa primeira seção foi dividida em dois momentos: vida e obra de Monteiro Lobato. Primeiramente conhecemos o autor, sua estrutura familiar, sua formação acadêmica e a sua ligação com a literatura. Ademais, vislumbramos alguns dos seus principais títulos escritos.

• **Seção 2 - Além do Sítio encontra-se um mundo**

O segundo momento da nossa aula foi separado para entendermos a ideologia lobatiana; sua preocupação com a construção de um campo literário que priviliagesse a infância, no entanto, que não "roubasse" das crianças a possibilidade de acesso a obras realmente literárias, que não estavam predestinadas a "emburrecer", mas a alimentar.

Sugestões de leituras e *sites*

Livros téoricos

• LAJOLO, Marisa. Monteiro Lobato: *livro a livro.* Unesp/Editora. São Paulo.

Textos literários

• Obra completa de Monteiro Lobato.

Sites

• http://lobato.globo.com/
•http://globotv.globo.com/rede-globo/programa-do-jo/v/a-pesquisadora-marisa-lajolo-fala-sobre-a-obra-de-monteiro-lobato/2595341/

POLÍTICAS PÚBLICAS EM PROL DA CONSTRUÇÃO DO LEITOR LITERÁRIO

Caríssimos(as), tudo bem?

Certamente as nossas duas primeiras aulas foram de extrema relevância para compreendermos a Literatura Infantil e a sua importância na construção de leitores críticos e estéticos. No entanto, há um grande problema para a concretização dessa etapa: o acesso.

Infelizmente, ainda hoje, século XXI, o acesso a obras literárias é limitado. Diante da precariedade existente em terras brasileiras, tanto econômica, quanto social, é necessário conhecer as políticas públicas existentes para podermos exercer nossos direitos e democratizar a leitura.

Então, convido-os(as) para uma aula indispensável para o nosso exercício enquanto professores(as).

Objetivos de aprendizagem

Ao final desta aula, vocês serão capazes de:

• identificar as principais políticas públicas de leitura no Brasil;
• conhecer o PNBE – o maior programa de distribuição de obras literárias.

Seções de estudo

- **Seção 1** - *Políticas públicas de leitura*
- **Seção 2** - *PNBE: "semeador" de literatura Infantojuvenil*

Seção 1 - Políticas públicas de leitura

O que são políticas públicas? Vocês já pararam para refletir sobre essa questão? Pois bem, nossa terceira aula tem a responsabilidade de contribuir com a aquisição de saberes acerca dessa área tão cara e necessária para a nossa atuação enquanto docentes.

Em linhas gerais:

> Políticas públicas são conjuntos de programas, ações e atividades desenvolvidas pelo Estado diretamente ou indiretamente, com a participação de entes públicos ou privados, que visam assegurar determinado direito de cidadania, de forma difusa ou para determinado seguimento social, cultural, étnico ou econômico. As políticas públicas correspondem a direitos assegurados constitucionalmente ou que se afirmam graças ao reconhecimento por parte da sociedade e/ou pelos poderes públicos enquanto novos direitos das pessoas, comunidades, coisas ou outros bens materiais ou imateriais (2010, sp).

Direitos assegurados constitucionalmente, certo? Isso valida que temos o DIREITO a políticas públicas de leituras, e nos compete asseguras que elas realmente aconteçam e não sejam apenas mais papéis existentes sem funcionalidade.

Em consonância, é preciso pensar o porquê essas políticas são necessárias. Para isso, convido-os(as) a lerem o excerto que segue (deixarei no material de apoio o texto na íntegra, pois o considero vital para nossa discussão).

---

4. Por uma política de formação de leitores

Compreendendo que uma política de formação de leitores deve ser encaminhada para além de ações de distribuição - sobre o que parece haver consenso entre os que estudam e pesquisam na área -, cabe apresentar, de forma sucinta, concepções sobre o que é leitura, sem o que não se conseguirá estabelecer um marco de referência para a formação de leitores.

A leitura, como prática sociocultural, deve estar inserida em um conjunto de ações sociais e culturais e não exclusivamente escolarizadas, entendida como prática restrita ao ambiente escolar. Portanto, pensar políticas de leitura extrapola o âmbito da escola - como locus e como função -, mas sem dúvida não pode prescindir dela, inclusive por ser a instituição pública das mais democratizadas - pela qual quase todos recentemente conseguem chegar e passar - ainda que, em muitos casos, descontinuamente e sem sucesso.

Basicamente a leitura engloba duas dimensões distintas, complementares e decisivas para a formação do pensamento autônomo: a fruitiva e a informativa.
No sentido lato, a leitura deve - e pode - ser feita em variados suportes, assim como a partir de variados códigos, o que significa dizer que o acesso de alunos a práticas culturais e sociais como cinema, música, teatro, dança, pintura, fotografia, além da literatura, é, não somente desejável, mas indispensável para o domínio da complexidade de linguagens que circulam na sociedade contemporânea. Para isso, há que incentivar e respeitar a opção do aluno por determinada forma de manifestação artística, sem impor aquelas que, equivocadamente, são consideradas de maior prestígio.

Outro aspecto a relevar quando se trata de política de formação de leitores, é estabelecer um binômio entre leitura e escrita, em que esta última não pode - e nem deve -, ser considerada menor do que a primeira. O destaque nesse momento dado à leitura deve-se ao fato de os suportes dos quais se vale não serem facilmente acessíveis a toda a população, o que implica não-leitura, mesmo para aqueles que aprenderam a ler. E entende-se ser esta uma tarefa de Estado: possibilitar o acesso a todos, democratizando os meios que podem contribuir para a redução da desigualdade.

O caso da escrita encerra outra ordem de complexidade, e também deve ser problematizado, buscando extrapolar seus usos escolares, para admitir práticas sociais e culturais que exigem dos leitores competências específicas. Tal como a leitura, a escrita sofre do mal da "escolarização", quase sempre restrita à cópia e à reprodução de formas previamente modelares, não estimulando os processos de autoria, que fazem dos sujeitos "escritores", no justo sentido de ser autor autônomo e competente para escrever o seu texto, para dizer sua palavra e registrar sua história, transformando sua passagem pelo mundo, nas sociedades grafocêntricas. Nesse sentido, e entendendo que ao se tratar de uma política de formação de leitores não se está desconsiderando o papel da escrita, nem atribuindo a esta menos valor, recorda-se Paul Taylor (2003, p. 60), quando adverte que "ninguém liberta pela leitura [...] Para ser governável, é preciso que se saiba ler. Mas só quando se sabe escrever é que se lê o que há para dizer. Quando nos tornamos autor, escritor, é que começamos a escrever o mundo". O que significa dizer que é preciso estimular e instigar o aluno de forma que ele seja não só consumidor, mas também produtor de cultura, percebendo-se como tal.

Cabe ainda destacar que a questão da leitura não pode ser tratada apenas para os que vão à escola, se não para todos que circulam em seu entorno. A responsabilidade social da escola - e do poder público - não se restringe aos usuários diretos, mas à rede da qual esses usuários participam e com a qual interagem. Assim, o incentivo e a promoção de momentos de interação e debate sobre assuntos de interesse da comunidade, por meio de diversas iniciativas em torno da leitura, podem funcionar para instigar a curiosidade, estimular a pesquisa, o estudo e a busca por respostas em diferentes meios de informação, acessíveis até então, ou alcançáveis, a partir da intervenção pedagógica realizada na escola.

Disponível em: file:///C:/Users/ANDREIA/Downloads/por_pol%C3%ADtica_formacao_leitores%20(2).pdf. Acesso em: 23 de fevereiro de 2015 – grifo nosso.

Perceberam após a leitura que o acesso e a democratizam a leitura não é um direito exclusivo ao alunado? Pelo contrário, é fundamental que as políticas cheguem a toda a comunidade, no entanto, para que isso aconteça é preciso um trabalho de conscientização com o corpo docente, gestores, bibliotecários, para então, termos êxito em nossa luta: a leitura para todos.

A seguir, mais um pouco de leitura para nossa aula – também deixarei esse texto na íntegra para vocês, pois são muitas informações para a nossa construção enquanto professores(as).

UM BREVE PANORAMA DA LEITURA NO BRASIL, CENÁRIO CONTRADITÓRIO E DESIGUAL

O Brasil tem a maior produção editorial da América Latina e é responsável por mais da metade dos livros editados no continente (LINDOSO, 2004). Com uma indústria editorial bem-sucedida, apesar de uma trajetória que se iniciou tardiamente no século XIX, chegou-se ao novo milênio vendo consolidada essa indústria, notadamente no que diz respeito à qualidade
gráfico-editorial. Possui razoável número de editoras em atividade – 530 editoras concentradas nas regiões Sul e Sudeste, segundo a Câmara Brasileira do Livro (CBL), e 114 editoras universitárias, conforme dados da Associação Brasileiras de Editoras Universitárias (Abeu)
– e um mercado potencial que tem despertado a cobiça dos grandes grupos editoriais estrangeiros, sobretudo por conta do mercado de livros didáticos altamente financiado pelo governo federal. Mesmo assim, existem fatores que interferem no seu processo de expansão.
O baixo índice de leitura de sua população talvez seja o obstáculo mais comprometedor para a superação das dificuldades e é uma consequência das condições socioeconômicas e educacionais da população do país.

[...]

A partir da década de 80, após o período ditatorial, algumas políticas foram empreendidas para a área cultural, com as chamadas leis de incentivo, como foi a Lei nº 7.505 de 20 de junho de 1986 – Lei Sarney – criada pelo presidente José Sarney e substituída em 1991 pela Lei nº 8 313 – Lei Rouanet – elaborada pelo diplomata, ensaísta e cientista político Sérgio Paulo Rouanet, secretário de Cultura da Presidência (1991/ 1992) no Governo Fernando Collor.

A Lei Rouanet engloba todo o setor cultural e instituiu o Programa Nacional de Apoio à Cultura (Pronac), com a finalidade de captar e canalizar recursos para a cultura, e a Comissão Nacional de Incentivo a Cultura (CNIC), responsável pela análise dos projetos que se candidatam a receber incentivos da Lei. Ficou estabelecido que o Pronac captará recursos por meio do Fundo Nacional de Cultura (FNC), anteriormente denominado Fundo de Promoção Cultura, Fundo de Investimento Cultural e Artístico (Ficart) e outros incentivos a projetos culturais. Tais incentivos poderão ser concedidos por pessoa jurídica ou pessoa física, as quais utilizarão descontos do imposto de renda até o limite de 4% do valor devido para empresa e de 6% para pessoa física. Quanto aos recursos do FNC, serão captados das empresas e outros setores previstos na lei, dentre os quais 1% da arrecadação dos fundos de investimentos regionais e 3% oriundos das loterias federais.

[...]

A Lei do Livro não é algo novo. Entre 1974 e 1976, um grupo de editores e livreiros representando a CBL e o SNEL preparou um anteprojeto da lei, que, quando concluído, foi encaminhado ao ministro da Educação, Ney Braga, durante o governo do presidente Geisel, que não deu a devida importância ao documento (HALLEWELL, 2005, p. 597).

O Plano Nacional do Livro e da Leitura (PNLL) foi apresentado pelos ministros da Cultura e da Educação, no dia 13 de maio de 2006, no encerramento do FÓRUM – PNLL/Viva leitura 2006/2008. No documento apresentado, é dito que o PNLL:

> [...] é uma ação liderada pelo governo federal para converter esse tema em política pública mediante a concentração e articulação dos esforços desenvolvidos pelos diversos atores sociais: Estado, universidade, setor privado e demais organizações da sociedade civil que formam o chamado terceiro setor. Tem como objetivo central melhorar a realidade da leitura no país e, por isso, é construído e se desenvolve por meio de um processo que transcende a imediatez (PNLL,2006, p.5).

Olhem só a discrepância, se o Brasil tem toda essa produção diante do mercado livreiro, podemos indagar o porquê da falta de acessibilidade as obras, não? De fato, é justamente a partir de agora que comprovamos a importância de termos conhecimentos acerca das políticas públicas, pois uma vez não divulgada e propagada tais informações fica difícil o processo de exigirmos nossos direitos.

Na nossa próxima seção trataremos exclusivamente sobre o Programa Nacional Biblioteca da Escola – PNBE, que na contemporaneidade é o maior responsável pela aquisição e distribuição de obras literárias as escolas públicas brasileiras.

Seção 2 - PNBE: "semeador" de literatura Infantojuvenil

O Brasil conta hoje com um programa de Estado que alimenta anualmente as bibliotecas escolares, o PNBE:

> O Programa Nacional Biblioteca da Escola (PNBE), desenvolvido desde 1997, tem o objetivo de promover o acesso à cultura e o incentivo à leitura nos alunos e professores por meio da distribuição de acervos de obras de literatura, de pesquisa e de referência. O atendimento é feito em anos alternados: em um ano são contempladas as escolas de educação infantil, de ensino fundamental (anos iniciais) e de educação de jovens e adultos. Já no ano seguinte são atendidas as escolas de ensino fundamental (anos finais) e de ensino médio. Hoje, o programa atende de forma universal e gratuita todas as escolas públicas de educação básica cadastradas no Censo Escolar.

> A apropriação e o domínio do código escrito contribuem significativamente para o desenvolvimento de competências e habilidades importantes para que os educandos e educadores possam transitar com autonomia pela cultura letrada. O investimento contínuo na avaliação e distribuição de obras de literatura tem por objetivo fornecer aos estudantes e seus professores material de leitura variado para promover tanto a leitura literária, como fonte de fruição e reelaboração da realidade, quanto a leitura como instrumento de ampliação de conhecimentos, em especial o aprimoramento das práticas educativas entre os professores.
>
> O programa divide-se em três ações: avaliação e distribuição de obras literárias, cujos acervos literários são compostos por textos em prosa (novelas, contos, crônica, memórias, biografias e teatro), em verso (poemas, cantigas, parlendas, adivinhas), livros de imagens e livros de história em quadrinhos; o PNBE Periódicos, que avalia e distribui periódicos de conteúdo didático e metodológico para as escolas da educação infantil, ensino fundamental e médio e o PNBE do Professor, que tem por objetivo apoiar a prática pedagógica dos professores da educação básica e também da Educação de Jovens e Adultos por meio da avaliação e distribuição de obras de cunho teórico e metodológico.
>
> *Disponível em: http://portal.mec.gov.br/index.php?option=com_content&view=article&id=12368:programa-nacional-biblioteca-da-escola&catid=309:programa-nacional-biblioteca-da-escola&Itemid=574. Acesso: 10/03/2015.*

Diante da citação que antecede eu questiono a vocês: Quem já conhecia o programa? Se sim, ficarei feliz e empolgada. No entanto, para muitas pessoas, inclusive professores o programa é totalmente desconhecido. Isso mesmo, ele permanece no anonimato. Diante disso, você pode estar se perguntando: Por quê? Eu também questiono-me sobre isso, pois nós, estudiosos da área, já escrevemos documentos solicitando que novas políticas sejam instauradas com o propósito da divulgação do acervo e a inserção de projetos que possam utilizar essas obras, mas não tivemos êxito.

Todavia, a causa não está perdida, pelo contrário, cada vez mais recebemos adeptos: professores, pesquisadores, gestores dos quatro cantos do país que propagam a importância dessas obras "saírem das caixas" e realmente serem LIDAS!

Figura 1: obras do PNBE
Disponível em: https://www.google.com.br/search?q=livros+PNBE&espv=2&biw=1. Acesso em: 01/02/2015

Todas as obras compradas com verbas públicas pelo programa recebem um selo, como escrito: FNDE (vejam na capa da obra acima), o que proíbe que esses livros sejam comercializados, no entanto, muitas vezes encontramos caixas e caixas de livros sendo vendidos, o que precisa de denúncias, pois é crime.

Retomando a conversa inicial

RELEMBRANDO

O objetivo dessa aula foi conhecer as políticas públicas de leitura brasileiras, em especial, o PNBE. Pois entendemos que a democratização de obras literárias precisa acontecer, e para isso, é importante conhecermos nossos direitos assegurados nas leis que regem nosso país.

• **Seção I - Políticas públicas de leitura**

O foco da nossa primeira seção foi entender o que é política pública, e sequencialmente, desenhar as principais políticas públicas de leitura brasileiras, com o propósito de termos conhecimentos dos nossos direitos, para então, cumprimos nossos deveres.

• **Seção 2 - PNBE: "semeador" de literatura Infantojuvenil**

Na nossa segunda seção conhecemos o PNBE – maior programa de distribuição de obras literárias da atualidade e enfatizamos que as obras adquiridas precisam estar ao acesso da comunidade.

Sugestões de leituras e *sites*

• **Textos literários**

Vejam as obras selecionadas pelo PNBE no site: http://portal.mec.gov.br/index.php?option=com_content&view=article&id=13698&Itemid=986

Sites

- http://portal.mec.gov.br/index.php?option=com_content&view=article&id=12368:programa-nacional-biblioteca-da-escola&catid=309:programa-nacional-biblioteca-da-escola&Itemid=574

O PAPEL DO MEDIADOR: EM CENA O(A) PROFESSOR(A)

Alunos e alunas,

Na aula anterior conhecemos as políticas públicas de leitura, certo? Pois bem, passaremos agora a outra discussão importante: a nossa responsabilidade enquanto mediadores de leitura.

É importante entendermos que para muitos alunos(as) o primeiro contato com obras literárias acontecerão em sala de aula, o que valida ainda mais a seriedade com qual esse processo precisa ser tratado.

Agora, iremos entender o que é mediação; a importância da biblioteca e quem são os possíveis mediadores de leitura.

Boa aula!

Objetivos de aprendizagem

Ao final desta aula, vocês serão capazes de:

• entender o conceito de mediação;
• vislumbrar a biblioteca escolar como espaço fulcral para a mediação de leitura;
• identificar os possíveis mediadores de leitura.

Seções de estudo

- **Seção 1** - *Biblioteca: Coração da escola*
- **Seção 2** - *Em cena: o(a) mediador(a): Diferentes possibilidades de mediação*

Antes de entrarmos na nossa primeira seção, gostaria que vocês lessem o fragmento do texto das autoras Renata Junqueira e Juliane Motoyana que traz em seu bojo uma rica discussão acerca do conceito de mediação.

MEDIAÇÃO

A mediação define-se pelo processo que se realiza a partir das relações que os homens estabelecem com o mundo e com os outros sujeitos. De acordo com Vygotsky (1989), ela é fundamental para a aquisição das Funções Psicológicas Superiores (FPS), pois "[...] nas formas superiores do comportamento humano, o indivíduo modifica ativamente a situação estimuladora como uma parte do processo de resposta a ela" (VYGOTSKY, 1989, p.15). Portanto, o desenvolvimento, a partir de processos de mediação diversos, das FPS é fundamental para que os indivíduos consigam realizar uma série e atividades cotidianas como manusear um livro corretamente e, simultaneamente, compreender seu conteúdo linguístico.

Aprofundando-se ainda mais nesta dinâmica, é possível vislumbrar que é a partir do desenvolvimento das FPS que os indivíduos tornam-se capazes de modificar as ações já construídas por outros sujeitos, criar novos procedimentos de conduta diante dos já existentes e transformar algumas das inclinações naturais e funções humanas. É neste desenrolar de fatos que ocorrem as transformações culturais que movimentam a sociedade e originam novos conceitos. Sendo assim, é plausível afirmar que o processo de mediação possibilita que os homens reelaborem sua realidade de forma a recriar e significar os signos, a atividade e a consciência levando-os a estabelecerem relações sócio interativas. Vygotsky (1989, p.45) esclarece que:

> Estudos cuidadosos demonstram que esse é um tipo básico de organização para todos os processos psicológicos superiores, ainda que de forma muito mais elaborada do que a mostrada acima. O elo intermediário nessa fórmula não é simplesmente um método para aumentar a eficiência da operação pré-existente, tampouco representa meramente um elo adicional na cadeia S-R. Na medida em que essa ação reversa, ele confere à operação psicológica formas qualitativamente novas e superiores, permitindo aos seres humanos, com o auxílio de estímulos extrínsecos, controlar o seu próprio comportamento.

Oliveira (2002) explica que a mediação para Vygotsky era compreendida como uma intervenção nas relações estabelecidas entre os sujeitos e os objetos, deixando esta relação de ser direta para ser mediada por algo ou alguém. É através da mediação, com o uso de instrumentos e signos, que os indivíduos se desenvolvem e se distinguem dos demais animais, pois sem ela seria impossível à existência de atividades psicológicas voluntárias, intencionais, controladas pelo próprio indivíduo.

> Como em toda ação humana existem os instrumentos para mediar, no processo de aprendizagem não é diferente. Os indivíduos assimilam conceitos através da mediação da linguagem que, segundo Oliveira (2002, p.42), tem como função o "intercâmbio social: é para se comunicar com seus semelhantes que o homem cria e utiliza os sistemas de linguagens".
>
> Na figura acima, estão delineados os mecanismos da mediação. Este processo não se dá em via direta estimulo (S) resposta (R), pois segundo defende Vygotsky (1989) o homem age através do uso de instrumentos ou signos mediadores (X) que ao longo da vida se enriquecem e predominam sobre as relações diretas. Oliveira (2002) exemplifica esta situação através da ação de acender uma vela. Neste caso, o estímulo (S) é o calor que irá gerar a chama, que por sua vez, atua como uma resposta (R) ao primeiro, todavia para que ocorra esta ação, é necessária a atuação do elo mediador, ou seja, a mão que executará a tarefa (X).
>
> Este processo de mediação é múltiplo e amplo, ocorrendo constantemente na vida dos indivíduos seja nas relações interpessoais ou com os objetos e em mais de uma direção. Uma criança que está se alfabetizando e, juntamente com um colega que é mais experiente, busca ler um livro está passando por, pelo menos, três processos de mediação de leitura no qual tem como mediadores o colega, o objeto cultural livro e o signo linguístico. Desse modo, segundo Vygotsky (1989) constroem-se os elos complexos que eliminam gradativamente as chamadas relações diretas da vida dos indivíduos e favorecem o desenvolvimento das FPS.

A leitura introdutória tem como pressuposto ampará-los(as) teoricamente antes de adentrarmos as seções. Feita a leitura de forma minuciosa e atenta, convido-os(as) a nossa primeira seção que tem como foco apresentar a biblioteca escolar como espaço privilegiado para a mediação.

Seção 1 - Biblioteca: Coração da escola

No ano de 2010 tive o privilégio de integrar a equipe de formação de mediadores de leitura, coordenada pela professora Marisa Lajolo, foi uma experiência gratificante e enriquecedora. Na palestra de abertura a mestra afirmou: "a biblioteca precisa ser o coração da escola". Essa frase tão forte tornou-se parte das minhas reflexões, quase que diárias.

De fato, concordo plenamente com a frase proferida pela pesquisadora, no entanto, fico revoltada com o descaso com as bibliotecas públicas, em especial, as escolares. Não sei qual é a realidade das bibliotecas das escolas das cidades de vocês (quero muito saber, por favor, partilhem comigo tal informação), mas o cenário que vivencio na cidade de Dourados é precário. As bibliotecas, quase em sua totalidade, são meros depósitos de livros. Não há um espaço para leitura; as prateleiras não são de fácil acesso; Não há bibliotecários formados para o atendimento aos alunos(as); os livros são mantidos fora do alcance, entre tantos outros problemas sérios que em nada contribuem com a construção de leitores, pelo contrário, dificultam.

Ao ter acesso a essas informações, o que me parece, é que estamos estagnados no processo de propiciar a leitura e democratizá-la. Evidentemente, a leitura é o corolário dos detentores do poder, que almejam uma população dominável e alienada, e certamente, o não acesso a leitura, contribui significativamente para a história continuar a se repetir, o que nos remota a nossa primeira aula, quando discutimos acerca da construção da Literatura Infantil em terras brasileiras e entendemos a falta de interesse público na construção de uma sociedade crítica.

Pois bem, o que eu quero validar com toda essa reflexão é que o trabalho com a leitura não é fácil, muito menos gratuito. Ele exige fôlego e dedicação, e nós precisamos estar cientes que encontraremos empecilhos, mas que somos maiores que todos eles. Está em nossas mãos a chance de revitalizar, de contribuir com uma sociedade mais justa, democrática e crítica, a começar pela utilização frequente da biblioteca como coração da escola.

Em consonância, convido-os a leitura do excerto do artigo "A formação de leitores literários: o espaço como mediador" das pesquisadoras Renata Junqueira e Juliane Motoyama, que vem ao encontro das nossas reflexões.

O ESPAÇO - BIBLIOTECA

Definir o papel social da biblioteca ao longo de sua existência é um trabalho muito difícil, afinal, em cada época ela foi compreendida de maneiras diferentes. Todavia, mesmo com essa diversidade de concepções envolvendo este espaço uma coisa é certa, sempre esteve ligada ao conceito de um local para arquivar e visitar os conhecimentos construídos pela humanidade, que, de acordo com a lógica dialética ao serem apropriados por outros indivíduos servem para a elaboração e construção de novos saberes.

Na sociedade atual, conhecida pela necessidade do acúmulo e construção de informações, encontra-se o cenário ideal para o desenvolvimento e manutenção de bibliotecas, pois mesmo com o avanço da tecnologia, o material impresso ainda é um dos caminhos mais viáveis para que a escola invista na formação cultural do educando crítico, ofertando-lhe uma gama de documentos que retratam as diferentes atividades humanas e seus significados.

Nesta perspectiva, o espaço da biblioteca não pode ser passivo. É preciso que se pense em uma organização dinâmica capaz de mediar o contato dos sujeitos com o material de leitura. Contações de histórias, organização do mobiliário para favorecer a

> acessibilidade dos visitantes são apenas algumas das ações que podem ser realizadas para tornar a biblioteca um local agradável e convidativo à leitura.
>
> (JUNQUEIRA, Renata; MOTOYAMA, Juliana. A formação de leitores literários: o espaço come mediador. In: Revista Eletrônica Raído, 2014.

Então, que realmente, possamos usar esse espaço como um cenário de aquisição e partilha de saberes. Ademais, precisamos entender que o trabalho do mediador de leitura com a biblioteca precisa ser contínuo e ativo. Nesse sentido, nossa próxima seção tem como foco entender a nossa participação enquanto mediadores.

Seção 2 - Em cena: o(a) mediador(a): Diferentes possibilidades

Como você se tornou leitor(a)? Quem lia para você durante a infância? Quais livros marcaram sua adolescência? E a sua vida adulta? Há um(a) mediador(a) de leitura que tenha contribuído com a sua formação literária? Seus professores(as) liam em sala de aula? Se sim. Sempre? Às vezes? Raramente? E como era a biblioteca? Você já participou de algum projeto de leitura? E, agora, seja sincero(a) com você (não precisa me responder): você é um (a) leitor(a) literário?

Pois bem, essa enxurrada de indagações é fundamental para esse momento que iremos vivenciar a partir de agora, pois de fato, dificilmente você irá influenciar alguém a ser algo que você não seja, ou ainda, algo que você não acredite... Nós sabemos identificar uma pessoa apaixonada, não? Aquele brilho nos olhos; a empolgação ao falar; a determinação em acreditar que dará certo! De fato, quando pensamos no processo de mediação de leitura, em especial a literária, pois o foco da nossa disciplina é a Literatura Infantojuvenil, no processo de construção identitário do sujeito, não há como estabelecer receitas, eu nem acredito nelas, mas podemos pensar em estratégias, metodologias, possiblidades...

Possivelmente, sem o acesso a obras literárias e sem um(a) possível mediador(a) o processo para a construção de leitores(as) se torna inócuo e frágil. E é justamente nesse ponto que a nossa participação ganha destaque, afinal, nosso compromisso é justamente esse: democratizar a leitura literária, pois tal como o grande Antonio Candido um dia nos disse, ela é um bem imensurável.

Para validarmos nossa reflexão, convido-os(as) a lerem parte de um artigo da professora Clarice Lottermman, pesquisadora da área, que aqui, nos fala acerca dos mediadores de leitura.

[...] Muitas vezes, o primeiro contato do indivíduo com um texto literário se dá na escola, em atividades mediadas. Frequentemente, o papel de mediador é exercido por um professor, um bibliotecário, um amigo, um colega de escola ou de trabalho, ou, às vezes, um livreiro, um assistente social ou um animador voluntário de alguma associação. Michèle Petit, na obra *Os jovens e a leitura*: uma nova perspectiva, ao discorrer sobre a importância do processo de mediação, comenta como, em entrevistas com jovens da periferia de Paris, a atuação de um professor tinha sido importante na vida desses jovens:

> Durante as entrevistas que realizamos, algo estranho saltou aos olhos: esses jovens tão críticos em relação à escola, entre uma frase e outra, lembravam às vezes de um professor que soube transmitir sua paixão, sua curiosidade, seu desejo de ler, de descobrir; que soube, inclusive, fazer com que gostassem de textos difíceis. Hoje, como em outras épocas, ainda que 'a escola' tenha todos os defeitos, sempre existe algum professor singular, capaz de iniciar os alunos em uma relação com os livros que não seja a de dever cultural, a da obrigação austera (PETIT, 2008, p. 158).

O papel do mediador é o de construir pontes, auxiliar o leitor iniciante neste processo de transposição de margens, de barreiras linguísticas, de barreiras que o impedem de penetrar nos segredos guardados por detrás das páginas de um livro.

O acesso ao aprendizado da leitura, além de ser um dos elementos essenciais à formação de qualquer indivíduo por desenvolver capacidades de linguagem e intelecto, também é um dos desafios da escola contemporânea, devido à responsabilidade que esta assume em prover os indivíduos de uma prática que é cada vez mais exigida e valorizada pela sociedade. Como afirma Lajolo, "saber ler e escrever, além de fundamental para o exercício de graus mais complexos de cidadania, constitui marca de distinção e de superioridade em nossa tradição cultural" (LAJOLO, 2001, p.30). Dessa forma, confere-se à leitura da palavra o poder de romper barreiras cognitivas e socioeconômicas.

Para Eliane Yunes, desenvolver a capacidade leitora em um indivíduo pode desobstruir "[...] o processo de construção de sua cidadania" (2002, p.54) por possibilitar que o indivíduo participe das relações sociais de forma crítica, sendo capaz de se expressar e tomar decisões que sejam coerentes à sua realidade, pois, na sociedade atual, o que está em jogo é a sobrevivência do indivíduo nas mais diversas relações de sociabilidade. Assim, desenvolver práticas de leitura implica ir além da compreensão literal e aparente das palavras impressas, pois é preciso interpretá-las, relacioná-las com outros textos e discursos, de modo a replicar e perceber posições e ideologias que constituem os sentidos das palavras.

Como mediador entre leitor e livro, o professor deve ser capaz de trabalhar com os interesses de leitura de seus alunos, amparado por um substrato teórico que lhe dê suporte em questões sobre a natureza da leitura e do fenômeno literário, sobre critérios de seleção de obras literárias, e que lhe forneça subsídios para analisar a realidade do ensino da literatura ministrado atualmente. Assim, a sala de aula deve ser transformada "em um espaço de leitura que instigue a exploração dos múltiplos sentidos dos textos, o confronto de interpretações [...] de forma a fazer da leitura uma experiência significativa e prazerosa" (MELLO, 1994, p. 71), possibilitando ao leitor se deslocar por diferentes contextos.

Angela Kleiman salienta que

> Numa atividade de leitura, é preciso distinguir as relações que são instituídas entre autor e leitor, por um lado, e entre leitor e contexto, por outro No contexto escolar, o professor, um dos fatores da ação do contexto imediato no leitor, é também constitutivo do processo. Ele determina, em grande medida, os objetivos de leitura [...]. O papel do professor pode ser não o de mediador entre autor e leitor, mas o de fornecedor de condições para que se estabeleça a interlocução. Do ponto de vista da relação autor-leitor, esquece-se muitas vezes que as dificuldades que o aluno tem para depreender o significado do texto são tão agudas que o papel do interlocutor se esvazia: o leitor não consegue recuperar nem o quadro referencial proposto pelo autor. Nessa dimensão também, o professor pode, pela sua ação no contexto, isto é, ensino de leitura, reestabelecer as condições para a interação (KLEIMAN, 1989, p. 39-40).

Isso dificilmente se consegue se o professor não tiver clareza de sua importância no contexto escolar e se não estiver atento às necessidades de seus alunos. Ao fornecer condições para que se estabeleça a interlocução do leitor com o texto, o professor trabalhará no sentido de levar o aluno a ler com compreensão, o que não significa uma leitura única, a do professor ou crítico literário como a única possível para o texto.

LOTTERMMAN, Clarice. *Os livros chegaram! E agora professor?* In: Revista Sistema Eletrônico Raído, 2014.

Gostaram do texto? Deixarei o artigo na íntegra como material de apoio, pois entendo que a leitura desse é importante para o nosso crescimento.

Bom, vamos pensar um pouco sobre o que a pesquisadora no traz. Eu, particularmente, destaco a citação da estudiosa francesa Petit, pois entendo que por meio desse fragmento fica claro a nossa responsabilidade enquanto mediadores, e que o trabalho que desenvolvemos com os nossos alunos(as) será fulcral para a consolidação do "ser ou não" leitor. O que você pensa a respeito?

Ademais, chamo a atenção para a reflexão sobre os diferentes mediadores elucidados no texto. Certamente, a responsabilidade não fixa limites em nossa atuação, mas isso não neutraliza a nossa responsabilidade, pois infelizmente, muitos dos nossos alunos(as) só terão contato com obras literárias diversificadas no cenário escolar.

Retomando a conversa inicial

RELEMBRANDO — Na nossa quarta aula tivemos contato com o conceito de mediação; a importância da biblioteca no cenário escolar e a nossa responsabilidade enquanto professores no processo de construção de leitores(as) literários. De fato, essa aula teve como objetivo conscientizar cada um de vocês acerca da responsabilidade em fomentar a leitura, em especial, a literária.

- **1 – Biblioteca: Coração da escola**

Na nossa primeira seção tivemos como objetivo pensar a biblioteca escolar como espaço priviligiado para a mediação de leitura. No entanto, foi possível constatarmos que infelizmente não é dado o devido valor a essa parte tão nobre no cenário escolar.

- **Seção 2 - Em cena: O(a) mediador(a): diferentes possibilidades de mediação**

O segundo momento da nossa aula ficou com a responsabilidade de nos dizer que para o aluno(a) tornar-se leitor(a) é indispensável a atuação de um(a) mediador(a) que entenda a leitura como um canal para uma sociedade mais justa e igualitária. E vimos ainda que a presença do professor(a) nesse caminhar é crucial, pois tantas vezes, é na escola que esse aluno(a) terá o primeiro contato com a leitura, em especial, a literária.

Sugestões de leituras

Livros téoricos

PETIT, Michèle. *Os jovens e a leitura:* uma nova perspectiva. São Paulo: Editora 34, 2008.
SOARES, Magda. *Letramento*: um tema em três gêneros. 2.ed. Belo Horizonte: Autêntica, 2001.
SOLÉ, Isabel. *Estratégias de leitura.* Trad. Cláudia Schilling. 6 ed. Porto Alegre: Art-Med, 2006.
YUNES, Eliana; PONDÉ, Glória. *Leituras e leituras da literatura infantil.* São Paulo: FTD, 1988.

PRINCIPAIS AUTORES E OBRAS DA LITERATURA INFANTOJUVENIL CONTEMPORÂNEA

Olá pessoal, tudo bem até aqui?

Na nossa segunda aula tivemos um encontro com o Monteiro Lobato e entendemos o porquê dele ser considerado o pai da Literatura Infantil. Agora, iremos conhecer os "herdeiros do Lobato", isso mesmo. Estou falando dos autores e autoras da Literatura Infantojuvenil contemporânea, que receberam influências diretas da produção lobatiana.

Certamente, esse assunto é base para teses de doutoramento, de tão vasto, mas por meio dessa aula teremos acesso aos principais nomes e obras, e fica o convite para vocês mergulharem nesse oceano de possibilidades para alimentarem o arcabouço individual de cada um.

Objetivos de aprendizagem

Ao final desta aula, vocês serão capazes de:

• identificar os principais autores e autoras da Literatura Infantojuvenil brasileira contemporânea;
• conhecer obras celebres da produção nacional (s);

Seções de estudo

• **Seção 1** - *Herdeiro de lobato: Quem são?*

Seção 1 - Herdeiro de lobato: Quem são?

Pessoal,

Nossa quinta aula terá um formato diferente. Não nos apoiaremos em nenhuma teoria, mas leremos muita LITERATURA.

Isso mesmo, o espaço que vocês teriam para estudar a parte teórica será destinado a parte literária.

Então, procurem na biblioteca ou livraria mais próxima da sua casa uma obra da Lygia Bojunga e façam a leitura. Aproveitem!!

CONTOS DE FADAS

Pessoal, tudo bem com vocês?

Chegamos a nossa sexta aula! E agora iremos caminhar entre os contos de fadas. Para quem pensa que essa conversa é apenas para crianças, sinto em informar que estão equivocados. Os contos de fadas não fixam limites em tempo cronologicamente falando, e muito menos em faixa etária.

Vamos ver o que essa aula nos reserva?

Espero que vocês aproveitem ao máximo.

Abraços literários,

Professora Andréia

Objetivos de aprendizagem

Ao final desta aula, vocês serão capazes de:

• compreender a origem dos contos de fadas;
• entender a forte influência dos contos de fadas na formação da criança e adolescente;
• (re)conhecer os contos de fadas contemporâneos.

Seções de estudo

• **Seção 1** - *Contos de fadas imortais*
• **Seção 2** - *Do clássico ao moderno: alguns apontamentos*

Seção 1 - Contos de fadas imortais

Vocês já pararam para questionar o porquê dos contos de fadas nunca morrerem? O porquê das crianças sempre quererem ouvir mais de uma vez a mesma narrativa? Por que o mercado insiste em renovar as narrativas clássicas?

Pois bem, nossa sexta aula tem como objetivo caminhar entre tempos antigos e modernos com o propósito de validar a forte influência dos contos de fadas. Com certeza, a aula é extremamente ampla, o que pede muitos textos de apoio, conversas pelo chat e reflexões.

Em sintonia, meu objetivo enquanto professora é instigar em vocês a curiosidade em conhecer cada vez mais sobre essa temática tão singular na construção de leitores literários e pessoas críticas, haja vista que a moralidade instaurada nos contos de fadas é de interesse dos grupos que regem as possíveis condutas humanas. Ao certo, é preciso ultrapassar o óbvio e entender que as narrativas épicas nada têm de moralistas, pelo contrário. Elas nasceram da tradição oral, e diferente do que é apregoado, não foi constituída para crianças, mas para a população em geral.

No sentido de desvelar tais mistérios, chamo a atenção de vocês para o texto de Nelly Novaes Coelho,

> A partir do século XVIII (na passagem do Classicismo para o Romantismo), enquanto os contos maravilhosos continuavam a se difundir pela Europa e pelas Américas, nos "serões familiares" (principalmente nos longos invernos europeus), no âmbito do conhecimento que servia de fundamento à nova sociedade que se consolidava, impunha-se uma nova mentalidade nutrida de racionalidade. O indivíduo passa a ser valorizado pelo que ele é, sabe ou faz, e não mais pela classe social a que pertence (isto é, pelo sangue aristocrático que tivesse herdado). Uma nova era começa, baseada em uma nova razão: a do direito do indivíduo a ter oportunidades iguais de autorrealização. Passa a ser valorizado o *indivíduo culto*, aquele que tem conhecimento das coisas.
>
> No âmbito da Educação oficial, aprovam-se leis defendendo "a escola para todos" e exigindo reformas pedagógicas que levem a alfabetização para todos os cidadãos, independente de sua classe social ou posses. E a leitura passou a ser o ideal básico de todos, inclusive para a educação infantil.

> Devido à inexistência da literatura escrita especificamente para a infância e juventude, começam a surgir adaptações de romances ou novelas famosas, que encantavam adultos e os menores. Portanto, durante os séculos XVIII e XIX, paralelamente à divulgação das coletâneas de Perrault, La Fontaine, Grimm e outras bem populares, surgem livros cultos (isto é, não-populares) que, originalmente, destinados a adultos, acabam por se transformar em leitura para crianças e jovens.
>
> Entre muitos títulos que fizeram grande sucesso no Brasil, seja no original, seja em traduções, destacamos: *Aventuras de Robinson Crusoé (1719); Vinte Mil Léguas Submarinas (1870); Os três Mosqueteiros (1844); A Volta ao Mundo em 80 dias (1873); etc.* Entre as obras originais, nessa época escritas para os pequenos leitores, destacam-se, entre outros: *Os Novos Contos de Fadas (1856); Alice no País das Maravilhas (1862); Aventuras de Pinóquio (1881); Coração (1886)*...
>
> Todas elas expressam o estilo racionalista/romântico, hoje conhecido como tradicional. A novidade maior dessa literatura de raiz romântica, em relação à anterior, é a sua preocupação com o realismo, sua intenção de expressar a vida realmente vivida pelos homens. Numa primeira fase, a matéria literária resulta de uma fusão entre o registro do real e a invenção do maravilhoso. Nessa época, o mundo real (modificado aceleradamente pela revolução industrial que se expandia) revelava-se aos homens cada vez mais fantásticos, devido aos novos e espantosos modos de viver que a máquina punha ao alcance de todos. Com o avanço do racionalismo cientificista e tecnológico, os contos de fada e as narrativas maravilhosas passam a ser vistos como "histórias para crianças". Há um novo maravilhoso a atrair os homens: aquele que eles descobrem não só no próprio real (transformado pela máquina), mas também em si mesmos, ou melhor, no poder da inteligência humana.
>
> COLEHO, Nelly Novaes, 2000, p.118-119).

Não podemos ignorar o contexto histórico para estudarmos LITERATURA. A influência do cenário histórico, político e social contribuem de forma acirrada com a construção do sistema literário, uma vez que os textos ficcionais nada têm de inocentes, pelo contrário, são possibilidades de leituras do mundo.

Nesse sentido, chamo a atenção de vocês para o surgimento dos contos de fadas, uma vez que eles serviam como fundamento para a consolidação de uma nova sociedade que passava a ser inserida (ver primeiro parágrafo do texto de Novaes). Ademais, o mundo vivia um momento de transição; o ser começava a ganhar espaço, pelo menos na teoria, e o ter começava a deixar de ser predominante.

Para isso, era vital que escolas fossem inauguradas com o propósito de difundir tais feitos, e como não havia produção literária destinada ao público menor de idade, a alternativa encontrada foi de "alterar" o sentido dos contos de fadas que circulavam de forma oral, compilando-os e adaptando-os com um teor de moralidade.

Nesse ponto, chamo a atenção de vocês para a nossa primeira aula, quando estudamos acerca do nascimento da Literatura Infantil em terras brasileiras. Percebam que mesmo que contexto seja diferente, a estratégia foi à mesma!

Figura 01: As princesas.
Disponível em: https://www.google.com.br/search?q=con tos+de+fadas+tradicionais. Acesso em 01/03/2015.

Mas será que as "princesas" dos contos de fadas tradicionais se pareciam com as que conhecemos? Como exemplificadas na foto acima?

IMPORTANTE: Para a aula ficar mais clara e objetiva, convido-os(as) a lerem no material de apoio dois contos de fadas: um próximo do original e outro totalmente adaptado para vocês perceberem as diferenças ocorridas através do tempo.

Seção 2 - Do clássico ao moderno: Alguns apontamentos

Para entendermos esse processo, convido-os(as) a lerem a entrevista que segue. O entrevistado é o professor doutor José Nicolau Gregorin Filho, especialista da área que nos fornece um panorama acerca dos Contos de Fadas, fazendo um mapeamento desde o seu surgimento até a contemporaneidade. Acredito a leituras contribuirá muito com a nossa aprendizagem.

Boa leitura!

– Partindo-se do princípio que os contos de fadas tradicionais eram transmitidos oralmente, quando supostamente foram concebidos, e revelavam o modo de vida daquela época, podemos dizer que sempre houve uma releitura dessas histórias?

Muito bacana essa observação, pois esse fato é verdadeiro. Quando os irmãos Grimm coletaram essas histórias, provavelmente elas já tinham versões diferentes das originais. A comunicação entre os grupos sociais na época não era tão eficiente, eles viviam praticamente isolados uns dos outros. Pense nas distâncias! E, claro, a partir do que era contado aos Grimm, eles também fizeram suas modificações. Então, todas essas histórias, mesmo as versões que pensamos ser mais próximas do original, chegaram até nós como uma "colcha de retalhos".

— Podemos dizer que as primeiras releituras dos contos de fadas foram feitas por Charles Perrault e os irmãos Grimm? Eles podem ser considerados os "autores" dos tradicionais contos de fadas que conhecemos até hoje?

Claro! Mas vamos pensar que aqueles que fizeram o trabalho de coleta desses contos, até porque eram linguistas, foram os irmãos Grimm. Importante lembrar que quando falamos de "contos de fada", falamos de uma criação cultural, social e anônima, assim como os contos maravilhosos. Não se sabe a origem, a não ser que eles surgiram da cultura.

- A expansão dos contos de fadas se deu no momento da descoberta da palavra impressa, quando essas histórias passaram a ser conhecidas no mundo todo?

Antes da palavra impressa, os europeus já viajavam para suas conquistas. Antes do período das grandes navegações essas histórias se espalharam pelo mundo. Veja que os contos de fada têm origem com os celtas, isso já implica uma divulgação para toda a Europa. Os contos maravilhosos têm origem no oriente, veja que temos mais divulgação aí! Quando os colonizadores chegaram às novas terras, espalharam essas histórias pela oralidade. Claro que, com a imprensa, a divulgação foi expandida. Mas veja o quanto essas histórias viajaram oralmente, é bonito isso, não é?

— Dizem que na verdade esses contos de fadas foram feitos para os adultos, com significados até referentes à sexualidade. É verdade?

A verdade é que na época em que surgiram essas histórias não existia a infância como conhecemos hoje, existiam crianças e isso é outra coisa. Infância é uma concepção cultural, que se consolidou principalmente com a família burguesa no século XIX. Então, essas histórias têm origem nos mitos, numa época em que o saber não era compartilhado como hoje, ou seja, os mitos falavam da origem do mundo, dos problemas da existência humana, da morte, dos perigos, de tudo! Eles eram tratados científicos, jurídicos, entre outros, e sintetizavam o conhecimento humano. Com a consolidação da família burguesa, surge a concepção da infância, isto é, um momento do amadurecimento humano em que se precisa de cuidado, de escola... Então, foram retirados assuntos como sexo, morte, violência! (veja que a infância em menos de um século já mudou!). Claro que todas as questões estão presentes nos contos, pois se passavam conhecimentos de geração a geração. Veja que, depois, surgiu outra concepção cultural: a adolescência.

— A partir de que momento foi feito uma releitura - e por que - e eles passaram a encantar as crianças?

Exatamente pelo que expliquei antes. Dado ao seu teor "pedagógico" e de "fantasia". Para atender essa nova concepção cultural, a infância, eles foram adaptados por já trazerem essas características tão aceitas e apreciadas desde a "infância" da humanidade.

– Quais os significados mais expressivos que esses contos de fadas tradicionais trazem embutidos? O que a criança consegue captar é bem diferente do adulto?

Para responder a essa questão, devemos pensar que cada leitor, seja ele criança ou adulto, quando em contato com um texto literário vai apreender significados diferentes, não é? Costumo dizer que lemos o que queremos e precisamos para nós mesmos, não o que está escrito. Claro que depende do narrador que se instaura no texto, de quais são os pontos que se destacam e daquilo que queremos mostrar, depende da versão que utilizamos e outras artes como o teatro e o cinema, que tem feito isso muito bem, veja os sucessos dos últimos tempos!

– Foi a partir do momento que passaram a fazer parte do universo infantil que surgiu a velha "moral da história" que todos eles trazem? Qual o objetivo disso na época?

Sempre que lemos um texto, buscamos seu sentido, o que ele quer nos dizer? Fazemos isso com a arte de um modo geral, fazemos isso com as pessoas, suas roupas... Estamos sempre perguntando, o que isso quer dizer? Claro que naquela época ancestral, acredito que eles queriam dizer: Como sobreviver a isso? Como ultrapassar essa floresta escura? Quais os perigos que existem do lado da minha aldeia? O que é bom para mim e para os outros? Que formas a maldade pode assumir? Veja que as questões não mudaram tanto, não é?

– Podemos afirmar que esses contos de fadas tradicionais se universalizaram com as produções dos estúdios Disney? Qual foi a releitura das histórias contadas por Disney em relação às de Perrault, irmãos Grimm, e outros?

Ah, veja que antes disso a coisa já havia tomado proporções gigantescas! Mas a Disney fez lá as suas versões como convinha, adoçando tudo com suas princesas loiras e seus castelos de sonho e, infelizmente, o que o mundo assimilou foi isso! É importante lembrar que numa das primeiras versões de Cinderela ela vai a uma missa, não a um baile, por isso ela precisava estar bem arrumada, pois a nobreza ficava próxima do altar, enquanto que os mais pobres ficavam longe, senão fora das igrejas. Por isso o nome Cinderela, vem de cinzas. Como ela iria falar com o príncipe? Isso se tornou uma história de amor, mas eu, assim como outros estudiosos que fizeram parte da minha formação, concordam que é uma questão de ascensão social. Há boas publicações que trazem esses contos mais próximos dos supostos originais.

– Na sua visão, com a chegada dos contos de fadas no cinema, eles se popularizaram muito mais?

Acredito que sim, depende de toda uma estrutura para isso: família, escola, etc. Mas o texto não deve terminar na sala de cinema, o assunto deve continuar e motivar as pessoas a buscarem outras versões, a conversarem sobre literatura, a buscarem as fontes desses filmes.

– Os contos de fadas da Disney eram maniqueístas? Mostravam de forma bem clara quem fazia parte do bem e quem fazia parte do mal, portanto, quem deveríamos amar, e quem deveríamos odiar?

Claro que são maniqueístas e tratavam assim o bem e o mal. Verifique que, em várias histórias, os "bonzinhos" são os bonitos, os loiros de olhos azuis, e assim por diante! Veja que as bruxas sempre eram colocadas como mulheres velhas e feias! Acho que isso está mudando com as novas versões para o cinema. Nelas, atrizes que correspondem ao padrão de beleza exposto na mídia são as bruxas.

– Me parece que nas releituras contemporâneas os papéis de muitos personagens têm se invertido. Agora, muitas vezes, o vilão é mais amado que o mocinho? O que está acontecendo na sociedade que está abrindo as portas para essa nova maneira de expor os tradicionais contos de fadas?

Bem observado! A sociedade está realmente mudando! Isso é a inversão social e as crianças estão no meio disso! Lembra o que eu falei de infância anteriormente? Com essa sua observação, parece que a infância mudou e que aqueles temas que contribuíram para a criação dessa concepção são assuntos que fazem parte de sua realidade. Veja como os contos estão presentes na sociedade e vão se modificando, assim como a própria sociedade...

– Essas mudanças são uma forma de humanizar mais esses personagens? Quer dizer, a madrasta não é tão má? Afinal, todos podemos ser bons e ruins, dependendo da situação?

Esse é o lado bom dessas transformações e elas acontecem em razão de a sociedade de hoje ter uma moral mais relativa. Essas histórias, hoje, mostram que todos podem ter várias facetas no seu caráter e que as aparências podem enganar (para usar um lugar-comum!). Isso só acontece pelo vínculo que essas histórias têm com a sociedade, com o imaginário, – aqui chamo de imaginário o arquivo cultural das sociedades. Se não estivessem tão presentes no imaginário será que elas poderiam ser resgatadas com tanta facilidade?

– Nos contos de fadas tradicionais o papel do homem dominante, e da mulher dominada, ficava claro. Hoje, as mulheres são mais independentes e não estão mais à espera do príncipe encantado. Mas mesmo assim ainda aparecem nas novas versões dependendo dos homens para fazê-las felizes. Quer dizer que nem tudo é modificado?

Será? Observe que os contos de fadas nos dizem de questões subjetivas, interiores. A mulher está mais independente no que diz respeito ao trabalho, mas veja que o homem está mais frágil com a presença dessa nova mulher. Será que se não vivêssemos ainda parte desse universo as redes sociais estavam tão repletas de "princesas" e "príncipes"? Isso é complicado e às vezes observamos o mundo com os olhos de alguém que vive em grandes centros cosmopolitas. Há vários mundos, interiores e exteriores. Isso que você falou também é estereótipo, veja a publicidade! Ela ainda trabalha com esses mitos, com algumas alterações.

– Apesar das mudanças, é fácil identificar nas releituras contemporâneas a que conto de fadas essa nova história pertence?

Claro! Inclusive quando há "misturas" de histórias. Vou pegar um exemplo muito fácil que não é nem de conto de fadas, mas ilustra bem! A versão da Disney de "Alice no País das Maravilhas" traz elementos da obra do mesmo nome e de outra – " As aventuras de Alice através do espelho". Ambas de Carroll. Mas é importante pensar que todos os textos dialogam na sociedade, todos guardam relações entre si. O que importa é levar às crianças uma quantidade de textos para que elas façam essas associações. Isso é um leitor competente!

– Quais são os novos significados que a sociedade quer passar para as crianças e jovens com essas releituras contemporâneas, onde, por exemplo, Chapeuzinho Vermelho tem uma filha com o Lobo Mal, ou um ogro é o herói da história?

Honestamente não sei! Há uma necessidade do "politicamente correto" e de subversões aos textos para atender ao mercado. Não sei mesmo! Veja que existem até teses sobre o tema de Chapeuzinho Vermelho e sua relação com o comportamento da mulher na sociedade, seus medos, etc. Há versões que não divulgo porque acredito que não tragam vantagens nem literárias nem comportamentais.

– Por que mesmo nessas releituras as metamorfoses, a magia, a fantasia, o sobrenatural, ainda sobrevivem?

Isso sempre vai sobreviver, principalmente em tempos difíceis. Então, acho que agora mais do que nunca! (risos).

– Essas releituras contemporâneas podem jogar para escanteio as versões clássicas?

Como eu já mencionei, depende de quem oferece e divulga essas novas versões à sociedade e em última análise às crianças. Prefiro acreditar que elas instigam a procurar a origem, fazem ler mais... Trabalho para isso, inclusive.

- Qual a importância dos contos de fadas na infância para a formação do indivíduo, partindo do princípio que eles sempre trazem uma mensagem por trás, tanto os tradicionais, como os contemporâneos?

Antes de tudo, a leitura sempre é fundamental para a formação do individuo. Dizer que a literatura não ensina, que se deve apenas buscar o entretenimento pelo entretenimento, isso não existe! Mas sobre os contos de fada, especificamente, talvez a sua importância seja trabalhar com temas tão complexos de maneira a fazer a fantasia e o maravilhoso se sobreporem, chamarem a atenção. Eles sempre falarão de problemas humanos, sempre!

- Hoje, com as crianças e jovens cada vez mais virtuais, você acha que ler os contos de fadas no computador, nos smartphones e nos tablets, muitas, inclusive, são animadas, acarreta na perda de qualidade. Ou o que vale é ler, não importa o veículo?

Sobre essa questão da leitura em outros suportes, não acho que atrapalhe. A criança está em contato com esses aparelhos e mídias, não há como fugir. O problema é que os adultos, daí eu coloco mais os pais do que os professores, devem sempre incentivá-las a buscar também outras leituras, em outros suportes. Há adaptações muito legais online, como, por exemplo, a história de "Chapeuzinho Vermelho" no site da Ângela Lago. Apesar de ser supercriativo e legal, ele incentiva a criança a buscar a história tradicional. Se pensarmos a fundo, hoje até a leitura virtual é uma mistura de todas as formas que a humanidade utilizou para esse fim. Há aspectos do "rolo", que você desenrola o texto no tablet. Ou as páginas mesmo - essa não seria uma evolução dos tablets da Biblioteca da Babilônia? Acho que é legal ser plural, plural nos suportes de leitura e plural nos textos, só assim seremos leitores plurais.

Disponível em: http://gazetaonline.globo.com/_conteudo/2014/10/entretenimento/revista_ag/1498613-uma-analise-dos-contos-de-fadas-dos-classicos-aos-contemporaneos.html. Acesso em: 15/03/2015.

Que entrevista rica, não? Gosto muito do panorama alcançado por meio da leitura, pois o estudioso nos fornece informações precisas desde o "nascimento" dos contos de fadas até a contemporaneidade.

Vamos fazer um balanço geral?

Pois bem, é importante para nós, estudiosos da área das Letras, conhecermos sobre a história da Educação. De fato, para termos êxito nesse processo de aprendizagem, faz-se necessário adentrarmos na história da infância, pois as informações obtidas contribuíram de forma grandiosa para compreender o funcionamento do sistema escolar. Fica a dica!

Percebam que o pesquisador enfatiza em sua fala que antes da instauração da família burguesa não havia uma infância propriamente dita. As crianças eram tratadas como adultos em miniaturas. Só tardiamente, século XIV, passa-se a pensar nesse ser com peculiaridade e necessidades específicas, o que impulsiona o mercado em diferentes categorias, como por exemplo, têxtil, farmacêutico e livreiro.

Nesse ponto, é importante entendermos a forte influência dos contos de fadas, pois era preciso disseminar valores. E os contos de fadas se faziam como um excelente canal para isso. Em consonância damos um salto para a contemporaneidade, ainda pautados na entrevista. Observem comigo: se os contos de fadas eram importantes em determinado período para alcançar os interesses do momento, podemos entender que "o tempo é outro", mas o canal continua o mesmo, ou seja, mais uma vez adaptam-se os contos, com o propósito de atingir um novo público.

Todavia, estudiosos da área justificam a imortalidade dos contos de fadas por meio de estudos psicanalíticos – assunto do nosso Fórum. A gente se encontra lá!

Retomando a conversa inicial

RELEMBRANDO

O foco da nossa aula foi de revisitarmos os contos de fadas e entendermos o porquê da sua imortalidade. Ademais, vislumbramos por meio da entrevista do estudioso Gregorin que os contos de fadas perpassam séculos e se mantém atuais.

• **Seção 1 – Contos de fadas imortais**

Essa seção teve como meta conhecermos o nascimento dos contos de fadas, para então, entendermos o motivo da sua imortalidade.

• **Seção 2 - Do clássico ao moderno: alguns apontamentos**

O foco dessa seção foi revisitar o nascimento dos contos de fadas (clássicos) e estabelecermos um diálogo com as produções atuais (contemporâneos).

Sugestões de leituras

• CORSO, Diana. *Fadas no divã:* psicánalise nas histórias infantis. Porto Alegre: Artmed, 2006.

• *Contos de fadas:* de Perrault, Grimm, Andersen & outros. Apresentação Ana Maria Machado. Tradução Maria Luiza. Rio de Janeiro: Zahar, 2010.

Aula 07

A POESIA INFANTIL

Alunos e alunas,

Nossa sétima aula está recheada de POESIA! Isso mesmo, textos poéticos e literários, uma vez que, a Literatura Infantojuvenil não se limita a narrativa, pelo contrário, possui um acervo rico e diversificado de obras poéticas.

Vamos ver o que nos espera!?

Boa aula a todos nós.

Abraços repletos de poesia,

Professora Andréia.

Objetivos de aprendizagem

Ao final desta aula, vocês serão capazes de:

• ampliar o acervo literário;
• entender a importância do texto poético na construção de leitores críticos, estéticos e inventivos.
• validar a importância das "escolhas" e "gostos" na sala de aula.

Seções de estudo

• **Seção 1** - *Poesia Infantil: Algumas considerações*
• **Seção 2** - *Poesia Infantil: Gênese e contemporaneidade*

Seção 1 - Poesia Infantil: Algumas considerações

> "Quem não tem ferramentas para pensar, inventa"
> Manoel de Barros.

A epígrafe que abre nossa sétima aula é muito rica na minha construção enquanto leitora e professora. Olhem bem o que o texto poético manoelesco tem a nos oferecer! Pensem como um verso pode render reflexões!? Imaginem uma roda de leitura e todos falando sobre poesia? E os seus alunos declamando?

Confesso que fico emocionada e empolgada em travar esse diálogo com vocês, pois a POESIA impulsiona e nos tira de um lugar comum; ela possibilita ir além do óbvio. Toda musicalidade, ambiguidade, diversidade... Enfim, a poesia precisa estar em nossas vidas.

Daí vocês podem estar se perguntando: Como fazer isso em uma era midiática? De que maneira instigar meus alunos a participarem de saraus? Quais estratégias e metodologias podem ser usadas a favor da contaminação poética? Pois bem, nossa aula tem esse interesse: instigar a disseminação poética. Para isso, é preciso viver entre poesia, buscar sentido em palavras, sons, rimas, sabores, sensações... É preciso propiciar o alcance e estimular o imaginário.

Vamos exercitar tal possibilidade!? Que tal a leitura de um poema? Topam o desafio?

> Eras
> Antes a gente falava: faz de conta que este sapo é pedra.
> E o sapo eras.
> Faz de conta que o menino é um tatu
> E o menino eras um tatu.
> A gente agora parou de fazer comunhão de
> Pessoas com bicho, de entes com coisas.
> A gente hoje faz imagens.
> Tipo assim:
> Encostado na Porta da Tarde estava um
> Caramujo.
> Estavas um caramujo – disse o menino
> Porque a Tarde é oca e não pode ter porta.
> A porta eras.
> Então é tudo faz de conta como antes?
> (BARROS, Manoel, 2001, s/p)

Conheciam o poema do grande Manoel de Barros? Fico impressionada a cada vez que leio e releio os textos do nosso poeta. A simplicidade das palavras e das temáticas abordadas por Manoel de Barros se misturam com a complexidade que temos em parar de enxergar o belo e na ausência de sentirmos a poeticidade.

Pergunto a vocês. Qual a sensação em ler o poema? Sugiro agora que o releiam em voz alta, quero que degustem cada sílaba, cada som, casa sensação... Sim, isso é trabalhar com poesia. É sentir, é dedilhar, é tocar...

Querem mais?

Para Sempre
Por que Deus permite
que as mães vão-se embora?
Mãe não tem limite,
é tempo sem hora,
luz que não apaga
quando sopra o vento
e chuva desaba,
veludo escondido
na pele enrugada,
água pura, ar puro,
puro pensamento.
Morrer acontece
com o que é breve e passa
sem deixar vestígio.
Mãe, na sua graça,
é eternidade.
Por que Deus se lembra
- mistério profundo -
de tirá-la um dia?
Fosse eu Rei do Mundo,
baixava uma lei:
Mãe não morre nunca,
mãe ficará sempre
junto de seu filho
e ele, velho embora,
será pequenino
feito grão de milho.
Carlos Drummond de Andrade

Antes de irmos para a nossa segunda seção, sintam toda a poeticidade de Drummond. Pensem em como abordar um texto tão singelo e tão belo! Ai, a poesia!

Seção 2 - Poesia Infantil: Gênese e Contemporaneidade

Como nasceu a poesia infantil? Ela ainda vive nos dias de hoje? Para pensarmos acerca de tais questões, convido-os(as) a lerem o texto que segue:

> Quando se fala em poesia de modo geral, e particularmente de poesia infantil, não se pode prescindir de uma abordagem fundamental para se apreender todo o intricado mundo da arte poética: trata-se de seu âmbito estrutural, que, associado ao já citado universo infantil, faz dessa poesia um campo particularmente propício à representação do imaginário da criança. Nesse sentido, qualquer análise que se pretenda fazer da poesia infantil requer um domínio relativamente amplo dos componentes estruturais que determinam sua constituição como gênero literário, já que os efeitos estéticos promovidos pelo texto poético ganham especial relevo quando se trata de um público diferenciado, como é aquele composto por crianças.
>
> Há, por exemplo, um particular interesse da parte do público infantil pelo ritmo poético, uma vez que, mais do que qualquer outro potencial leitor/ouvinte, a criança identifica no texto poético uma inextricável relação entre a palavra e sua cadência melódica, relação esta que acaba lhe acarretando um agradável efeito musical. Na poesia infantil, portanto, ritmo e métrica são trabalhados em toda sua ilimitada potencialidade. Parentesco fônico entre determinadas partes dos vocábulos – ora no fim dos versos, ora no meio –, a partir da repetição de sons semelhantes, a rima é outra instância estrutural do poema que atinge sua plenitude expressiva no âmbito da poesia infantil, podendo ser trabalhada tanto do ponto-de-vista de sua posição no verso e da semelhança dos fonemas quanto do ponto de vista de sua distribuição no corpo do texto e de sua tonicidade. Por fim, mais ligada à visualidade do que à sonoridade, as estrofes atuam como articuladores da unidade do poema, por meio da composição dos versos em conjuntos distintos.
>
> Agindo diretamente sobre a sensibilidade infantil, particularmente sobre seus aspectos sensoriais, os elementos que compõem a estrutura do poema têm grande incidência também sobre sua formação lingüística, já que atua diretamente do processo de aquisição da linguagem, contribuindo sobremaneira para o aperfeiçoamento de seu esquema fônico e do complexo sistema de representação da linguagem verbal, conferindo à criança, entre outras coisas, maior competência lexical e domínio sintático. Promovendo ainda a oralidade, por meio do lúdico, a poesia infantil incide diretamente sobre o processo de interação discursiva da criança e, por extensão, sobre sua própria sociabilidade, levando-a, de modo mais eficaz, dos estágios fonológico, morfológico e sintático (substrato lingüístico) aos estágios semântico e pragmático (superestrato lingüístico).
>
> Ainda que se possam vislumbrar na poesia infantil fatores que propiciem seu emprego como recurso pedagógico, é seu caráter estético que queremos aqui

ressaltar, singularidade esta que não dispensa considerações acerca de sua origem e sua identidade.

É certo que não podemos negar que a literatura infantil é o resultado da interação entre intenção pedagógica do texto ficcional – a qual estimula o aprendizado – e sua intenção lúdica – que, por sua vez, estimula a criatividade de uma forma geral, tudo, evidentemente, mediado pela natureza estética da literatura, que, no limite, fundamenta a própria concepção do que seja a arte. Portanto, o fato é que a poesia infantil nasce de condições muito especiais, as quais se relacionam diretamente com um efeito lúdico-pedagógico que a arte promove quando aliada ao universo mítico da criança.

Tendo sua origem mais remota nas manifestações populares, a poesia infantil resgata, tanto no seu plano fônico quanto no âmbito semântico, propriedades específicas da poética popular, como o apego à sonoridade e ao ritmo, a narratividade simples, o mundo mágico-maravilhoso, a linguagem repetitiva, o apelo à emoção (em oposição à racionalidade do discurso culto), a intenção pedagógica etc. É o que se verifica, por exemplo, nas principais manifestações da poética popular, em geral de natureza folclórica, como as canções de roda, as cantigas de ninar, as parlendas, as advinhas e muitas outras. Fonte de inspiração para a literatura infantil em todas as épocas, como já disse com propriedade Meireles (1979), a poesia popular sofreu, na cultura ocidental, concorrência direta de uma poesia infantil mais tradicional, uma poesia de natureza culta e de intenção educativa, isto é, voltada para a exemplaridade, para a constituição de uma moralidade cívica e, muitas vezes, abusando dos estereótipos e da exagerada idealização da realidade: trata-se, em suma, de uma poesia em que não faltam um descritivismo canhestro, métrica regular e o tom retórico, no âmbito da forma, e uma ideologia pedagógica assentada no rigor moral e na ameaça de sanções, no plano do conteúdo.

[...]

A poesia infantil contemporânea nasce como uma alternativa à produção poética tradicional, que, como vimos, apresenta uma faceta mais conservadora na forma e mais moralista no conteúdo. Ao contrário desta, contudo, as manifestações contemporâneas da poética infantil valorizam o lúdico e desenvolvimento crítico da realidade, optando antes por uma intenção pedagógica não-moralizadora, já que parece haver um consenso em relação ao fato de que a poesia infantil "de todos os gêneros, deve ser o menos comprometido com aspectos morais ou instrutivos" (CUNHA, 1999, p. 121). Não que ela não possua um caráter didático, não que não possa ser utilizada dentro de um contexto em que a formação da criança como indivíduo e cidadão esteja em questão, mas o que se deve considerar, nesse aspecto, é, como já disse uma vez Nelly Novaes Coelho, uma didática voltada para a descoberta e a experimentação:

se partirmos do princípio de que hoje a educação da criança visa basicamente levá-la a descobrir a realidade que a circunda; a ver realmente as coisas e os seres com que ela convive; a ter consciência de si mesma e do meio em que está situada (social e geograficamente); a enriquecer-lhe a intuição daquilo que está para além das aparências e ensiná-la a se comunicar eficazmente com os outros, a linguagem poética destaca-se como um dos mais adequados instrumentos didáticos (COELHO, 1984, p. 158).

[...]

> Outro aspecto bastante valorizado da poesia infantil contemporânea é a linguagem, de fato, em nenhuma outra época de nossa literatura – mesmo a literatura adulta – os recursos lingüísticos foram tão prestigiados como no século XX (com o advento do Modernismo literário), estendendo-se para o XXI. E na literatura infantil, esse fato é ainda mais verdadeiro, na medida em que o texto que se volta para a criança procura destacar, além de seus naturais aspectos estéticos, outras dimensões humanas, nomeadamente a linguagem.
>
> Faz-se necessário, nesse sentido e logo de início, atentar para a adequação entre o texto infantil e a fase de desenvolvimento da linguagem em que a criança se encontra, a fim de que sua experiência com a literatura infantil não seja contraproducente, fazendo com que – pela carência de compreensão/interação com o texto – a criança adquira uma aversão crônica à literatura e à leitura. O auxílio de outras áreas do conhecimento, como a Psicologia do Desenvolvimento e a Psicolingüística, torna-se assim precioso, já que elas procuram distinguir as fases em que a criança se encontra no processo de desenvolvimento lingüístico. A poesia infantil deve, portanto, adequar-se tanto à fase pré-lingüística, em que prevalece o estágio fonológico da linguagem (de um mês a um ano), quanto à sua fase lingüística, em que prevalecem os estágios morfológico (de um a dois anos), sintático (de dois a quatro anos), semântico (a partir dos dois anos) e pragmático (a partir dos dois anos). Em cada um desses estágios, a criança passa por processos distintos de aquisição e desenvolvimento da linguagem, como a aquisição de novas palavras (naming explosion); dos primeiros rudimentos gramaticais (gramática do estágio I), expressos na construção de frases curtas e simples; como um maior avanço gramatical (gramática do estágio II), aprendendo as flexões e as palavras funcionais; a formação de frases mais complexas; o desenvolvimento do significado das palavras e a relação entre linguagem e pensamento; ou, finalmente, com o processo de interação linguística
>
> *Disponível em: http://pepsic.bvsalud.org/scielo.php?pid=S1413-666X2006000200016&script=sci_arttext. Acesso em: 03/03/2015.*

O texto que acabamos de ler é muito rico e importante para a nossa construção, pois nos propicia um panorama da poesia infantil, resgatando toda a parte didática e moralista, que dialoga com a nossa primeira aula, e com as rupturas com o sistema engessado instituído por meio da história da Educação.

De fato, o trabalho com poesia é pequeno se comparado com textos narrativos. Ambos são importantes, o que pede que nosso olhar seja revisitado a favor dos nossos alunos. Nesse ponto, destaco mais uma vez o PNBE – visto na nossa terceira aula, pois por meio de compras governamentais obras literárias são compradas anualmente, e a diversidade de gêneros é uma exigência instituída em edital, ou seja, as bibliotecas escolares estão abastecidas com obras poéticas. Diante disso, nos compete tirar os livros da "caixa" e ofertamos poesias em nossas aulas.

Abaixo selecionei algumas capas de obras poéticas que podem contribuir com a construção de nossos alunos. Gostaria muito que vocês as lessem.

Figura 01: Exercícios de ser criança
Disponível em: https://www.google.com.br/search?q=Livros+de+poesia+infantil&espv. Acesso em 03/03/2015

Figura 02: Ou Isto ou Aquilo
Disponível em: http://www2.uol.com.br/borage/rbi56/brgr56_liricas.htm. Acesso em 03/03/2015

Figura 03: A arca de Noé
Disponível em: http://www2.uol.com.br/borage/rbi56/brgr56_liricas.htm. Acesso em 03/03/2015

Figura 03: A arca de Noé
Disponível em: http://www2.uol.com.br/borage/rbi56/brgr56_liricas.htm. Acesso em 03/03/2015

Literatura Infantojuvenil - UNIGRAN

Retomando a conversa inicial

RELEMBRANDO

Pessoal,
Nessa aula sentimos o sabor das palavras, pois estudamos POESIA! Que possamos manter a chama acesa e termos nesse gênero um grande aliado a favor de uma sociedade mais crítica.

• **Seção 1 – Poesia Infantil: Algumas considerações**

Nossa primeira seção teve como foco resgatar nosso olhar para a poesia. Ademais, pensamos acerva da musicalidade, ambiguidade e possibilidades que o texto poético pode nos propiciar, e por isso, merece lugar de destaque em nossas reflexões enquanto formadores de leitores.

• **Seção 2 - Poesia Infantil: Gênese e Contemporaneidade**

Nesse momento da nossa disciplina revisitamos a gênese da poesia infantil, o que mais uma vez nos fez entender o quanto estamos fadados por meio do sistema educacional a não alçar voos. Destarte, é possível compreender que o trabalho precisa sempre ser repensado a favor de novas possivilidades. Em consonância, percebemos que há uma preocupação acerva desse gênero, e que a resposabilidade em mantê-lo aceso é nossa.

Sugestões de leituras e *sites*

ANDRADE, Carlos Drummond. *Menino Drummond.* Companhia das Letrinhas, 2012.
SOARES, Magda; PAIVA, Aparecida. *Literatura infantil:* políticas e concepcões. Autêntica, 2008.

Sites

• file:///C:/Users/Andreia/Downloads/guia_eja_leituraforadacaixa.pdf

A ILUSTRAÇÃO NOS LIVROS INFANTIS E INFANTOJUVENIS

Alunos e alunas,
Chegamos ao final da nossa disciplina. Como passou rápido? A Literatura Infantojuvenil é tão rica e ampla que nos possibilita muitas reflexões e possibilidades de estudos. Espero que todas as nossas discussões possa contribuir com o enriquecimento de cada um de vocês e resulta em trabalhos sérios e profícuos em sala de aula e na sociedade em geral.
Abraços e até breve.
Professora Andréia.

Objetivos de aprendizagem

Ao final desta aula, vocês serão capazes de:

• entender a importância da ilustração na Literatura Infantil e Infantojuvenil;

Seções de estudo

• **Seção 1** - *Ilustração e a sua importância*

Seção 1 - Ilustração e a sua importância

A ilustração é importante? Faz diferença no processo de leitura?

Pois bem, infelizmente, para muitas pessoas a ilustração não é importante, isto é, são apenas "desenhos". No entanto, essa visão está totalmente equivocada. A ilustração faz parte do texto e precisa ser pensada e avaliada.

Para compreendermos com mais veemência tal processo, trouxe para nossa aula o maior estudioso brasileiro de ilustração em livros infantojuvenis, o pesquisador Luís Camargo. A entrevista que segue é rica e detalhada. Vamos a ela?

Uma conversa sobre ilustração por Luís Camargo
Escrito por Luís Camargo

Frieda: Para começar bem do comecinho: o que é ilustração?
Luís: Ilustração é uma imagem que acompanha um texto. Essa imagem pode ser um desenho, uma pintura, uma gravura, uma fotografia etc. No meio editorial, porém, ilustração é aquilo que se encomenda a um ilustrador. Fotografias são encomendadas a fotógrafos ou pesquisadas em bancos de imagens. Um mapa é o que se encomenda a um cartógrafo. Ou seja, do ponto de vista da produção e dos direitos autorais, funciona melhor separar ilustração de fotografia e de mapa, embora, conceitualmente, tudo isso pudesse ser denominado ilustração.

Candú Marques: Você parece estar pensando só em livros. Ilustração é sempre uma imagem que acompanha um texto? Ela não pode, mesmo que raramente, estar sozinha?
L: As ilustrações acompanham o texto, assim como as legendas acompanham imagens. No museu, fora dos livros, as ilustrações passam a ser imagens acompanhadas de legendas. A relação entre texto e imagem se inverte. O inverso também ocorre: por exemplo, uma pintura histórica que se torna ilustração de um livro didático de história. Há também o caso dos livros de imagem, em que a narrativa é contada quase que exclusivamente pelas imagens. Nesse caso, prefiro usar o termo imagem, em lugar de ilustração, para destacar a independência da imagem, o que não ocorre no caso da ilustração que, por definição, é feita para acompanhar um texto.

Fonte: http://goo.gl/pKVhHB

F: Qual o papel da ilustração? É uma espécie de tradução do texto?
L: Poderíamos pensar que o papel da ilustração seria o de transformar palavras em linhas, formas, cores, personagens, lugares, objetos etc., ou seja, traduzir o texto para a linguagem visual. Esse conceito é útil, mas é insuficiente. Por exemplo, ao ilustrar a fábula A cigarra e a formiga, de La Fontaine, Gustave Doré representou os dois insetos como mulheres. Seria uma traição ao texto? Acho que não, pois a cigarra e a formiga de La Fontaine comportam-se como mulheres. Doré apenas destacou esse aspecto.

F: O poeta grego Simônides dizia que a pintura é poesia muda e que a poesia é pintura falante. Isso se aplica à ilustração?
L: De maneira semelhante, o poeta latino Horácio dizia que a pintura é tal qual a poesia. Na minha opinião, a imagem pode desempenhar funções semelhantes às da palavra: pode representar; descrever; narrar; simbolizar; expressar emoções, sentimentos e valores; apelar ao observador, procurando persuadi-lo; brincar; chamar atenção para si mesma, entre outras.

F: A ilustração tem função sozinha, separada do texto?
L: Toda a história da arte mostra que a imagem pode dizer algo, sem precisar acompanhar um texto. Toda imagem diz alguma coisa, por si mesma. Por isso, não se pode reduzir o sentido da ilustração a uma espécie de tradução do texto, nem reduzir o significado da imagem à identificação do ser que a imagem representa. Por outro lado, os significados do texto se projetam sobre a imagem, assim como os significados da imagem se projetam sobre o texto. É uma interação de mão dupla.

F: Muitos falam em diálogo entre texto e ilustração. O que você acha disso?
L: Certa vez, ao ler um poema infantil de Ricardo Azevedo, me dei conta de que o poema tinha várias características da poesia popular, como a quadra, a redondilha maior e a rima nos versos pares. As ilustrações, porém, lembravam alguns recursos do pintor surrealista René Magritte. Nas páginas do livro parecia ocorrer um diálogo entre uma voz – digamos assim – popular, no texto, e uma voz erudita nas ilustrações.

Ricardo Azevedo: Há inúmeras situações em que a imagem dialoga com o texto. Refiro-me, com Bakhtin, ao diálogo como constituinte ou condição essencial de toda comunicação. Sob esse aspecto, a comunicação nasce e só ganha eficácia e sentido a partir do diálogo. Há, porém, graus nesse diálogo. Por exemplo, em O menino maluquinho, de Ziraldo, o diálogo é pleno. Texto e imagem se complementam construindo os significados. Há outro tipo de diálogo em Where the wild things are, de Maurice Sendak. Nessa obra, acompanhamos uma narrativa através de texto e imagens e, de repente, as imagens assumem completamente a narrativa, voltando o texto mais tarde para encerrar o livro. Coerentemente, quando as imagens assumem a direção da narrativa, seu espaço aumenta. No meu trabalho, utilizo muito o que chamo de diálogo texto-imagem. Por exemplo, em Um homem no sótão, as imagens dão inúmeras informações que o texto não dá. Em Aviãozinho de papel, ocorrem duas narrativas concomitantes e que dialogam: o percurso do avião e o percurso de uma mensagem atirada por um homem. Em muitos livros meus, as imagens trazem informações ou pontos de vista estranhos ou inesperados. No conto João Bobão e a princesa chifruda, fiz o herói negro, embora o texto não mencione isso. O livro Nossa rua tem um problema é repleto de imagens e personagens que não são citados no texto. Num sentido geral, quando texto e imagem dialogam, o significado surge graças à sua interação. Em outras palavras, as imagens ampliam o universo significativo do texto e vice-versa.

L: Em Indo não sei aonde buscar não sei o quê, de Angela Lago, o texto apresenta um modelo popular e as ilustrações, um modelo expressionista. Nesses dois casos – Ricardo e Angela –, o autor do texto e das ilustrações eram a mesma pessoa, mas apareciam diferentes vozes ou personae. Daí me ocorreu utilizar a expressão narração dialogada para falar dos livros infantis, uma expressão que tirei de um retórico latino do primeiro século da nossa era, Aelius Theon.

Gláucia de Souza: Em que contexto Aelius Theon usava esse termo? A que textos se referia? A textos visuais também?
L: Theon se referia unicamente a textos verbais. Ele fala sobre os tipos de narração em um livro sobre exercícios de produção de texto (para usar um termo em moda hoje em dia), incluindo descrição, dissertação, reescrita de fábula, projeto de lei etc.

L: Angela, em Indo não sei aonde buscar não sei o quê, houve algo de intencional no uso de uma voz popular no texto e de uma voz expressionista nas ilustrações?
Angela Lago: Nada foi intencional, o que não desfaz de nenhuma maneira sua tese, claro. Posso ter pensado que o traço solto, a pincelada ágil, tivesse a ver com a voz oral, que afinal é expressiva e aparentemente descuidada. Mas nem disso me lembro.

F: Graças, à ilustração, os livros infantis se tornaram um produto cultural em que o visual e o verbal se mesclam, interagem. Essa é a opinião de Regina Zilberman e de Marisa Lajolo. Você acha que todo texto para crianças precisa ser ilustrado?
L: Ampliando um pouco a abrangência da pergunta, eu diria que é importante que a criança tenha contato com narrativas e poemas nas mais diversas formas: sob forma de canção, de peça teatral, de narração oral – com ou sem livro –, de filme, de desenho animado, programa de televisão, história em quadrinhos etc. Cada um desses meios pode revelar aspectos diferentes de uma mesma narrativa. Isso desenvolve a flexibilidade. Lembro de ler para meus filhos pequenos várias versões de Cachinhos Dourados. Uma delas, com o título Os três ursos, era uma tradução de Tolstoi, em que os ursos tinham nome e sobrenome. A própria diferença nos títulos vai chamando atenção dos leitores e ouvintes para diferentes aspectos da história.

Flávia Ramos: Penso que o texto pode ser ilustrado e isso implica a interação de linguagens, mas também pode ser constituído só pela palavra ou só pela ilustração.
Candú Marques: Do meu ponto de vista, é importante que a criança ouça ou leia textos sem ilustrações para que (às vezes) fique somente com suas próprias imagens.
L: Concordo. Quando meus filhos eram pequenos, tanto li para eles Em busca do tesouro de Magritte, uma narrativa inspirada em – e ilustrada com – pinturas de Magritte, como contos de Grimm, em uma edição com pouquíssimas ilustrações.

Paula Mastroberti: A gente fala muito da ilustração como característica intrínseca da literatura infantil. Contudo, há inúmeras publicações ilustradas dirigidas ao público adulto, desde um gênero híbrido de uma graphic novel como Sin City, sem esquecer o mangá, até as edições ilustradas de obras como Fausto, de Goethe, por Eugène Delacroix, ou Dom Quixote, por Gustave Doré. Nessas publicações, a imagem valoriza o objeto livro como objeto de fruição estética. Acredito que o público adulto, se pudesse (aqui levo em conta o poder aquisitivo na compra de livros ilustrados, edições de luxo ou de tiragem limitada), optaria por obras valorizadas por ilustrações.

F: Para você, quais as semelhanças e diferenças entre o visual e o verbal?
L: Em linhas gerais, o texto verbal é percebido seqüencialmente e a imagem é percebida globalmente; os signos verbais são predominantemente simbólicos, isto

é, arbitrários, enquanto os signos visuais são predominantemente icônicos, isto é, imitam a forma do que representam. Mas tanto as palavras como as imagens apresentam denotações e conotações e há figuras de linguagem semelhantes: metáfora, metonímia, personificação, entre outras.

F: Falando em texto, todo texto visual é mais fácil de ler do que um texto verbal?
L: Nem sempre. Um retórico da Antiguidade, Dion Crisóstomo, dizia que os oradores e poetas se dirigiam aos ouvidos, enquanto os pintores e escultores se dirigiam aos olhos, a um público mais numeroso e menos sofisticado. Ainda hoje existe um preconceito em relação à imagem, como se ela fosse "mais fácil de entender" ou seu papel fosse apenas o de atrair o leitor para o texto. Se o sentido das imagens estivesse sempre na cara, os teóricos, críticos e historiadores da arte não gastariam tanto tempo interpretando as obras de arte. Esse preconceito em relação à linguagem visual existe porque se tomam como objeto de análise imagens muito simples. É como se a gente quisesse falar de literatura restringindo o corpus a quadrinhas e provérbios.

Silvia Oberg: O escrito, por suas características, exige, para sua leitura, um tempo, uma duração, que não é a mesma da imagem, já que ela, também por suas particularidades, se dá à leitura de modo diferente – pode ser abarcada em sua totalidade pelo olhar, ainda que apresente detalhes que só possam ser percebidos mais demoradamente. A construção dos significados do escrito e da imagem pede tempos diferentes, não é?
L: Os tempos são diferentes, mas essa questão precisa ser relativizada. O pintor suíço Paul Klee dizia que o tempo, na fruição da pintura, só não era importante para os apressados. Também do ponto de vista do aprendizado, o tempo é um elemento importante. Mesmo do ponto de vista só da percepção visual, sem entrar nos aspectos simbólicos, há imagens que exigem um lento aprendizado: por exemplo, para os especialistas em mosquitos (uma especialidade relevante na medicina tropical e questões de saúde pública), as manchinhas nas asas indicam espécies diferentes, menos ou mais nocivas.

Silvia Oberg: A entrada cada vez maior de recursos do computador nas ilustrações é uma questão que me preocupa. Me parece que o artesanal vai perdendo cada vez mais espaço nas ilustrações. No texto, esse artesanal, que indica uma elaboração estética maior, um tempo de criação definido em função da necessidade do texto literário, também está se perdendo. E aí nós temos muitos livros com textos que nada acrescentam, que são iguais a muitos outros que circulam no mercado editorial. Eu assisti a uma palestra da Angela Lago e ela dizia que, cada vez mais, está encantada e usando os recursos do computador e da fotografia em seus livros. Acho que ela é um diferencial, pois faz coisas muito bonitas também com o computador, tem um modo de usar esse recurso que não deixa as imagens ficarem padronizadas.
L: Há ilustradores, como Angela Lago, Roberto Weigand e Ana Raquel, que utilizam o computador como meio expressivo e criativo. O problema não é a ferramenta. Mesmo com técnicas artesanais existe o perigo de o artista se cristalizar, utilizando e reutilizando certas fórmulas.

Paula Mastroberti: Sinto falta de um projeto em arte-educação que desenvolva a sensibilidade e a capacidade crítica visual com a mesma intensidade dos projetos que visam incentivar o gosto e o prazer da leitura. Muitos jovens e adultos são analfabetos visuais e, por conta disso, ficam à mercê de imagens canonizadas pelo momento, como os inúmeros clichês visuais das festas de aniversário infantis, atores de novela, objetos decorativos domiciliares. Muitos consomem produtos, moda, cortes ou cores de cabelo, isso sem falar da necessidade do silicone, do botox, da magreza, sem refletir sobre estes valores estéticos. Não se trata de condenar tais valores. Apenas é necessária – e urgente – a conscientização deles. E isso só é possível através da educação visual.

F: Alguns professores acham que a ilustração atrapalha a imaginação da criança. O que você pensa sobre isso?
L: A criação de imagens é uma necessidade humana. Sejam imagens figurativas ou não-figurativas, sejam imagens mais descritivas ou mais estilizadas. Seja imagens descritas com palavras ou representadas com formas e cores. E aí as coisas se misturam. Segundo o psicólogo canadense Allan Paivio, o conhecimento é armazenado em nosso cérebro por uma via verbal e uma via não-verbal. Essa interação pode ser percebida ao longo da história da arte e da literatura. Provavelmente, a maior fonte de imagens para as artes visuais são as narrativas: míticas, históricas, literárias. Pense, por exemplo, nas inumeráveis representações de Dom Quixote. Pense na pintura histórica dos vários países, na arte sacra de diferentes culturas. Um turista vê um huipil com uma linha em ziguezague e pode achar bonito, estético. Mas essa linha em ziguezague representa kumätz, a serpente, que tem por trás toda uma cosmologia. Na minha opinião, o que bota a imaginação para funcionar são as imagens. Os gregos diziam que as musas eram filhas de Zeus, o poder criador, e da Memória. Sem memória, sem repertório de imagens, não há inspiração. O poder criador fica sem matéria-prima para criar...

Karla Maldonado: Gostaria que você comentasse os critérios que você considera importantes para a imagem nos livros ilustrados.
L: Em primeiro lugar, o projeto gráfico do livro deve favorecer a legibilidade do texto e uma leitura confortável. Segundo, deve prever momentos de relaxamento para os olhos. Para focalizar imagens próximas (ilustrações e textos), os músculos oculares se tensionam para ajustar o cristalino (que funciona como uma lente). O projeto gráfico deve apresentar momentos para o relaxamento desses músculos, para que a leitura seja confortável. Terceiro, uma qualidade que defino pela negação: as ilustrações não devem brigar com o texto, tanto do ponto de vista espacial como semântico. Se o conto fala em uma balconista loira, a ilustração não deve mostrar um homem careca; se o poema tem humor, a ilustração não deve ser melancólica e assim por diante. Em quarto lugar, a ilustração deve ter qualidade estética. Seja uma ilustração detalhista, seja uma ilustração estilizada, o traço, a pincelada, as manchas, as cores, as texturas devem – pelo menos – ser agradáveis aos olhos. Claro que a qualidade estética não se resume a isso. Em quinto lugar, a ilustração não deve ser redundante. Seja por meios plásticos, seja por meios figurativos, a ilustração deve dizer algo que o texto não diz. Por exemplo, ao ilustrar os versos "Quando o Verão me passa pela cara / A mão leve e quente da sua brisa", Angela Lago representou um menino passando a mão pela face. A representação é extremamente econômica: o rosto é bastante estilizado, lembrando as máscaras africanas. A figura e o fundo são dominados por amarelos, laranjas e vermelhos, enchendo os olhos do leitor com sensações visuais que concretizam o abstrato "Verão" e o táctil "quente". A composição, em diagonal, faz o olho se deslocar, evocando o movimento de "passar pela cara" e o movimento da "brisa". Nesse caso, a ilustração tem qualidades pictóricas que são próprias da linguagem visual, apresentando, assim, algo que o texto não diz. Em sexto lugar, o ilustrador é um artista, que deve colocar sua voz no livro, mostrando uma sensibilidade, um ponto de vista, uma atitude. Por exemplo, ao ilustrar a fábula A cigarra e a formiga, de La Fontaine, Marcelo Pacheco representou uma cigarra tocando violão, sentada em um banquinho, de olhos cerrados, "traduzindo" La Fontaine para o universo cultural brasileiro, no caso, o universo da música bossa-nova.
Ricardo Azevedo: Tenho algumas discordâncias. Não creio que um projeto gráfico

deva ser necessariamente funcional no sentido de favorecer a legibilidade. Você deve estar se referindo a tipos específicos – embora comuns – de livros. Não acho que dá para generalizar. Também discordo da frase "as ilustrações não devem brigar com o texto". O problema é definir essa "briga". Para mim, ao contrário, a ampliação do universo de significação do livro pode e costuma nascer justamente da contradição entre texto e imagem. Concordo que "a ilustração deve dizer algo que o texto não diz." Justamente por essa razão, a imagem eventualmente pode e deve brigar com o texto. Creio ainda que é complicado falar em "qualidade estética" e elementos "agradáveis aos olhos". Tudo isso é muito relativo. Agradável pra quem? Talvez fosse o caso de falar em "coerência estética".

F: Para concluir, conte um pouco sobre o processo de elaboração deste texto.
L: Depois de quebrar a cabeça sobre o que e como escrever, me ocorreu a idéia de uma entrevista fictícia. Enviei o texto para algumas pessoas, que deram palpites sobre o próprio texto, além de acrescentar novos tópicos e outras perspectivas. Quando minha filha caçula leu o texto, ela comentou que não era uma conversa, mas uma entrevista. Agora, com a participação especial de vários interlocutores, acho que se tornou realmente uma conversa.
Versão para o espanhol publicada em:

*CAMARGO, Luís. Una charla sobre ilustración. In: EN LOS COLORES del trazo: Seminario-Taller de Ilustración de Libros Infanto-Juveniles Brasil-Guatemala. Coordinador Renan Paes Barreto. Organizadora Frieda Liliana Morales Barco. Ciudad de Guatemala: Embajada de Brasil en Guatemala, 2006.
Para minha amiga Frieda (L.C.)*

[1] Com a participação especial de Angela Lago, Candú Marques, Flávia Ramos, Gláucia de Souza, Karla Maldonado, Paula Mastroberti, Ricardo Azevedo e Silvia Oberg.

Luís Camargo é escritor e ilustrador de livros infantis e editor assistente no Editorial de Literatura, Projetos Especiais e Ensino Religioso da Editora FTD.

Não disse que a leitura da entrevista seria rica? Perceberam a importância da ilustração no processo criativo? E como ela é importante no ato da leitura?

Retomando a conversa inicial

RELEMBRANDO

Pessoal, tudo bem?
A nossa última aula teve como objetivo estabelecer um diálogo acerca da ilustração e a sua importância no ato da leitura. Ademais, destacamos que ela não é um suporte, mas um meio de interação estética.
Aproveito para registrar a minha satisfação em ter trabalhado com vocês essa disciplina tão singular em nossa formação.
Abraços literários,
Professora Andréia.

• **Seção 1 – Ilustração infantil e sua importância**

O foco da nossa aula foi a ilustração. Desse modo, nossa seção úncia caminhou por meio da entrevista com o estuidioso Luis Camargo por diferentes veredas a fim de estipular uma reflexão crítica e atual acerca da ilustração, que a cada dia se faz mais presente nos livros e ainda carece de estudos.

Sugestões de *sites*

Sites

- http://emaberto.inep.gov.br/index.php/emaberto/article/viewFile/1043/945
- http://ebooks.pucrs.br/edipucrs/anais/IICILLIJ/3/artigopuc-MariaLaura.pdf

Referências

ANDRADE, Carlos Drummond. *Menino Drummond.* Companhia das Letrinhas, 2012.

CADERMATORI, Ligia. *O que é literatura infantil.* 2.ed. São Paulo: Brasiliese, 2010.

COELHO, Nelly Novaes. *Literatura Infantil:* teoria, análise, didática. 1.ed. São Paulo: Moderna, 2000.

Contos de fadas: de Perrault, Grimm, Andersen & outros. Apresentação Ana Maria Machado. Tradução Maria Luiza. Rio de Janeiro: Zahar, 2010.

CORSO, Diana. *Fadas no divã:* psicánalise nas histórias infantis. Porto Alegre: Artmed, 2006.

LAJOLO, Marisa. *Monteiro Lobato:* livro a livro. Unesp/Editora. São Paulo.

PETIT, Michèle. *Os jovens e a leitura:* uma nova perspectiva. São Paulo: Editora 34, 2008.

SOARES, Magda. *Letramento:* um tema em três gêneros. 2.ed. Belo Horizonte: Autêntica, 2001.

SOARES, Magda; PAIVA, Aparecida. *Literatura infantil:* políticas e concepcões. Autêntica, 2008.

SOLÉ, Isabel. *Estratégias de leitura.* Trad. Cláudia Schilling. 6 ed. Porto Alegre: Art-Med, 2006.

YUNES, Eliana; PONDÉ, Glória. *Leituras e leituras da literatura infantil.* São Paulo: FTD, 1988.

Graduação a Distância 5º SEMESTRE

Letras

ESTÁGIO SUPERVISIONADO I
ENSINO FUNDAMENTAL

UNIGRAN - Centro Universitário da Grande Dourados

Rua Balbina de Matos, 2121 - CEP 79.824 - 9000
Jardim Universitário
Dourados - MS
Fone: (67) 3411-4141 / Fax: (67) 3411-4167

Os direitos de publicação desta obra são reservados ao Centro Universitário da Grande Dourados (UNIGRAN), sendo proibida a reprodução total ou parcial de acordo com a Lei 9.160/98.

Os artigos de sites e revistas indicados para a leitura foram registrados como nos originais.

Apresentação da Docente

Geysa Juce da Silva, mestre em Letras pela Universidade Federal da Grande Dourados (2016). Graduação em Letras pelo Centro Universitário da Grande Dourados (2004) e, atualmente, é professora da educação a distância nos cursos de Letras (Língua Portuguesa III, Estudos Linguísticos e Estágio Supervisionado I) e Pedagogia (Ensino da Língua Portuguesa) do Centro Universitário da Grande Dourados-UNIGRAN. Coordena o curso de Letras do Centro Universitário da Grande Dourados-UNIGRAN na modalidade EAD e ministra aulas de Linguagem e Argumentação nos cursos presenciais de Educação Física, Administração e Ciências Contábeis no Centro Universitário da Grande Dourados-UNIGRAN. Tem experiência na área de Linguística, com ênfase em Linguística, atuando principalmente nos seguintes temas: leitura, ensino de língua portuguesa, linguística aplicada e educação.

SILVA, Geysa Juce da. Estágio Supervisionado I Ensino Fundamental. Dourados: UNIGRAN, 2020.

32 p.: 23 cm.

1. Estágio. 2. Relatório.

Sumário

Conversa inicial... 4

Aula 01
Conhecendo o regime de Estágio 5

Aula 02
Regimento das práticas de ensino 9

Aula 03
Conhecendo a estrutura da escola 13

Aula 04
O que é observar? 17

Aula 05
Observando 21

Aula 06
Dicas para a elaboração do relatório 25

Aula 07
Introdução e conclusão 27

Aula 08
Finalizando o relatório 29

Referências 30

Conversa Inicial

Prezados(as) estudantes,

Sejam bem-vindos(as) à disciplina "Estágio Supervisionado I", que irá propiciar a construção de conhecimentos acerca da prática docente, dentre outros conteúdos, sobre a orientação acerca do estágio de observação, visto que, por se tratar do Estágio I, este é o primeiro momento do estágio, por isso, é importante que observem com bastante atenção cada uma das orientações dadas ao longo da disciplina.

Para que o estudo de vocês se torne proveitoso e prazeroso, esta disciplina, que possui uma carga horária de 80 horas, foi organizada em oito aulas, com temas e subtemas, subdivididos em seções (tópicos). No estudo da aula 01, vamos apresentar o regimento da disciplina, ou seja, as normas que regem o Estágio. Já na aula 02, aprenderemos sobre o regimento das práticas de ensino. Prosseguindo, na aula 03, trataremos sobre a estrutura da escola. Este é o momento em que terão a oportunidade de conhecer a estrutura física da escola e o seu funcionamento; isso ocorrerá por meio da visita de vocês à escola onde farão o estágio; também, nesta primeira vista, farão a consulta ao Projeto Político Pedagógico da escola. A aula 04 versará sobre o que é observar, para isso foi disponibilizado um roteiro de observação, o qual indica quais são os pontos que devem ser observados. Nas aulas subsequentes, 05, 06 e 07, procuraremos praticar, respectivamente, a observações das aulas, a elaboração do relatório, bem como a escrituração da Introdução e da Conclusão. Finalmente, na aula 08, iremos exercitar a elaboração do relatório final.

Esperamos que, ao final da disciplina, vocês tenham desenvolvido com coerência, reflexão e criticidade esta etapa tão importante para a formação docente que é o estágio supervisionado.

Aproveitem este momento para terem mais contato com as escolas e seus respectivos alunos, assim, ao findar o curso de Letras, vocês estarão mais preparados(as) para a prática docente.

Profª. Geysa Juce da Silva

Aula 1º

Conhecendo o regime de estágio

Prezados(as) alunos(as), iremos iniciar a disciplina "Estágio Supervisionado I" conhecendo e refletindo sobre o regimento.

Nesta aula, vocês terão a oportunidade de saber o que é o estágio supervisionado; qual a carga horária a ser cumprida; como funciona o estágio para os alunos que moram no exterior.

É importante destacar que este regimento, no que se refere à realização do estágio, está de acordo com as diretrizes estabelecidas pelos órgãos oficiais.

Aproveitem esta aula para sanar as dúvidas sobre a realização do estágio. Para tanto, leiam o documento com atenção antes mesmo de se apresentar na escola em que farão as observações.

Bons estudos!

Objetivos de aprendizagem

Ao término desta aula, vocês serão capazes de:

- conhecer os conceitos, os princípios e as normas que regem o Estágio Supervisionado;
- identificar as etapas que devem ser seguidas para a efetuação do estágio.

Seções de estudo

1. Regimento de Estágio

1 - Regimento de Estágio

Regimento de Estágio é o documento que contém todas as normas que regem a realização de estágios na UNIGRAN EAD. Daí a importância de conhecê-lo antes de iniciar seu estágio propriamente dito, pois ele norteará a sua prática, orientando sobre o que é permitido ou o que é restrito durante o estágio.

Assim, faça uma leitura atenta e sublinhe as partes que você julgar mais importante. Em caso de dúvidas, não deixe de enviá-las, seja pelo Quadro de Avisos ou por e-mail.

CENTRO UNIVERSITÁRIO DA GRANDE DOURADOS

REGULAMENTO DE ESTÁGIO SUPERVISIONADO
CURSO DE LETRAS NA MODALIDADE A DISTÂNCIA

CAPÍTULO I – DO ESTÁGIO SUPERVISIONADO

SEÇÃO I – Do Conceito

Artigo 1° – Concebe-se o estágio supervisionado não só como componente curricular dos cursos de formação de professor, mas, principalmente, como um instrumento norteador das relações entre teoria e prática no saber-fazer docente. Garantir-se-á essa prática, fazendo-se uso do estágio como campo de pesquisa, análise e crítica de processos sociais e escolares.

Artigo 2° – Considera-se o estágio supervisionado como componente curricular obrigatório da organização curricular dos cursos de licenciatura da Faculdade de Educação da UNIGRAN.

SEÇÃO II – Da Natureza

Artigo 3° – O Estágio Supervisionado do curso de Letras, na modalidade a distância, realizar-se-á em escolas das redes pública e privada de ensino, assim como em ambientes não formais de educação, considerando-se os níveis: de ensino fundamental e médio.

Artigo 4° – Considerar-se-ão como Estágio Supervisionado as atividades que conduzam o aluno-estagiário ao desenvolvimento de um estágio crítico que vise à relevância do saber-fazer docente e, com ele, à melhoria da escola e da educação.

Artigo 5° – O estágio Supervisionado está regulamentado pela Lei Federal n0 9394/96 (Lei de Diretrizes e Bases da Educação Nacional), que dispõe sobre os estágios de alunos de estabelecimentos de ensino superior, pelo Parecer CP/CNE n.28, de 02 de outubro de 2001, bem como pelas Resoluções do CP/CNE 01, de 18/02/2002 e 02, de 19/02/2002 e Resolução do CNE n°. 2/2015.

CAPÍTULO II – DOS OBJETIVOS

Artigo 6° – São objetivos do Estágio Supervisionado dos cursos de formação docente da Faculdade de Educação:

1 – permitir ao aluno uma reflexão crítica acerca da realidade educacional, propiciando-lhe a percepção de percursos transformadores tanto dessa realidade quanto da social;

2 – desenvolver, junto às escolas das redes pública e privada de ensino, ou em ambientes não formais de educação, atividades que evidenciam as interações entre a teoria recebida durante o período de formação do aluno no curso de graduação e a prática subjacente ao fazer docente.

3 – Promoção da integração com a sociedade.

CAPÍTULO III – DA APLICAÇÃO

SEÇÃO I – Duração e Carga Horária

Artigo 7° – Realizar-se-á o estágio supervisionado por meio da observação de aulas, regências e/ou elaboração de projetos delineados a partir da leitura da realidade, propiciando ao futuro professor um conhecimento do concreto em situação de trabalho e, com isso, avaliando as possibilidades de cumprimento das competências exigidas pelo fazer docente, notadamente quanto à regência das turmas, sem que se desconsiderem outros aspectos da experiência docente em unidade de ensino como, por exemplo, a consecução de projetos pedagógicos, planejamento e organização do ensino.

§ 1°– O estágio supervisionado, como componente curricular obrigatório das licenciaturas, totaliza 400 (setecentas) horas para a habilitação em Português e Literaturas da Língua Portuguesa, realizadas em períodos concentrados de acordo com a matriz curricular, a partir do início da segunda metade do curso, reservando-se um período final para a docência compartilhada, sob supervisão da escola de formação, preferencialmente na condição de assistente de professores experientes.

§ 2°– Os alunos-estagiários que exerçam atividade docente regular na educação básica poderão ter reduzida a carga horária do estágio curricular supervisionado até o máximo de 100 (duzentas) horas, uma vez comprovado o efetivo exercício do ofício na área específica, objeto de estágio.

Para tanto, a carga horária deve ser assim distribuída:

Estágio Supervisionado (Ensino Fundamental e Médio):

Ensino Fundamental - 6.° ao 9.° anos - Língua Portuguesa	20 horas de observação *in locu* (Estágio Supervisionado I)
	20 horas de regência (Estágio Supervisionado II)
Ensino Médio - 1.° ao 3.° anos - Língua Portuguesa e Literatura	20 horas de observação *in locu* (Estágio Supervisionado III)
	20 horas de regência (Estágio Supervisionado IV)

SEÇÃO II – CAMPOS DE ESTÁGIO

Artigo 8º– Em atendimento às comunidades em geral, em unidades escolares dos sistemas de ensino das redes pública e privada, em ambientes não formais de educação, nos municípios onde existam Polos de apoio presencial da Unigran. A Instituição/ambiente onde o estágio será realizado deverá ter:

1. Comprovada idoneidade e reconhecida qualidade de ensino, expressa no projeto pedagógico da unidade de ensino.
2. Corpo docente com reconhecida competência profissional e que ofereça efetivas condições para a experiência docente compartilhada.
3. Infraestrutura física e material, com condições pedagógicas, propícias para o desenvolvimento dos projetos de estágio.
4. Condições para aceitação das normas que disciplinam o estágio supervisionado dos cursos da Faculdade de Educação da UNIGRAN.
5. Disponibilidade da equipe diretiva e do corpo docente para supervisionar e/ou apreciar o trabalho do aluno estagiário e para trabalhar em conjunto com a agência formadora.

SEÇÃO III – REGULAMENTAÇÃO E ACOMPANHAMENTO

Artigo 9 – Este regimento regulamenta e disciplina a organização e o funcionamento do Estágio Supervisionado dos cursos de licenciaturas da Faculdade de Educação do Centro Universitário da Grande Dourados.

Artigo 10 – A normatização e a carga horária do estágio deverão respeitar ao disposto nos Projetos Pedagógicos dos cursos de licenciaturas, em consonância com a Revolução CNE/CP no 02, de 19 de fevereiro de 2002.

Parágrafo único – O estágio realizado nas condições deste artigo não estabelece vínculo empregatício, podendo o estagiário receber bolsa de estágio, estar segurado contra acidentes e ter cobertura da previdência prevista na legislação específica.

Artigo 11 – O professor de Estágio Supervisionado responsabilizar-se-á pela elaboração do programa e do projeto de estágio.

Artigo 12 – O coordenador de curso analisará o programa e o projeto apresentados pelo professor de Estágio Supervisionado, em um prazo de 30 (trinta) dias antes da aplicação do mesmo.

Artigo 13 – Cabe ao coordenador de curso, após análise do programa e do projeto de estágio, encaminhá-los à apreciação e homologação do Conselho de Ensino, Pesquisa e Extensão – CONSEPE, que se pronunciará a respeito, mediante comunicado escrito.

Artigo 14 – O coordenador de curso acompanhará o desenvolvimento do Estágio Supervisionado por meio de reuniões com o professor dessa disciplina.

Parágrafo único – Facultar-se-á aos alunos dos cursos de licenciatura oriundos de cidades onde haja Polos de apoio presencial da Unigran, a realização do estágio em sua cidade de origem.

Artigo 15 – O aluno deverá, dentro do prazo previsto no projeto, elaborar um relatório final das atividades desenvolvidas durante o período de estágio, sujeito à análise do professor da disciplina Estágio Supervisionado.

CAPÍTULO IV – DA ESTRUTURA DE ESTÁGIO

Artigo 16 – É da competência do professor da disciplina Estágio Supervisionado a supervisão das atividades, com a orientação e o acompanhamento sistemático e obrigatório de estágio e da avaliação do aluno-estagiário.

Artigo 17 – Os professores da disciplina Estágio Supervisionado têm como atribuições:

1. Participar das atividades referentes aos estágios supervisionados de ensino, desde o planejamento dos estágios nos cursos e dos projetos de estágio dos alunos-estagiários à avaliação final.
2. Promover as dinâmicas da docência compartilhada, na interação, como supervisor, com o aluno-estagiário no desenvolvimento de suas atividades.
3. Orientar o aluno-estagiário na elaboração do projeto estágio.
4. Orientar o acadêmico na elaboração do relatório final de estágio.

Artigo 18 – São atribuições do aluno-estagiário:

1. Encaminhar as tratativas, junto à/ao unidade/campo/ambiente de estágio indicado, de acordo com as orientações do professor da disciplina Estágio Supervisionado, definindo as necessidades administrativas e pedagógicas para a realização do estágio, no que compete à responsabilidade como aluno-estagiário.
2. Ocupar-se com a leitura da realidade da/do unidade/campo em que atuará, visando a conhecê-la(-o) quanto às necessidades e demandas de intervenção, culminando com a elaboração de um projeto de docência compartilhada que contemple todas as atividades necessárias aos objetivos propostos.
3. Encaminhar ao professor da disciplina Estágio Supervisionado os dados relativos à comunidade e à/ao unidade/campo onde realizará o estágio.
4. Planejar e desenvolver as atividades de estágio, a partir do projeto apresentado.
5. Buscar auxílio junto ao professor-supervisor e partilhar experiências, na medida do possível, com colegas e professores do curso.
6. Elaborar relatório de estágio e outras produções que revelem o conhecimento construído a partir de sua prática.
7. Encaminhar, quando apto para isso, pedido formal de apreciação para a redução da carga horária de estágio supervisionado de ensino, mediante requerimento e comprovação do efetivo exercício do ofício na área específica objeto de estágio (máximo 50 % da Carga Horária).

CAPÍTULO V – DA AVALIAÇÃO

SEÇÃO I – DA OBSERVAÇÃO, DA REGÊNCIA E DO RELATÓRIO FINAL

Artigo 19 – A avaliação do aluno na disciplina Estágio Supervisionado I, II, III e IV (Língua Portuguesa e Literatura) e Estágio Supervisionado I, II e III (Língua Inglesa) é de responsabilidade de seu professor.

Artigo 20 – A avaliação processual desenvolver-se-á na dinâmica ação-reflexão-ação e os instrumentos de acompanhamento e de avaliação fornecerão informações para (re-) orientar a práxis pedagógica.

Artigo 21 – Visa-se, com o desenvolvimento supervisionado do estágio, a orientar o processo para os níveis de competência das áreas específicas do curso de Letras e os contemplados no projeto pedagógico desse curso – de formação docente – e assessorar o aluno-estagiário de acordo com suas expectativas e necessidades.

Artigo 22 – A avaliação global do estágio envolve desde as leituras teóricas, o envio das atividades, observação, regência, elaboração e apresentação do relatório final no Estágio Supervisionado I, II, III e IV (Língua Portuguesa e Literatura) e Estágio Supervisionado I, II e III (Língua Inglesa), de acordo com suas especificidades.

Artigo 23 – Será considerado aprovado em Estágio Supervisionado I, II, III e IV (Língua Portuguesa e Literatura) e Estágio Supervisionado I, II e III (Língua Inglesa), em suas etapas teórica e prática, o aluno que obtiver a nota final igual ou superior a 7.0 (sete).

Parágrafo 1º – Considerar-se-á, para essas mesmas etapas, a atribuição de uma única nota, resultante da somatória de conceitos alcançados em atividades encaminhadas pelo portfólio durante os estágios de observação, de regência e no relatório final.

Parágrafo 2º – O aluno que, após o cumprimento de todas as etapas avaliativas referentes a cada item, não atingir o índice de aproveitamento igual ou superior a 7.0 (sete) será considerado reprovado nessa disciplina.

CAPÍTULO VI – DAS DISPOSIÇÕES GERAIS

Artigo 24 – Os casos omissos serão resolvidos pelo CONSEPE – Conselho de Ensino, Pesquisa e Extensão.

Neste semestre, o Estágio constará das observações que devem ser feitas em escolas públicas ou particulares. Para tanto, procuraremos refletir sobre a prática docente, a fim de aguçar-lhes o olhar crítico sobre o significado de "observar" uma aula dada por outro professor e transformar o que foi observado em aprendizagem, experiência e base para reflexões sobre a *práxis* pedagógica.

Nesse contexto, Ivani Fazenda (2004) relata em sua obra, A Prática de Ensino e o Estágio Supervisionado, os resultados de uma pesquisa feita juntamente com seus alunos de Estágio, do curso de Pedagogia, em que buscava identificar e compreender os elementos de sucesso nas práticas dos professores observados. Uma das conclusões a que chegaram é que o modo como o professor ministrava sua disciplina tinha a ver com sua história de vida pessoal e, também, de formação profissional (as técnicas utilizadas, os autores recomendados estavam ligados aos cursos que frequentavam).

Outro ponto levantado é que cada um dos envolvidos na pesquisa tinha bem claro – e fazia parte da história da vida escolar de cada um – a imagem de um professor (tanto de forma positiva, quanto de forma negativa). Faça, então, um momento de reflexão e procure identificar dois professores que marcaram sua trajetória escolar (no Ensino Fundamental ou no Médio) a fim de responder as atividades solicitadas.

Retomando a aula

Parece que estamos indo bem! Então, para encerrar a Aula 01, vamos recordar os temas que foram abordados:

Abordamos as questões introdutórias relacionadas aos conceitos que envolvem a etapa de observação do Estágio Supervisionado.

Ainda, nesta aula, vimos que o Regulamento de Estágio será o nosso eixo condutor quanto as observações e a prática pedagógica em Letras.

Vale a pena

Vale a pena ler,

FAZENDA, Ivani Catarina Arantes; PICONEZ, Stela C. Bertholo (Coordenador). *A prática de ensino e o Estágio Supervisionado*. Campinas: Papirus, 2012.

ZOBOLI, Graziella Bernardi. *Práticas de ensino*: subsídios para a atividade docente. São Paulo: Ática, 2002.

Aula 2º

Regimento das práticas de ensino

Prezados(as) alunos(as), sejam bem-vindos à Aula 02.

Nesta aula, estudaremos sobre o que a Base Nacional Comum Curricular apresenta referente aos objetivos de aprendizagem nos anos finais do Ensino Fundamental, na disciplina de Língua Portuguesa.

É importante salientar que esta aula traz apenas um trecho deste documento, mas é importante que todos vocês leiam a BNCC observando o que é apresentado sobre a Leitura, a Produção Textual (escrita e falada) e a Prática de Linguagem.

Boa leitura!

Bons estudos!

Objetivos de aprendizagem

Ao término desta aula, vocês serão capazes de:

- conhecer os objetivos da prática de ensino da Língua Portuguesa no Ensino Fundamental;
- identificar os conteúdos a serem ministrados nas várias instâncias do ensino da linguagem.

Seções de estudo

1. Ensino da Linguagem: prática de ensino

1 - Ensino da Linguagem: prática de ensino

Nessa fase do Estágio, ao observar as aulas, torna-se de fundamental importância conhecer o que diz a Base Nacional Comum Curricular (2017) a respeito dos objetivos de aprendizagem e desenvolvimento e habilidades (capacidade e disposição para fazer/realizar algo, ou seja, estão relacionadas à prática do saber fazer).

> "A Base Nacional Comum Curricular (BNCC) propõe-se a definir o conjunto orgânico e progressivo de aprendizagens essenciais que crianças, jovens e adultos devem desenvolver ao longo das etapas da Educação Básica. É um documento extenso, que estabelece de maneira minuciosa conhecimentos, competências e habilidades como direitos a serem aprendidos e desenvolvidos durante a escolaridade básica. A importância dessa política se dá na medida em que, conforme definido na Lei de Diretrizes e Bases da Educação Nacional (LDB, Lei no 9.394/1996), ela deve nortear os currículos dos sistemas e redes de ensino das unidades federativas, como também as propostas pedagógicas das escolas públicas e privadas de Educação Infantil, Ensino Fundamental e Ensino Médio de todo o Brasil"
>
> *Fonte: BNCC – a Base Nacional Comum Curricular na prática da gestão escolar e pedagógica, 2018, p. 20.*

Vejamos:

4.1.1.2. LÍNGUA PORTUGUESA NO ENSINO FUNDAMENTAL – ANOS FINAIS: PRÁTICAS DE LINGUAGEM, OBJETOS DE CONHECIMENTO E HABILIDADES

Nos Anos Finais do Ensino Fundamental, o adolescente/jovem participa com maior criticidade de situações comunicativas diversificadas, interagindo com um número de interlocutores cada vez mais amplo, inclusive no contexto escolar, no qual se amplia o número de professores responsáveis por cada um dos componentes curriculares. Essa mudança em relação aos anos iniciais favorece não só o aprofundamento de conhecimentos relativos às áreas, como também o surgimento do desafio de aproximar esses múltiplos conhecimentos. A continuidade da formação para a autonomia se fortalece nessa etapa, na qual os jovens assumem maior protagonismo em práticas de linguagem realizadas dentro e fora da escola.

No componente Língua Portuguesa, amplia-se o contato dos estudantes com gêneros textuais relacionados a vários campos de atuação e a várias disciplinas, partindo-se de práticas de linguagem já vivenciadas pelos jovens para a ampliação dessas práticas, em direção a novas experiências.

Como consequência do trabalho realizado em etapas anteriores de escolarização, os adolescentes e jovens já conhecem e fazem uso de gêneros que circulam nos campos das práticas artístico-literárias, de estudo e pesquisa, jornalístico-midiático, de atuação na vida pública e campo da vida pessoal, cidadãs, investigativas.

Aprofunda-se, nessa etapa, o tratamento dos gêneros que circulam na esfera pública, nos campos jornalístico-midiático e de atuação na vida pública. No primeiro campo, os gêneros jornalísticos – informativos e opinativos – e os publicitários são privilegiados, com foco em estratégias linguístico-discursivas e semióticas voltadas para a argumentação e persuasão. Para além dos gêneros, são consideradas práticas contemporâneas de curtir, comentar, redistribuir, publicar notícias, curar etc. e tematizadas questões polêmicas envolvendo as dinâmicas das redes sociais e os interesses que movem a esfera jornalística-midiática. A questão da confiabilidade da informação, da proliferação de fake news, da manipulação de fatos e opiniões tem destaque e muitas das habilidades se relacionam com a comparação e análise de notícias em diferentes fontes e mídias, com análise de sites e serviços checadores de notícias e com o exercício da curadoria, estando previsto o uso de ferramentas digitais de curadoria. A proliferação do discurso de ódio também é tematizada em todos os anos e habilidades relativas ao trato e respeito com o diferente e com a participação ética e respeitosa em discussões e debates de ideias são consideradas. Além das habilidades de leitura e produção de textos já consagradas para o impresso são contempladas habilidades para o trato com o hipertexto e também com ferramentas de edição de textos, áudio e vídeo e produções que podem prever postagem de novos conteúdos locais que possam ser significativos para a escola ou comunidade ou apreciações e réplicas a publicações feitas por outros. Trata-se de promover uma formação que faça frente a fenômenos como o da pós-verdade, o efeito bolha e proliferação de discursos de ódio, que possa promover uma sensibilidade para com os fatos que afetam drasticamente a vida de pessoas e prever um trato ético com o debate de ideias.

Como já destacado, além dos gêneros jornalísticos, também são considerados nesse campo os publicitários, estando previsto o tratamento de diferentes peças publicitárias, envolvidas em campanhas, para além do anúncio publicitário e a propaganda impressa, o que supõe habilidades para lidar com a multissemiose dos textos e com as várias mídias. Análise dos mecanismos e persuasão ganham destaque, o que também pode ajudar a promover um consumo consciente.

No campo de atuação da vida pública ganham destaque os gêneros legais e normativos – abrindo-se espaço para aqueles que regulam a convivência em sociedade, como regimentos (da escola, da sala de aula) e estatutos e códigos (Estatuto da Criança e do Adolescente e Código de Defesa do Consumidor, Código Nacional de Trânsito etc.), até os de ordem mais geral, como a Constituição e a Declaração dos Direitos Humanos, sempre tomados a partir de seus contextos de produção, o que contextualiza e confere significado a seus preceitos. Trata-se de promover uma consciência dos direitos, uma valorização dos direitos humanos e a formação de uma ética da responsabilidade (o outro tem direito a uma vida digna tanto quanto eu tenho).

Ainda nesse campo, estão presentes gêneros reivindicatórios e propositivos e habilidades ligadas a seu trato. A exploração de canais de participação, inclusive digitais, também é prevista. Aqui também a discussão e o debate de ideias e propostas assume um lugar de destaque. Assim, não se trata de promover o silenciamento de vozes dissonantes, mas antes de explicitá-las, de convocá-las para o debate, analisá-las, confrontá-las, de forma a propiciar uma autonomia de pensamento, pautada pela ética, como convém a Estados democráticos. Nesse sentido, também são propostas análises linguísticas e semióticas de textos vinculados a formas políticas não institucionalizadas, movimentos de várias naturezas, coletivos, produções artísticas, intervenções urbanas etc.

No campo das práticas investigativas, há uma ênfase nos gêneros didático-expositivos, impressos ou digitais, do 6º ao 9º ano, sendo a progressão dos conhecimentos marcada pela indicação do que se operacionaliza na leitura, escrita, oralidade. Nesse processo, procedimentos e gêneros de apoio à compreensão são propostos em todos os anos. Esses textos servirão de base para a reelaboração de conhecimentos, a partir da elaboração de textos-síntese, como quadro-sinópticos, esquemas, gráficos, infográficos, tabelas, resumos, entre outros, que permitem o processamento e a organização de conhecimentos em práticas de estudo e de dados levantados em diferentes fontes de pesquisa. Será dada ênfase especial a procedimentos de busca, tratamento e análise de dados e informações e a formas variadas de registro e socialização de estudos e pesquisas, que envolvem não só os gêneros já consagrados, como apresentação oral e ensaio escolar, como também outros gêneros da cultura digital – relatos multimidiáticos, verbetes de enciclopédias colaborativas, vídeos-minuto etc. Trata-se de fomentar uma formação que possibilite o trato crítico e criterioso das informações e dados.

No âmbito do Campo artístico-literário, trata-se de possibilitar o contato com as manifestações artísticas em geral, e, de forma particular e especial, com a arte literária e de oferecer as condições para que se possa reconhecer, valorizar e fruir essas manifestações. Está em jogo a continuidade da formação do leitor literário, com especial destaque para o desenvolvimento da fruição, de modo a evidenciar a condição estética desse tipo de leitura e de escrita. Para que a função utilitária da literatura – e da arte em geral – possa dar lugar à sua dimensão humanizadora, transformadora e mobilizadora, é preciso supor – e, portanto, garantir a formação de – um leitor-fruidor, ou seja, de um sujeito que seja capaz de se implicar na leitura dos textos, de "desvendar" suas múltiplas camadas de sentido, de responder às suas demandas e de firmar pactos de leitura. Para tanto, as habilidades, no que tange à formação literária, envolvem conhecimentos de gêneros narrativos e poéticos que podem ser desenvolvidos em função dessa apreciação e que dizem respeito, no caso da narrativa literária, a seus elementos (espaço, tempo, personagens); às escolhas que constituem o estilo nos textos, na configuração do tempo e do espaço e na construção dos personagens; aos diferentes modos de se contar uma história (em primeira ou terceira pessoa, por meio de um narrador personagem, com pleno ou parcial domínio dos acontecimentos); à polifonia própria das narrativas, que oferecem níveis de complexidade a serem explorados em cada ano da escolaridade; ao fôlego dos textos. No caso da poesia, destacam-se, inicialmente, os efeitos de sentido produzidos por recursos de diferentes naturezas, para depois se alcançar a dimensão imagética, constituída de processos metafóricos e metonímicos muito presentes na linguagem poética.

Ressalta-se, ainda, a proposição de objetivos de aprendizagem e desenvolvimento que concorrem para a capacidade dos estudantes de relacionarem textos, percebendo os efeitos de sentidos decorrentes da intertextualidade temática e da polifonia resultante da inserção – explícita ou não – de diferentes vozes nos textos. A relação entre textos e vozes se expressa, também, nas práticas de compartilhamento que promovem a escuta e a produção de textos, de diferentes gêneros e em diferentes mídias, que se prestam à expressão das preferências e das apreciações do que foi lido/ouvido/assistido.

Por fim, destaque-se a relevância desse campo para o exercício da empatia e do diálogo, tendo em vista a potência da arte e da literatura como expedientes que permitem o contato com diversificados valores, comportamentos, crenças, desejos e conflitos, o que contribui para reconhecer e compreender modos distintos de ser e estar no mundo e, pelo reconhecimento do que é diverso, compreender a si mesmo e desenvolver uma atitude de respeito e valorização do que é diferente [...].

Disponível em: http://basenacionalcomum.mec.gov.br/images/BNCC_EI_EF_110518_versaofinal_site.pdf. Acesso em: 15 nov. 2019.

Depois de feita a leitura desse trecho da BNCC, você reconheceu a importância de relacionar o ensino dos conteúdos a partir das competências e habilidades?

A BNCC define competência "como a mobilização de conhecimentos (conceitos e procedimentos), habilidades (práticas, cognitivas e socioemocionais), atitudes e valores para resolver demandas complexas da vida cotidiana, do pleno exercício da cidadania e do mundo do trabalho" (Novas Competências da Base Nacional Comum Curricular (BNCC)[1]. Em toda a Base, essas competências encontram-se interligadas e desdobram-se ao longo de todas as etapas da Educação Básica. Assim, "para garantir o desenvolvimento das competências específicas, cada componente curricular apresenta um conjunto de **habilidades**. Essas habilidades estão relacionadas a diferentes **objetos de conhecimento**"[2].

Habilidades
São as aprendizagens esperadas para cada disciplina. Um exemplo de habilidade em Língua Portuguesa seria: organizar, expressar e comunicar o pensamento.

Objetos de conhecimento
Objetos de conhecimento são considerados, segundo a BNCC, como sendo conteúdos, conceitos e processos.

Como esse documento oficial traz orientações sobre como devemos proceder em relação ao ensino na Educação Básica, é importante que leiam a BNCC, principalmente, a parte concernente ao ensino da Língua Portuguesa nos anos finais do ensino fundamental e ensino médio.

Quanto à Língua Portuguesa, esse documento preserva a forma como os Parâmetros Curriculares Nacionais (PCN) abordam o ensino da língua materna. Portanto, o ensino da LP continua centrado no texto e nos gêneros textuais, recomendando o ensino da gramática em contextos práticos de uso da língua, portanto, não deve ser descontextualizado.

Daí a importância de se trabalhar com os gêneros textuais (orais, escritos e **multimodais**[3]).

multimodais
Sobre textos multimodais, Rojo explica que "na era do impresso, reservou-se a palavra texto principalmente para referir os textos escritos, impressos ou não; na vida contemporânea, em que os escritos e falas se misturam com imagens estáticas (fotos, ilustrações, gráficos, infográficos) e em movimento (vídeos) e com sons (sonoplastias, músicas), a palavra texto se estendeu a esses enunciados híbridos de "novo" tipo, de tal modo que hoje falamos também em textos orais e em textos multimodais, como as notícias televisivas e os vídeos de fãs no YouTube." (ROJO, 2014).

No estágio I, vocês não precisam planejar aulas, somente observarão as aulas dos professores de Língua Portuguesa. Os planejamentos serão feitos no próximo estágio, por isso, se organizem e leiam a BNCC, bem como os textos que comentam esse documento, assim, quando iniciarem o Estágio II estarão preparados. Bom estudo!

Retomando a aula

Parece que estamos indo bem! Então, para encerrar a Aula 02, vamos recordar os temas que foram abordados:

Na aula 02, da disciplina "Estágio Supervisionado I", foram abordados os objetivos de aprendizagem e as habilidades concernentes à Língua Portuguesa nos anos finais do ensino fundamental.

Vimos, nesta aula, quais os gêneros textuais poderão ser trabalhados em sala de aula no que diz respeito ao ensino da linguagem e os objetivos principais que se deseja alcançar com os dito conteúdos.

Anexos

[1] Novas Competências da Base Nacional Comum Curricular (BNCC). Disponível em: http://inep80anos.inep.gov.br/inep80anos/futuro/novas-competencias-da-base-nacional-comum-curricular-bncc/79 Acesso em: 16 nov. 2019.

[2] *Habilidades na BNCC*: o que são e para que servem? Disponível em: https://sae.digital/habilidades-da-bncc/ Acesso em: 16 nov. 2019.

[3] Verbete-Textos Multimodais. *In.*: *Glossário Ceale:* termos de alfabetização, leitura e escrita para educadores Disponível em: http://ceale.fae.ufmg.br/app/wcbroot/glossarioccalc/verbetes/textos-multimodais Acesso em: 15 nov. 2019.

Vale a pena

Vale a pena ler,

BRASIL. *Base Nacional Comum Curricular*. Brasília: MEC, 2017. Disponível em: http://basenacionalcomum.mec.gov.br/images/BNCC_EI_EF_110518_versaofinal_site.pdf Acesso em: 15 nov. 2019.

CEREJA, William R. e MAGALHÃES, Thereza C. *Gramática reflexiva:* texto, semântica e interação. São Paulo: Atual, 2009.

TRAVAGLIA, Luiz Carlos. *Gramática e interação*: uma proposta para o ensino de gramática. São Paulo: Cortez, 2009.

Minhas anotações

Aula 3º

Conhecendo a estrutura da escola

Prezados(as) alunos(as), sejam bem-vindos à aula 03.

Nesta aula, apresentaremos o documento de apresentação do acadêmico, que deve ser entregue à escola onde realizará o estágio. Antes disso, este mesmo documento deverá ser assinado pelo tutor do polo, como sendo o responsável pelo estagiário.

Depois desse momento, você poderá combinar com a instituição escolar para que possa começar as observações das aulas. Este é um momento de contato com a escola e com o corpo docente para que a prática comece ser efetivada.

Boa leitura!

Bons estudos!

Objetivos de aprendizagem

Ao término desta aula, vocês serão capazes de:

- preparar o documento a ser apresentado na instituição escolar;
- contatar a instituição escolar a fim de começar a realização das observações de aulas.

Seções de estudo

1. Carta de apresentação

1 - Carta de apresentação

Antes de iniciar as observações propriamente ditas, você precisará conhecer melhor a estrutura e o funcionamento da escola que escolheu para estagiar.

Apresente à direção ou à coordenação a correspondência abaixo, assinada pelo tutor do polo ao qual você está ligado. Veja a seguir:

Centro Universitário da Grande Dourados – UNIGRAN – Faculdade de Educação - Curso de Letras a Distância

Local e Data

Ilmo(a). Sr(a).
_____

O curso de Letras da UNIGRAN concebe o estágio supervisionado como um espaço de aprendizagem do fazer, onde um leque de situações e de atividades se evidencia para o aluno-estagiário, alicerçando a formação da identidade do professor como educador. Tem-se, em um necessário contexto relacional entre o curso e as escolas de ensinos Fundamental (6º ao 9º ano) e Médio, importante significado nessa formação, uma vez que nele se estabelece a construção da práxis educativa.

Para o êxito desses alunos-estagiários e a materialização de práticas educativas eficazes, faz-se necessário traçar um diagnóstico da comunidade escolar, inventariar as práticas pedagógicas existentes na escola e analisá-las de forma consistente, visando a articular as teorias estudadas ao longo do curso, com a vivência de situações reais de ensino e de aprendizagem, que favoreçam a (re-)construção de uma nova realidade educacional e que permitam ajudar a escola em sua função social e socializadora dos conhecimentos historicamente produzidos.

Nesse sentido, solicita-se à direção e/ou coordenação pedagógica dessa escola o apoio quanto à liberação de documentos (projeto pedagógico, atas, relatórios e outros) que apontem as respostas aos seguintes questionamentos:

1. Contexto em que se insere a escola na comunidade: histórico da escola, serviços oferecidos; nível de integração com a comunidade em que se insere; recursos materiais que dispõe; recursos humanos.

2. Projeto Pedagógico: concepção filosófica de educação que orienta a prática pedagógica escolar no sentido das relações entre escola e sociedade, tipo de homem que pretende formar, perfil de cidadão e de profissional; o objetivo geral da escola – a fim de verificar como a instituição pretende realizar a sua intenção de educar, mediante qual modelo pedagógico, qual concepção de currículo e de conhecimento; quem participa do pensar, executar, acompanhar e avaliar o currículo, e com qual finalidade; quais as metodologias utilizadas e as estratégias educativas viáveis nesse trabalho; concepção e tipos de avaliação empregados; como a escola constrói o sucesso escolar das pessoas envolvidas no trabalho pedagógico; como se realiza a interação e a comunicação educativa continuada entre professor e aluno; de que forma a escola trabalha a formação continuada de seus profissionais; a gestão educacional é participativa, colegiada; como são as relações de poder na escola; quem participa dos colegiados e com qual finalidade.

3. Ação pedagógica: quais os projetos de ação pedagógica existentes na escola? Possui Plano de Desenvolvimento Escolar (PDE) e o que tem realizado por intermédio dele? Existe Associação de Pais e Mestres? Como funciona? Possui laboratórios? Quais? A escola é informatizada? A informática é utilizada como ferramenta educativa?

Se, por algum motivo, o acesso a esses documentos não puder ser facultado ao aluno-estagiário, reivindica-se, ainda assim, que as respostas a esses questionamentos lhe sejam concedidas, pelos motivos supracitados.

Contando com sua compreensão e colaboração, agradecemos, desde já, a atenção dispensada à coordenação, professores supervisores do estágio e alunos-estagiários do curso de Letras a distância da UNIGRAN, afirmando que quaisquer outros esclarecimentos poderão ser prestados prontamente.

Atenciosamente,

Tutor do polo de _____

> Para que você possa elaborar o relatório sobre a caracterização da escola, basta seguir o Roteiro, disponibilizado nas atividades desta aula.

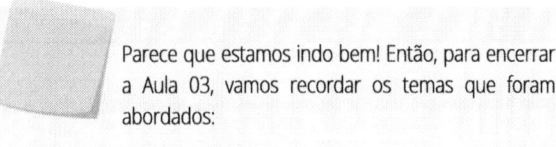

Retomando a aula

Parece que estamos indo bem! Então, para encerrar a Aula 03, vamos recordar os temas que foram abordados:

1 - Carta de apresentação

Vimos, nesta aula, que a Carta de Apresentação é o documento a ser entregue na escola onde será realizado o estágio. Trata-se da apresentação do aluno, bem como da descrição das atividades a serem realizadas pelo aluno-estagiário.

Vale a pena

Vale a pena ler,

FAZENDA, Ivani Catarina Arantes; PICONEZ, Stela C. Bertholo (Coordenador). *A prática de ensino e o Estágio Supervisionado*. Campinas: Papirus, 2012.

ZOBOLI, Graziella Bernardi. *Práticas de ensino:* subsídios para a atividade docente. São Paulo: Ática, 2002.

Minhas anotações

Aula 4º

O que é observar?

> Prezados(as) alunos(as), sejam bem-vindos à Aula 04!
> Nesta aula, abordaremos a forma como acontece a observação, ou seja, o ato de observar está ligado à prática de sala de aula. Não estamos falando de qualquer tipo de observação, mas de observar a prática docente a partir de uma ótica crítico-reflexiva para que, assim, possamos construir e reconstruir o ensino de Língua Portuguesa de forma coerente e eficiente.
> Para melhorar orientá-los, elaboramos um roteiro para observação das aulas, o qual apresenta os aspectos a serem observados.
> Boa aula!
>
> Bons estudos!

Objetivos de aprendizagem

Ao término desta aula, vocês serão capazes de:

- reconhecer os aspectos que deverão ser verificados no momento de observação das aulas;
- refletir criticamente sobre a observação, a qual deve ser realizada de forma ética e coerente.

Seções de estudo

1. Roteiro para observação
2. Lista de frequência

Você já deve ter iniciado as observações, não é mesmo? Lembre-se que deve fazer as observações de 20 horas/aula, ou seja, 20 tempos de aula. Divida esses tempos de forma equilibrada, de modo que você possa passar pelas 4 séries (do sexto ao nono ano).

O momento de observação não pode ser, apenas, um momento de tarefas burocráticas a serem cumpridas com o intuito de receber o seu certificado ao final do curso. Observar é mais do que olhar, é perceber detalhes e – o mais importante – refletir sobre o que você percebeu, transformando o observado em aprendizagem. Daí a importância de anotar o máximo possível o passo a passo de uma aula a fim de que, ao chegar em casa, você possa refletir sobre o que viu e elaborar seu relatório.

1 - Roteiro para observação

Você encontrará, a seguir, o **Roteiro para observação** das aulas. Veja bem: é apenas um roteiro e não um questionário a ser respondido. Você pode (e deve!) utilizá-lo para nortear suas anotações. Outro detalhe importante: o roteiro direciona para o mínimo que seu relatório deverá conter. Isso significa que outros detalhes que não constam no roteiro deverão ser anotados.

Veja, a seguir, o Relatório de Observação:

Centro Universitário da Grande Dourados – UNIGRAN - Faculdade de Educação - Curso de Letras a Distância

ROTEIRO PARA OBSERVAÇÃO DAS AULAS

I. CARACTERIZAÇÃO DOS ALUNOS:
1. Número (médio) de alunos por turma/sala observada.
2. Nível e forma de participação dos alunos nas aulas.
3. Interesse pelo assunto ou tema da aula.
4. Conhecimentos prévios.

II. OBJETIVOS DA AULA:
1. Segundo o que você observou (conteúdo, metodologia), quais são os objetivos a serem atingidos com esta aula?

III. METODOLOGIA (desenvolvimento das atividades):
1. Como o tempo da aula foi organizado?
2. Como o professor organizou o espaço físico na sala? (Os alunos estavam sentados em fileiras? Em círculo? Em grupos?).
3. Quais atividades foram propostas e que tipo de metodologia foi usada?
4. De que forma os alunos foram incentivados a observar, fazer perguntas, supor, experimentar?
5. Os alunos puderam colaborar entre si?
6. De que forma foram sistematizados/registrados os novos conhecimentos e/ou as atividades desenvolvidas?
7. Em que tipo de clima ocorreram as atividades?

IV. AVALIAÇÃO:
- em quais momentos o professor avaliou as atividades que foram desenvolvidas? (Não se trata, apenas, de aplicação de provas ou testes. Sabe-se que, durante a aula ou, ao final dela, deve-se avaliar, seja por meio de perguntas, exercícios, jogos ou outro recurso, se o objetivo foi atingido, isto é, se os alunos aprenderam/compreenderam o que foi proposto).
- o professor deu algum retorno aos alunos sobre essa avaliação?
- os alunos puderam avaliar seu desempenho e de seus colegas? Como?
- quais dificuldades os alunos tiveram? Como o professor lidou com elas?
- que exemplos concretos demonstraram que os objetivos foram atingidos?

Abaixo você encontrará a Lista de Frequência, a qual deverá ser assinada pelo professor da turma, a cada aula observada. O espaço destinado à assinatura do Professor de Estágio deverá ficar em branco, pois será assinado por mim, ao final da disciplina. Entende-se por hora/aula cada tempo de aula, o que varia de escola para escola, e pode ser de 40, 45 ou 50 minutos. O total de 20 horas/aulas deve ser distribuído, de forma equilibrada, entre todas as séries, de acordo com o horário disponibilizado pela escola.

2 - Lista de frequência

Centro Universitário da Grande Dourados – UNIGRAN - Faculdade de Educação Curso de Letras a Distância

LISTA DE FREQUÊNCIA DO PERÍODO DE ....

Aula	Data	Disciplina	Início	Término	Ass. Professor da turma	Ass. Professor de Estágio (Geysa Juce da Silva)
1						
2						
3						

4						
5						
6						
7						
8						
9						
10						
11						
12						
13						
14						
15						
16						
17						
18						
19						
20						

C. Bertholo (Coordenador). *A prática de ensino e o Estágio Supervisionado*. Campinas: Papirus, 2012.

ZOBOLI, Graziella Bernardi. *Práticas de ensino*: subsídios para a atividade docente. São Paulo: Ática, 2002.

Retomando a aula

Parece que estamos indo bem! Então, para encerrar a Aula 04, vamos recordar os temas que foram abordados:

1 - Roteiro para observação

Vimos, nesta seção, que o roteiro aponta os aspectos a serem observados em sala de aula. Além disso, é importante ter em mente que o momento de observação deve ser realizado de forma ética e coerente.

2 - Ficha de Frequência

Na seção 2, vimos que a ficha deve ser preenchida com os dados acerca do período de realização das observações. Ela deve ser scaneada e colocada na parte **anexo** do relatório final.

Vale a pena

Vale a pena **ler**

FAZENDA, Ivani Catarina Arantes; PICONEZ, Stela

Minhas anotações

Minhas anotações

Aula 5º

Observando

Prezados(as) alunos(as), sejam bem-vindos à Aula 05!

Esta aula fará uma reflexão sobre a observação visando à didática em sala de aula. Para tanto, far-se-á uma comparação entre as correntes didáticas que existiram no decorrer do tempo para reconhecer o sujeito e o objeto de aprendizagem.

Além disso, essa reflexão permite compreender os alunos que frequentam as escolas hoje, percebendo as diferenças existentes neste público em comparação a outros públicos.

Boa leitura!

Bons estudos!

Objetivos de aprendizagem

Ao término desta aula, vocês serão capazes de:

- refletir, criticamente, sobre o sujeito para quem se ensina, visto que a didática deve ser coerente com as mudanças do e/no meio social.

Seções de estudo

1. Motivando a aprendizagem

1 - Motivando a aprendizagem

Como já assinalamos, anteriormente, observar deve ser um gerador de situações sobre as quais refletiremos a fim de transformar o observado em aprendizagem, certo?

Um ponto que você deve observar é a forma pela qual o professor motiva os alunos para a aprendizagem. Assim, leia o texto de Zóboli (2002, p.16-20).

MOTIVANDO A APRENDIZAGEM

Aprender é adquirir novas atitudes. Tudo o que fazemos tem um objetivo ou um motivo. Motivo é tudo o que nos move para determinado fim, ou seja, motivo é a força interior que leva o homem a agir.

Na escola tradicional, os alunos prestavam atenção, estudavam, só para saber, ter cultura, decorando tudo. Já na escola nova ou renovada a motivação é que passa a ser o centro do processo de aprendizagem.

Motivação é algo que leva os alunos a agirem por vontade própria: ela inflama a imaginação, excita e põe em evidência as fontes de energia intelectual, inspira o aluno a ter vontade de agir, de progredir. Em suma, motivar é despertar o interesse e o esforço do aluno. É fazer o estudante "desejar" aprender aquilo que ele precisa aprender.

Para a didática renovada a motivação é de fundamental importância porque:

- aprendizagem exige esforço;
- esforço exige interesse;
- interesse é um estado emocional, um desejo, uma atração do indivíduo para o objeto.

Motivação é a soma do motivo com o incentivo. Incentivo é o processo externo que vai despertar o "motivo" no indivíduo. Incentivo é ação de fora para dentro. Motivo é reação, neste caso, de dentro para fora.

PARA UMA APRENDIZAGEM EFICAZ

As condições gerais da aprendizagem são as seguintes:

- O professor e a sua capacidade, sua personalidade e seu conhecimento
- da matéria.
- A nutrição, a saúde e a capacidade mental do aluno.
- A vida emocional da criança, pois ela, quando está livre de grandes problemas de ordem afetiva, social e econômica, mais livre está para a aprendizagem.
- O ajustamento do aluno ao nível de sua turma.
- O uso de métodos modernos de ensino, adequados ao nível da turma e ao assunto abordado dentro do currículo escolar, isto é, as instalações, os equipamentos, salas de aula adequadas, boa iluminação, ventilação, limpeza, mobiliário etc.
- O planejamento e a motivação das aulas, utilizando recursos materiais e humanos, métodos e técnicas adequados, bem como a fixação e a verificação da aprendizagem.

As fontes de motivação podem ser classificadas em:

- Fontes intrínsecas - São as fontes internas, que brotam do próprio sujeito. O professor poderá utilizar-se dos instintos como motivo. Exemplos: aplicando jogos, o professor está-se utilizando do instinto lúdico do ser humano; agrupando os alunos para o trabalho em grupo, o professor está aproveitando o instinto gregário, que é próprio do ser humano. Ele poderá também aproveitar os ideais dos alunos para favorecer a predisposição dos ensinamentos.

- Fontes extrínsecas - Situam-se fora do sujeito. A personalidade do professor constitui uma motivação extrínseca, suas atitudes devem ser construtivas e estimulantes no campo físico, moral, intelectual e profissional. Há uma grande e profunda transparência emocional entre o professor e a matéria. Os alunos gostam mais de certas matérias porque são lecionadas por determinados professores. Transferem seu sentimento do professor para a matéria. O professor que dá prazer e satisfação em suas aulas constitui uma fonte de motivação extrínseca muito forte para os seus alunos. Ainda dentro da motivação extrínseca, temos a influência do meio ambiente, do momento em que determinado assunto está sendo abordado e do próprio objeto em si.

Podemos, também, ressaltar aqui os tipos de motivação existentes:

a) Quanto ao sujeito:

Automotivação - Quando ela é interior, brota do sujeito. Baseia-se em seus instintos, ideais e tendências. Exemplo: um aluno deseja aprender inglês. O aluno estuda porque gosta da matéria. Porém, se o aluno estuda porque tem medo de reprovação ou para agradar os pais, não existe aí a automotivação.

Heteromotivação - É aquela desenvolvida na escola. O professor deve fornecer incentivos para que, no espírito do aluno, se tornem motivos e lhe despertem o interesse pela aula e pela matéria.

b) Quanto ao objeto:

Motivação intrínseca - Reside no próprio sujeito. Exemplo: estudo de determinado assunto da atualidade.

Motivação extrínseca - Reside no meio ambiente, nos fatores externos.

Exemplos: numa escola rural, o ambiente da fazenda é uma motivação quando o professor fizer referências à vida do campo; um laboratório de ciências é fonte de motivação extrínseca quando os alunos forem estudar o corpo humano etc.

c) Quanto à natureza:

Motivação positiva - É a estimulante e criativa. Exemplo: elogios, os quais levantam o moral da turma, apelam para os seus instintos, ideais e atitudes mentais.

Motivação negativa - É aquela feita através de ameaças e castigos. Na escola antiga havia punições físicas, onde se usava o espancamento, a privação alimentar e os castigos corporais. A motivação negativa pode ser também de caráter psicológico, quando se usa, por exemplo, o desprezo e o "gelo". Poderá ser também de caráter moral, ocasião em que se utilizam as repreensões e a privação de recompensa. Aqui, é sempre bom lembrar que as punições, de um modo geral, não educam; ao contrário, servem apenas para constranger o aluno, criando-lhe frequentemente problemas de comportamento no futuro.

Os professores podem empregar técnicas ou recursos de motivação para fazer com que os alunos queiram e desejem estudar. Eis algumas sugestões:
- Estimular a automotivação.
- Aproveitar o ensino ocasional, os assuntos da atualidade que interessam aos alunos em determinado momento.
- Explorar os fatos da vida do aluno.
- Fazer sempre uma correlação entre a matéria ensinada e o real.
- Solicitar a participação ativa do aluno. Dialogar com ele. Apresentar problemas para a resolução. Chamar constantemente os alunos à lousa. Fazer debates sobre determinados assuntos. Confeccionar cartazes, mapas, gráficos, quadros para ilustrar a matéria, murais etc.
- Favorecer as competições escolares.
- Fazer entrevista pessoal com o aluno, sempre de forma agradável.
- Tomar o ambiente da sala de aula alegre e atraente.
- Utilizar material didático adequado ao assunto a ser estudado.
- Distribuir elogios sempre que o aluno cumprir os seus deveres escolares.

Vale repetir: é de extrema importância a utilização de motivações positivas no trato com os alunos.

Retomando a aula

Parece que estamos indo bem! Então, para encerrar a Aula 05, vamos recordar os temas que foram abordados:

O texto, inserido nesta aula, trata sobre aspectos importantes acerca da didática, tais como: motivação, o sujeito, o objeto de ensino. Estas orientações servem como suporte teórico-metodológico para o ensino da Língua Portuguesa, mas, nesse contexto, as orientações servem como apoio para alicerçar as observações.

Vale a pena

Vale a pena ler,

FAZENDA, Ivani Catarina Arantes; PICONEZ, Stela C. Bertholo (Coordenador). *A prática de ensino e o Estágio Supervisionado*. Campinas: Papirus, 2012.

ZOBOLI, Graziella Bernardi. *Práticas de ensino*: subsídios para a atividade docente. São Paulo: Ática, 2002.

Minhas anotações

Minhas anotações

Aula 6º

Dicas para elaboração do relatório

> Prezados(as) alunos(as), sejam bem-vindos à Aula 06.
> Esta aula trará orientações importantes sobre como deve ser elaborado o relatório. Para tanto, é apresentado, a seguir, um roteiro com as partes que compõem o relatório final para que este seja organizado corretamente.
> Ao longo da leitura desta aula, as dúvidas serão sanadas, pois trata-se de um passo-a-passo quanto a montagem do relatório.
> Boa leitura!
>
> Bons estudos!

Objetivos de aprendizagem

Ao término desta aula, vocês serão capazes de:

- observar atentamente a organização do relatório final, visto que as dicas abaixo servirão de norte para esta etapa do estágio.

Seções de estudo

1. Organizando o relatório

1 - Organizando o relatório

Alguns cuidados são essenciais na elaboração do relatório. Vamos ver alguns detalhes que não podem ser deixados de lado, como, por exemplo, o cuidado com a qualidade de seu texto.

Para que você elabore um texto de qualidade, primeiramente você deve cuidar da correção gramatical. Seremos exigentes nesse aspecto, pois não podemos perder de vista que nosso Estágio é para a formação de professores de Língua Portuguesa, logo... seu texto precisa ser claro, conciso, correto e elegante!

Além da correção gramatical, pense que, embora seja um relatório, seu texto pode ser agradável à leitura. Você pode torná-lo interessante ao mostrar "sua voz" no texto. Faça comentários interessantes. Reflita "por escrito". Leve o leitor a refletir "junto com você". Tire conclusões interessantes sobre o que você presenciou. Aponte pontos negativos e proponha soluções. Valorize os pontos positivos. Essas atitudes, além de contribuírem para a elaboração de um texto atraente, muito pesarão no seu crescimento profissional.

Não deixe passar muito tempo entre a observação e a escrita de seus relatos. Nossa memória, muitas vezes, nos trai, levando-nos a esquecer pontos importantes.

Use o Roteiro para observação (disponível na aula 4), apenas como norteador para suas anotações. Se suas anotações foram feitas em tópicos, devem ser transformadas em textos.

Atenção à coerência nas informações. É comum vermos relatos como: "a turma estava bastante agitada e o professor não demonstrava domínio de sala. Os alunos conversavam o tempo inteiro". Mais adiante lê-se: "a aula foi produtiva e o professor alcançou os objetivos propostos".

Ao mencionar livros, textos ou exercícios utilizados em aula, esclareça o leitor sobre o título e o autor. Explique o tipo de exercício aplicado. Opine sobre a adequação ou não da atividade proposta. Se preferir, pode, também, colocar cópia dos textos e exercícios na última parte do relatório (ANEXOS). Fotos também podem completar as informações fornecidas no relatório.

Preencha corretamente a capa e a folha de rosto. Tanto nessas partes quanto na digitação de seu trabalho, não deixe de lado a questão estética. O relatório deve ser um trabalho limpo e bem apresentado.

Observação importante: as notas só serão atribuídas após o recebimento dos trabalhos encadernados.

O relatório deve ter a seguinte sequência:

Capa (modelo disponível no site da UNIGRAN)
Folha de rosto (modelo disponível no site da UNIGRAN).
Sumário
Folha de aprovação

Introdução (texto em que você faz uma apresentação geral do que foi o seu estágio, de sua importância, pontos relevantes etc.)

Aula 1
Aula 2
Aula 3
.... Aula 20

Em caso de haver aulas geminadas, isto é, dois tempos na mesma sala, faça da seguinte forma:

Aulas 1 e 2
Aulas 3 e 4

....

Conclusão (texto em que você faz uma retomada dos principais aspectos observados, fala sobre o seu aproveitamento no Estágio etc.).

Anexos: nesta parte você deverá colocar a lista de frequência preenchida (o local para assinatura do professor de estágio deverá permanecer em branco); a caracterização da escola, devidamente preenchida; as fotografias e qualquer outro documento que você julgue importante para que o leitor de seu relatório tenha a visão real de como ocorreu esse período.

Retomando a aula

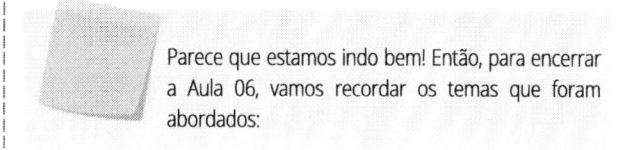

Parece que estamos indo bem! Então, para encerrar a Aula 06, vamos recordar os temas que foram abordados:

Nesta aula foi possível aprender a organização do relatório. Além disso, ela trouxe dicas importantes sobre algumas dúvidas que costumam existir, mas que já foram esclarecidas.

Vale a pena

Vale a pena ler,

FAZENDA, Ivani Catarina Arantes; PICONEZ, Stela C. Bertholo (Coordenador). *A prática de ensino e o Estágio Supervisionado*. Campinas: Papirus, 2012.

ZOBOLI, Graziella Bernardi. *Práticas de ensino*: subsídios para a atividade docente. São Paulo: Ática, 2002.

Aula 7º

Introdução e conclusão

> Prezados(as) alunos(as), sejam bem-vindos à Aula 07.
>
> Esta aula apresenta os itens que devem contar nos tópicos: Introdução e Conclusão. No primeiro, é importante que o leitor verifique o que ele encontrará no relatório, ou seja, quais informações estão presentes nele. Já na Conclusão, é fundamental apresentar uma visão geral das aulas observadas, pontos negativos e positivos.
>
> Leia com atenção esta aula, pois os alunos costumam ter dúvidas quanto à construção destas partes do relatório, isto é, não sabem o que escrever em cada uma das partes.
>
> Bons estudos!

Objetivos de aprendizagem

Ao término desta aula, vocês serão capazes de:

- identificar os conteúdos a serem apresentados em cada uma das partes, tanto na Introdução quanto na Conclusão.

Seções de estudo

1. Introdução e conclusão: o que escrever?

1 - Introdução e conclusão: o que escrever?

Seu relatório já deve estar quase pronto, não é mesmo? É momento, então, de escrever a Introdução e a Conclusão de seu trabalho.

Nesse sentido, a Introdução deve conter o nome e o endereço da escola onde você estagiou; os nomes completos dos professores das salas observadas e respectivas disciplinas; a formação de cada um. É parte, ainda, desse item uma visão geral daquilo que o leitor encontrará no seu trabalho (como está dividido), inclusive cada componente dos anexos, devidamente numerados (CARACTERIZAÇÃO DA ESCOLA (Anexo1); FOLHA DE FREQUÊNCIA (Anexo 2) etc.). Lembre-se de que a introdução é parte muito importante em qualquer trabalho. É o momento em que o autor "conquista" ou não o leitor. É o momento em que o leitor decide se vai continuar ou se vai abandonar a leitura. A palavra INTRODUÇÃO deve ser digitada em fonte 12, negrito, à esquerda.

A CONCLUSÃO (fonte 12, em negrito, à esquerda) deve conter uma visão geral do que foi o estágio, daquilo que você percebeu/aprendeu; dos pontos positivos e dos pontos frágeis.

O SUMÁRIO deve ser o último item a ser elaborado.

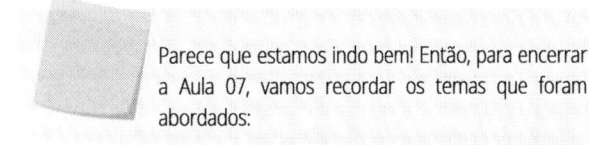

Retomando a aula

Parece que estamos indo bem! Então, para encerrar a Aula 07, vamos recordar os temas que foram abordados:

Nesta aula vimos como deve ser organizado o relatório, em específico a introdução e a conclusão.

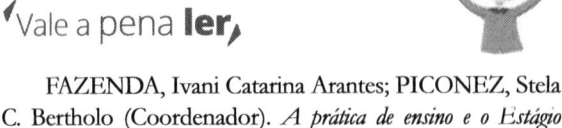

Vale a pena

Vale a pena ler,

FAZENDA, Ivani Catarina Arantes; PICONEZ, Stela C. Bertholo (Coordenador). *A prática de ensino e o Estágio Supervisionado*. Campinas: Papirus, 2012.

ZOBOLI, Graziella Bernardi. *Práticas de ensino*: subsídios para a atividade docente. São Paulo: Ática, 2002.

Minhas anotações

Aula 8º

Finalizando o relatório

Prezados(as) alunos(as), sejam bem-vindos à Aula 08.

Esta aula trata sobre a finalização do relatório. Depois de ter observado os 20 tempos de aulas, escrito as partes do relatório, é chegado o momento de finalizá-lo. Para tanto, são apresentados a seguir orientações sobre a formatação do texto e a organização do relatório.

Bom trabalho!

Bons estudos!

Objetivos de aprendizagem

Ao término desta aula, vocês serão capazes de:

- identificar as orientações quanto à construção dos textos e a organização do relatório final.

Seções de estudo

1. Relatório final: últimos ajustes

1 - Relatório final: últimos ajustes

Este é o momento de pôr em prática os conhecimentos adquiridos na disciplina. Agora, siga as seguintes orientações:

- papel branco, formato A4 (21 cm x 29,7 cm).
- digitação: cor preta.
- margens: esquerda e superior, 3cm; direita e inferior, 2cm.
- fonte: tamanho 12, Times New Roman.
- espaço entre linhas: 1,5.
- referências bibliográficas espaço simples. Entre uma obra e outra, espaço 1,5.
- o relato de cada aula (ou de aulas geminadas) deve ser iniciado em
- nova folha.
- use o quadro a seguir no início do relatório de cada aula.

Centro Universitário da Grande Dourados – UNIGRAN - Faculdade de Educação - Curso de Letras a Distância

- Não esqueça de mencionar, na **Introdução**, o nome e o endereço da escola onde você estagiou; os nomes completos dos professores das salas observadas e respectivas disciplinas; a formação de cada um. É parte, ainda, desse item uma visão geral daquilo que o leitor encontrará no seu trabalho (como está dividido), inclusive cada componente dos anexos, devidamente numerados (**CARACTERIZAÇÃO DA ESCOLA** (Anexo1); **FOLHA DE FREQUÊNCIA** (Anexo 2) etc.). Lembre-se de que a introdução é parte muito importante em qualquer trabalho. É o momento em que o autor "conquista" ou não o leitor. É o momento em que o leitor decide se vai continuar ou se vai abandonar a leitura. A palavra **INTRODUÇÃO** deve ser digitada em fonte 12, negrito, à esquerda.
- A **CONCLUSÃO** (fonte 12, em negrito, à esquerda) deve conter uma visão geral do que foi o estágio, daquilo que você percebeu/aprendeu; dos pontos positivos e dos pontos frágeis.
- O **SUMÁRIO** (a palavra deve ser digitada em fonte 12, em negrito e à esquerda) deve ser a última parte a ser digitada. Não esqueça de conferir se as páginas mencionadas correspondem ao texto apresentado.
- A revisão final é um item imprescindível. Faça uma releitura atenta às questões gramaticais, atente para a estética de seu trabalho, confira todos os detalhes.
- depois de pronto, poste o relatório final no portfólio que solicita esta atividade.
- a nota final só será publicada depois da correção do relatório postado no portfólio.

Como você vê, este é um trabalho que exige dedicação, capricho e concentração. Observe passo a passo as nossas orientações. Dessa forma, tudo sairá a contento.

Retomando a aula

Parece que estamos indo bem! Então, para encerrar a Aula 08, vamos recordar os temas que foram abordados:

Nesta aula foram apresentadas orientações sobre a produção dos textos que compõem o relatório, bem como dicas importantes acerca da organização das partes do relatório final.

Vale a pena

Vale a pena ler,

FAZENDA, Ivani Catarina Arantes; PICONEZ, Stela C. Bertholo (Coordenador). *A prática de ensino e o Estágio Supervisionado*. Campinas: Papirus, 2012.

ZOBOLI, Graziella Bernardi. *Práticas de ensino*: subsídios para a atividade docente. São Paulo: Ática, 2002.

Referências

ANTUNES, Celso. *Metáforas para aprender a pensar*. Petrópolis, RJ: Vozes, 2004.

BIANCHI; ALVARENGA; BIANCHI. *Orientação para estágio em licenciatura*. São Paulo: Pioneira Thomson Learning, 2005.

BNCC. *Base Nacional Comum Curricular na prática da gestão escolar e pedagógica*. Tereza Perez (Org). São Paulo: Editora Moderna, 2018.

BRASIL. *Base Nacional Comum Curricular*. Brasília: MEC, 2017. Disponível em: http://basenacionalcomum.mec.gov.br/images/BNCC_EI_EF_110518_versaofinal_site.pdf

Acesso em: 15 nov. 2019.

BUSATO, Zelir Salete Lago. *Avaliação nas práticas de ensino e estágios*: a importância dos registros na reflexão sobre a ação docente. Porto Alegre: Mediação, 2005.

GLOSSARIO. *Glossário Ceale:* termos de alfabetização, leitura e escrita para educadores / Isabel Cristina Alves da Silva Frade, Maria da Graça Costa Val, Maria das Graças de Castro Bregunci (orgs.). Belo Horizonte: UFMG/Faculdade de Educação, 2014. Disponível em: www.ceale.fae.ufmg.br/glossarioceale. Acesso em: 29 out. 2019.

PIMENTA, Selma Garrido. *O Estágio na formação de professores* – unidade teoria e prática? São Paulo: Cortez, 1997.

VASCONCELLOS, Celso dos Santos. *Construção do conhecimento em sala de aula*. São Paulo: Libertad, 1993.

ZÓBOLI, G.B. *Práticas de ensino*: subsídios para a atividade docente. São Paulo: Ática, 2002.

Minhas anotações

Minhas anotações

Printed in Great Britain
by Amazon